# MODERNES MASCHINEN-QUILTEN

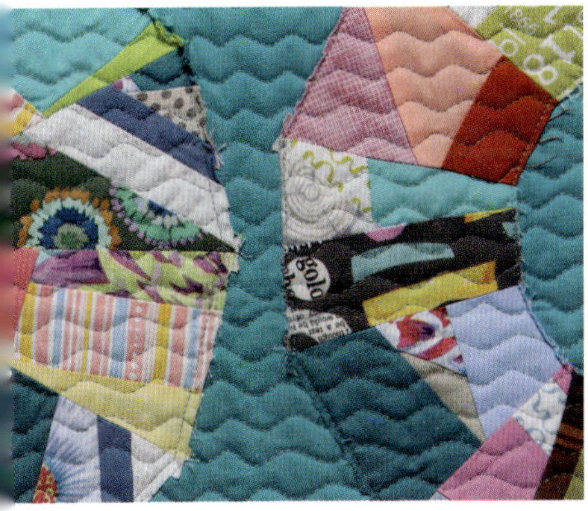

PERFEKT QUILTEN MIT DER NÄHMASCHINE

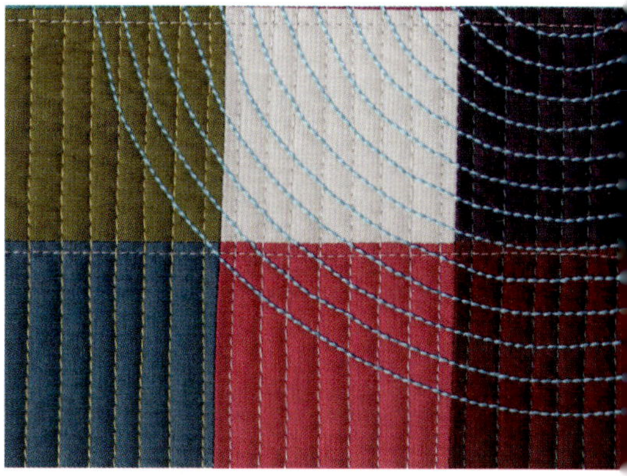

Catherine Redford



stiebner

Die englischsprachige Ausgabe dieses Buches erschien 2017 unter dem Titel „Modern Machine Quilting“ bei Fons&Porter, einem Imprint von F+W Media, Inc. Diese Ausgabe erscheint mit Genehmigung von Interweave, einem Imprint der Penguin Publishing Group, einer Tochter von Penguin Random House LLC.



Coverdesign: Elisabeth Lariviere

Buchdesign: Charlene Tiedemann

Illustrationen: Missy Shepler und Catherine Redford

Fotos: Christine Polomsky, Deana Travers, Dean Schoppner, Hornick Rivlin Studio

Aus dem Englischen von der MCS Schabert GmbH, München, – www.mcs-schabert.de – unter Mitarbeit von Katrin Marburger (Übersetzung).

Bibliografische Information der Deutschen Nationalbibliothek
Die Deutsche Nationalbibliothek verzeichnet diese Publikation in der Deutschen Nationalbibliografie; detaillierte bibliografische Daten sind im Internet über http://dnb.dnb.de abrufbar.

4., durchgesehene Neuauflage 2022



Printed in the EU

www.stiebner.com

ISBN 978-3-8307-0985-5

Wir produzieren unsere Bücher mit großer Sorgfalt und Genauigkeit. Trotzdem lässt es sich nicht ausschließen, dass uns in Einzelfällen Fehler passieren. Auf unserer Webseite finden Sie auf der Produkt-Detailseite etwaige Korrekturen (Errata) zu diesem Titel. Möglicherweise sind die Korrekturen in Ihrer Ausgabe bereits ausgeführt, da wir vor jeder neuen Auflage bekannte Fehler korrigieren. Sollten Sie in diesem Buch einen Fehler finden, so bitten wir um einen Hinweis an verlag@stiebner.com. Für solche Hinweise sind wir sehr dankbar, denn sie helfen uns, unsere Bücher zu verbessern.

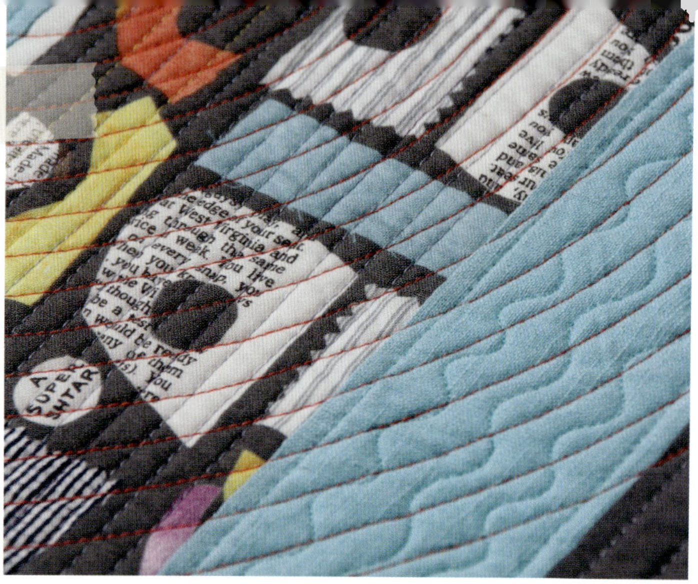

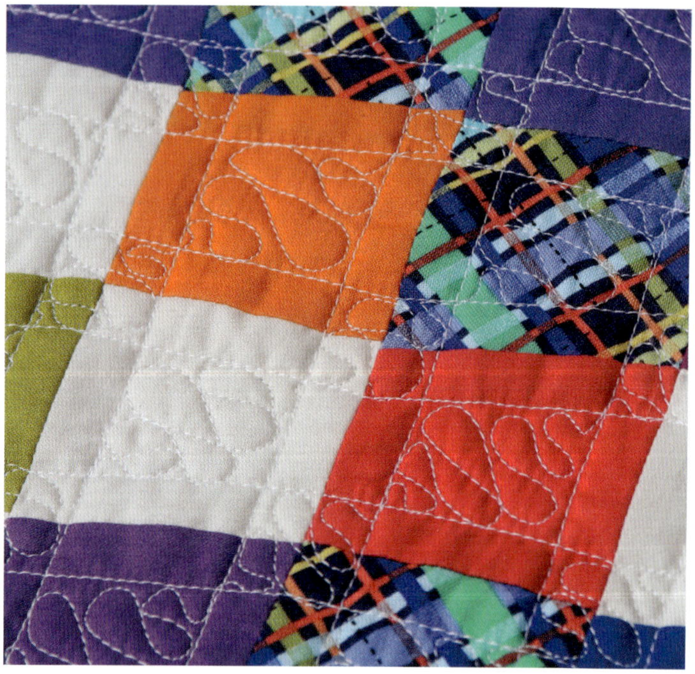

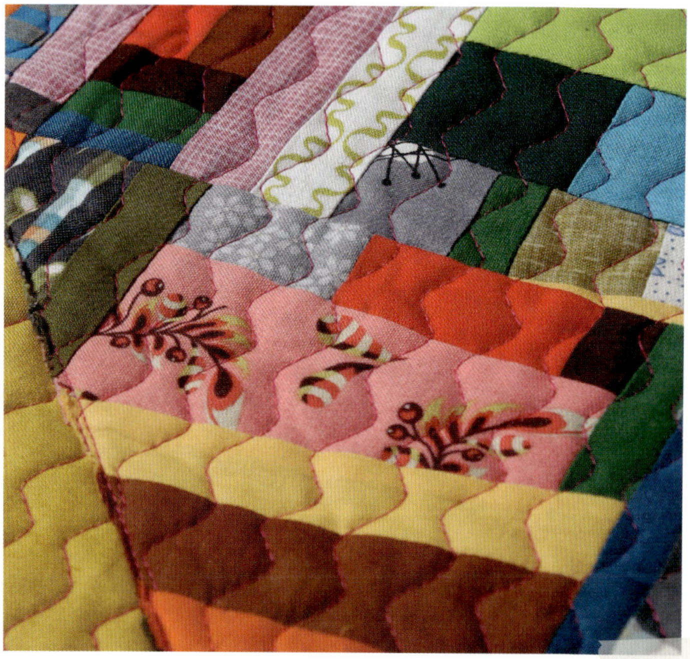

# Inhalt

**EINLEITUNG** 5

**KAPITEL 1**
**Erste Schritte** 7

**DER SCHLÜSSEL ZUM ERFOLG: GUTE QUALITÄT** 8
- » Stoff 8
- » Füllung 10
- » Nähgarn 13
- » Nähmaschinennadeln 15
- » Nähmaschine 16

**DAS QUILT-SANDWICH VORBEREITEN** 18

**DAS QUILTZIMMER** 26

**KAPITEL 2**
**Quilten mit Obertransport** 29
- » Grundausstattung der Nähmaschine 30
- » Erste Schritte 30
- » Gerade Linien 36
- » Geschwungene Linien 42
- » Besondere Details 48

**KAPITEL 3**
**Freihandquilten** 55
- » Grundausstattung der Nähmaschine 56
- » Freihandquilten – erste Schritte 58
- » Einfache Routenpläne 61
- » Malerische Abstecher: ungewöhnliche Muster und Formen 67
- » Weitere Details 74

**KAPITEL 4**
**Beispiele: eine Quilt-Galerie** 85

## ÜBER DIESES BUCH

Zum optimalen Erlernen des Quiltens mit der Nähmaschine ist dieses Buch in verschiedene Abschnitte unterteilt.

Zuerst werden die Grundlagen des Maschinenquiltens, Materialien, Werkzeug und Ausstattung für erfolgreiches Quilten vorgestellt. Nach einer Einführung in das Quilten mit dem Obertransportfuß (nicht nur im Nahtschatten!) wird das Freihandquilten beschrieben – zahlreiche Abbildungen zeigen anschaulich, wie die Motive entstehen. Es folgt eine Galerie von mir genähter und gequilteter Werke mit vielen Informationen über den Prozess der Ideen- und Musterfindung während des Quiltens – dies soll Sie zu eigenen, ganz individuellen Entwürfen anregen. Zum Schluss folgen Anleitungen zum Einüben Ihrer neu erlernten Fähigkeiten: vom kleinen Tischset bis hin zum Quilt in der Größe eines Plaids.

Mein Buch soll eine Art Tagebuch auf Ihrer Quiltreise sein. In die Tabellen können Sie Ihre Prioritäten eintragen. Machen Sie Randnotizen. Wenn Sie etwas Neues ausprobieren, notieren Sie auf den Seiten alles, was Ihnen auffällt, für zukünftige Projekte. So kann das Buch zum Handbuch werden, auf das Sie im Laufe Ihrer Quiltkarriere immer wieder zurückgreifen. ***Willkommen zum modernen Maschinenquilten!***

**KAPITEL 5**
**Anleitungen** 107
- » Tischsets 109
- » Purzelnde Tumbler 113
- » Querfeldein 117
- » Wo ist hier oben? 123

**REGISTER** 126

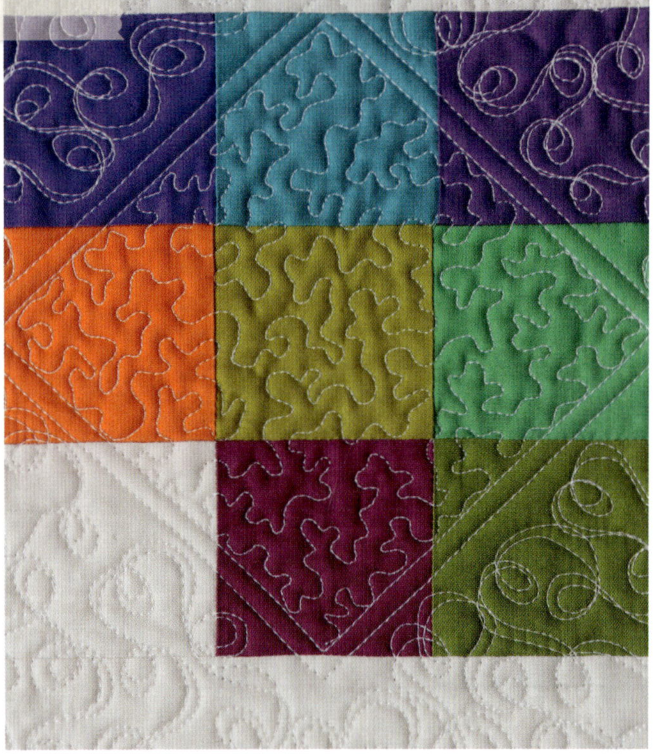

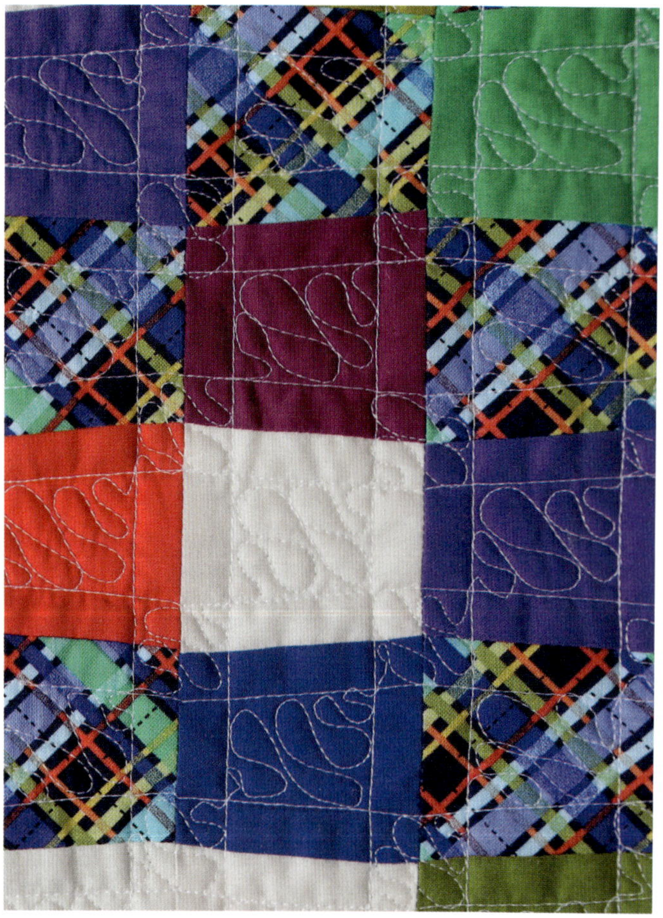

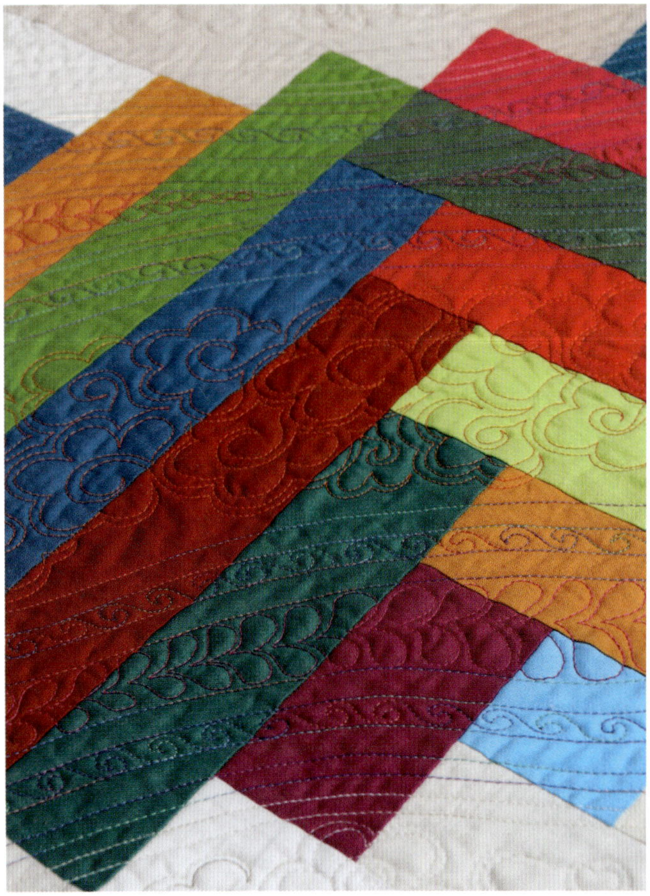

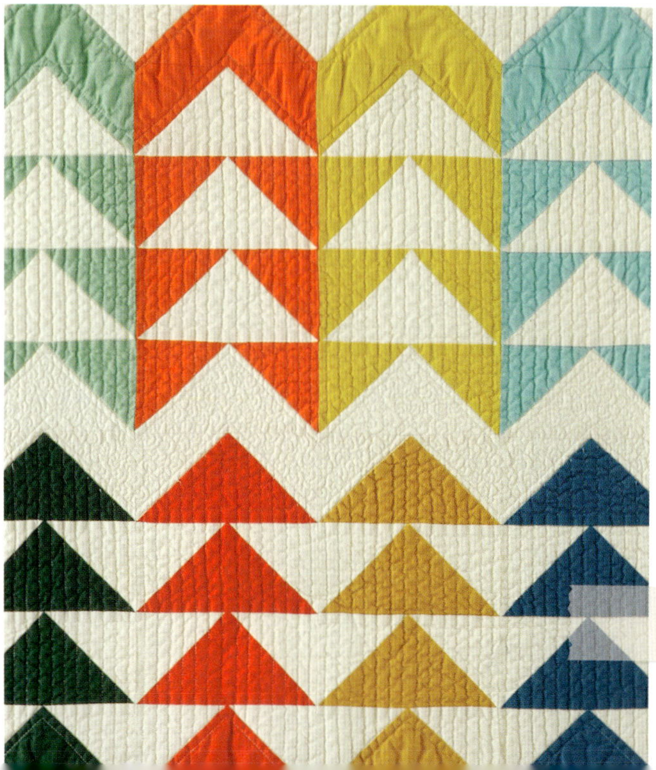

# Einleitung

An eine Zeit ohne Handarbeiten kann ich mich nicht erinnern.

Ich bin in England aufgewachsen, wo ab dem 2. Schuljahr Stricken auf dem Stundenplan stand. Dies hatte ich freilich von meiner Großmutter längst gelernt. Meine Mutter war Hauswirtschaftslehrerin, ihre beste Freundin eine begabte Schneiderin. Die beiden hatten immer irgendein Modell in Arbeit, und ich wollte mitmachen. Bald fertigte ich erst Kleider für Barbiepuppen, später für mich selbst. So entstand sogar ein Volant-Tellerrock – als klar wurde, dass ich sonst nie einen bekommen würde!

Parallel zum Pauken für meinen Collegeabschluss stickte ich Gobelinmotive, ich nähte meine Umstandsmode selbst, und Anfang der 90er-Jahre machte ich den Kreuzstich-Hype mit.

*Das Leben ist entweder ein Abenteuer oder gar nichts.*

—HELEN KELLER

1995 zog meine Familie in die USA. Vier Schulkinder daheim, dazu ein ganz neuer Lebensstil – ich war froh über jede Freundin, die ich finden konnte, und zu meinem neuen Freundeskreis gehörten zufällig einige Quilterinnen.

Meine ersten Quiltversuche machte ich, als meine ältere Tochter sich den Pfadfinderinnen anschloss. Ihre Gruppe fertigte einen Quilt an und besuchte dazu einen örtlichen Quiltladen mit mir als Betreuerin – ein schicksalhafter Tag!

Im Laden buchte ich einen vierwöchigen Anfängerkurs. Wir machten einen Musterquilt aus vier Blöcken, handgequiltet. Ich lernte, wie man ¼-Inch-Nahtzugaben (6 mm) und exakte Nahtkreuzungen arbeitet. Bevor ich am letzten Tag heimging, schrieb ich mich für den nächsten Kurs ein. Ich war infiziert!

Ein Quilt-Top folgte dem anderen, und bald merkte ich, dass Handquilten einfach nicht mehr reichte. Ich probierte die Knotentechnik – das ging schneller, eignet sich aber nicht für jeden Quilt. Ich musste das Maschinenquilten lernen.

Ich buchte im Laden einen passenden Kurs. Er war okay, aber nicht genau, wonach ich suchte. Ich las einige Bücher, die etwas weiterhalfen. Meine neuen Quiltfreundinnen gehörten einer Quilt-Gilde an – das war mir etwas unheimlich, doch ich meldete mich trotzdem an. Zur Gilde gehörten bekannte Redner und Lehrer, und natürlich buchte ich möglichst viele Kurse.

Ein Kurs bei der Quiltmeisterin Diane Gaudynski war schließlich das Richtige. Ihre Arbeiten waren weit über meinem Niveau, doch sie war geduldig und freundlich. Am Ende des Tageskurses dachte ich, mit einiger – jahrelanger! – Übung könnte ich vielleicht eine passable Maschinenquilterin werden.

Also übte ich. Bei Gelegenheit belegte ich weitere Kurse und lernte in jedem zumindest einen neuen Kniff. 2003 wurde ich gefragt, ob ich unterrichten wolle, doch ich lerne immer noch ständig dazu. Bei jedem neuen Quilt kann man fragen, was wäre wenn – und einfach etwas wagen. Ich liebe das Ausprobieren neuer Muster und Stichkombinationen. Auch aus weniger gelungenen Quilts lernt man, und die gelungenen sind ein weiterer Schritt auf meiner Quiltreise.

*Soll eine Lampe weiterbrennen, so müssen wir Öl hineingießen.*

—MUTTER TERESA

Jetzt ziehe ich als Quilt-Lehrerin durchs Land. Ich lebe meinen Traum. Ich liebe es, auf meinen Touren Quilterinnen zu treffen und zu unterrichten. Mit diesem Buch möchte ich meine Erfahrungen weitergeben, und ich hoffe, dass Sie dadurch etwas Neues lernen, das Ihre Fantasie anregt – für den nächsten Schritt auf Ihrer kreativen Reise.

Ein Hoch auf alle fertigen Quilts!

—CATHERINE

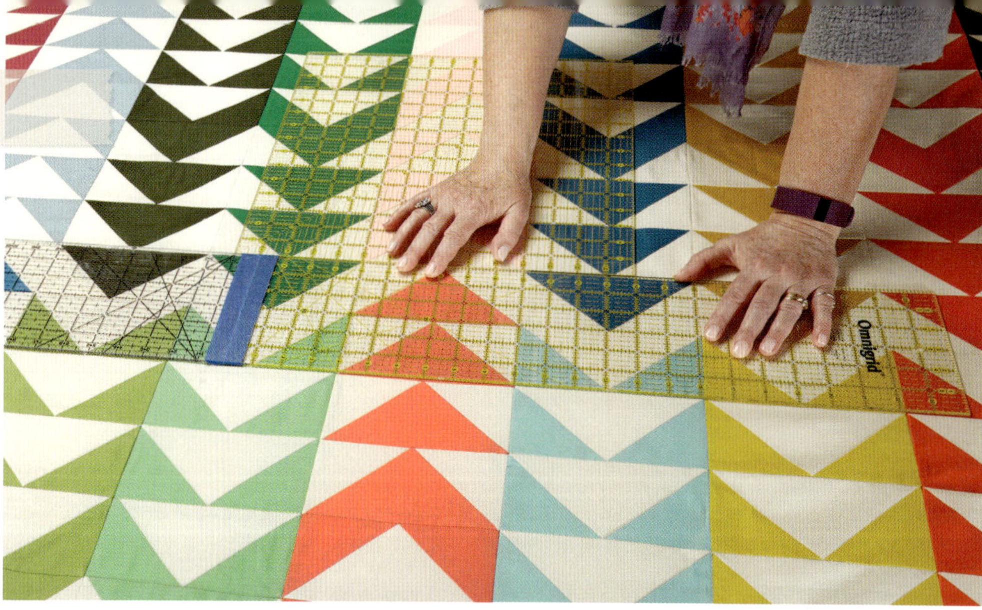
Omnigrid

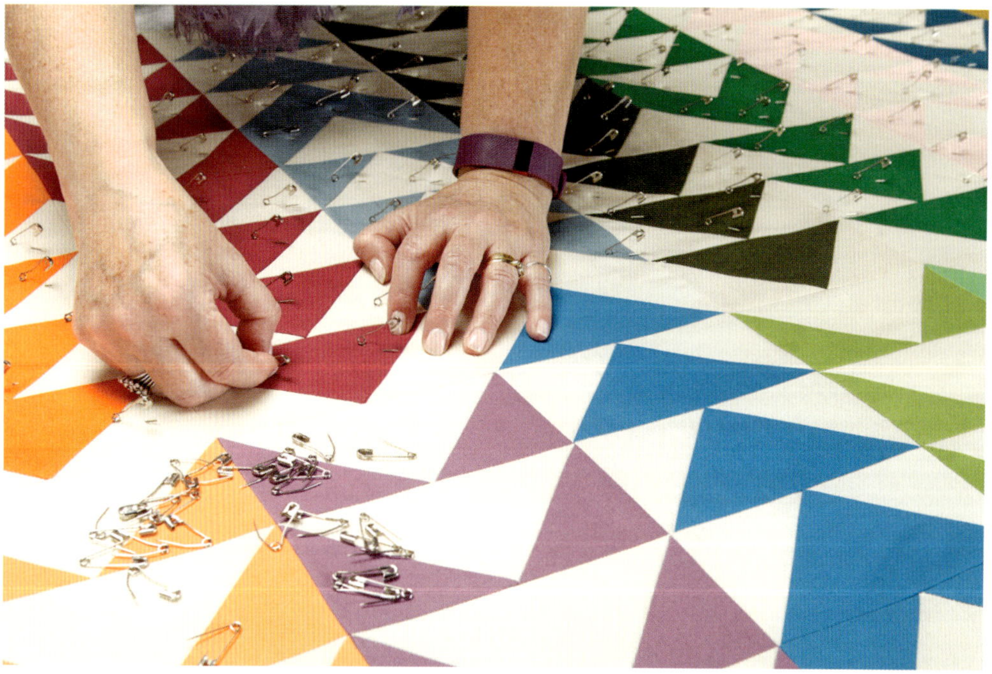

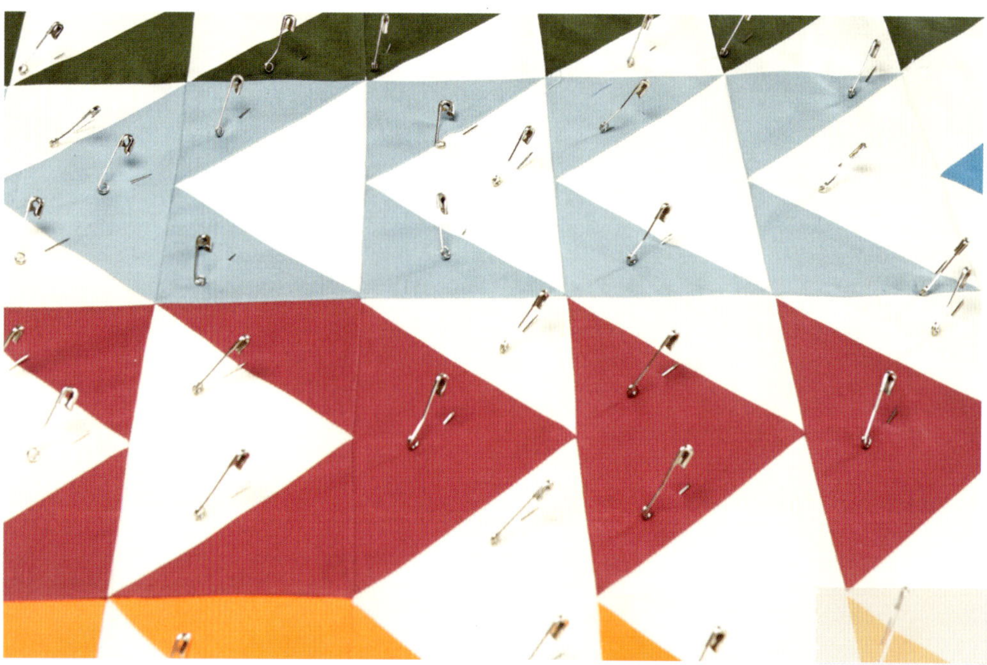

KAPITEL 1

# Erste Schritte

Erfolgreiches Maschinenquilten beginnt mit den ersten Überlegungen zu einem neuen Projekt. Das ausgewählte Material und Werkzeug ist entscheidend dafür, ob aus den Ideen ein schöner Quilt entsteht.

# DER SCHLÜSSEL ZUM ERFOLG: GUTE QUALITÄT

Ein gelungener Quilt beginnt mit der Planung. Manche Quilterinnen gehen von einigen Lieblingsstoffen aus und wählen ein Muster, das diese bestmöglich zur Geltung bringt. Andere entscheiden sich zuerst für ein Muster und suchen dann den Stoff aus. Die Reihenfolge spielt hier keine große Rolle, doch arbeiten Sie stets mit der besten Stoffqualität, die Sie sich leisten können, und mit einem Muster, das zu Ihrem Zeitrahmen passt. Nehmen Sie sich also nicht zu viel vor, arbeiten Sie nicht unter Zeitdruck und genießen Sie Ihre Handarbeit.

## Stoff

Quilts werden meist aus reinen Baumwollstoffen angefertigt. Manchmal verwende ich Stoff mit einem Anteil von Leinen oder anderen Fasern wegen der Struktur, die das Quilt-Top dadurch erhält. Naturfasern lassen sich generell leichter nähen und bügeln.

Für hochwertige Quiltstoffe wird dicht gewebter, ungebleichter Baumwollstoff (Rohware) bedruckt. Gute Quiltstoffe haben eine Fadendichte von etwa 75, dadurch sind sie fester und laufen weniger ein als lose gewebte Stoffe. Batikstoffe haben eine noch höhere Fadenzahl, damit sie den Batikprozess überstehen. Dichte Stoffe verhindern das „Bearding“ (durch Stoff/Nähte dringende Füllung).

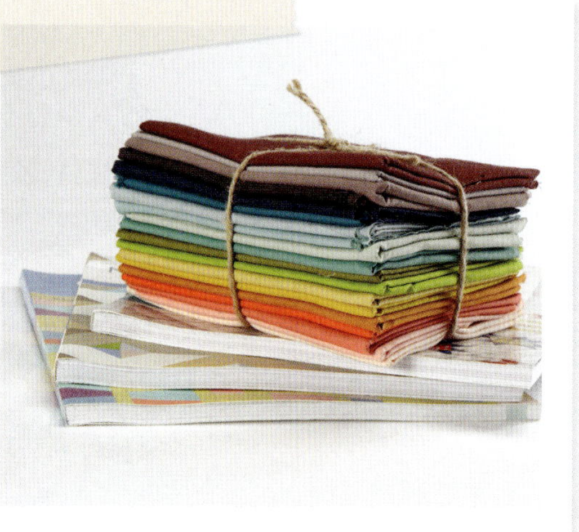

Ein Stapel schöner Unistoffe und einige Bücher – Inspirationen für das nächste Projekt

Teurere Stoffe sind dank spezieller Ausrüstung farbechter und weicher. Dadurch gelingt das Piecing akkurater, und das Bügeln ist leichter.

Bei der Stoffauswahl für Ihren nächsten Quilt sollten Sie auch darauf achten, ob das Muster fadengerade läuft. Dies ist besonders wichtig, wenn das Muster gerade Linien enthält oder Sie größere Teile zuschneiden und das Muster akkurat entlang der Nähte ausrichten müssen.

Für die Rückseite des Quilts müssen Sie mindestens die gleiche Stoffmenge rechnen wie für das Quilt-Top. Bettlaken mögen aufgrund ihrer Größe gut geeignet erscheinen, doch sie bestehen oft aus so dicht gewebtem Baumwollstoff, dass sauberes Maschinenquilten bei höherer Geschwindigkeit schwierig sein kann. Auf die Auswahl von Rückseitenstoff komme ich später noch zurück.

In Anbetracht der Zeit und Mühe, die Sie in Ihren Quilt stecken, lohnt es sich, für hochwertigen Stoff mehr Geld auszugeben. Falls Ihr Budget knapp ist, können Sie vielleicht reduzierte Ware von erstklassiger Qualität erstehen.

### Vorwaschen oder nicht vorwaschen?

Ich will ganz offen zu Ihnen sein: Als ich mit dem Quilten begann, lernte ich, dass ich jeden neu gekauften Stoff waschen solle, bevor er in meinen Vorrat wandert. Bald merkte ich, dass ich oft keine Zeit für diesen Schritt hatte und ich den Stoff sofort verwenden wollte. Dann sagte mir jemand, die Standards in der Stoffherstellung hätten sich in den letzten Jahren verbessert, sodass bei hochwertigen Quiltstoffen Einlaufen und Ausbluten minimal sein dürften. Draufhin hörte ich sofort mit dem Vorwaschen auf!

Um mich abzusichern, möchte ich etwas hinzufügen: Hätte ich vor, einen Heirloom-Quilt (einen als Erbstück gedachten Quilt) aus roten und weißen Stoffen zu nähen, würde ich alle Stoffe vorwaschen. Rot ist die Farbe, die am leichtesten ausblutet, und wenn ich einen zweifarbigen Feathered-Star-Quilt (Gefiederter Stern) gemacht hätte und die Farben bei der ersten Wäsche verlaufen wären, würde ich mir vorwerfen, dass ich es hätte wissen müssen.

Manche Menschen reagieren allergisch auf Stoffappreturen, besonders bei Batikstoffen – sie sollten natürlich all ihre Stoffe vorwaschen. Sie müssen wirklich nur entscheiden, was für Sie gut und richtig ist.

### Stoff auf Vorrat kaufen oder nicht?

Als ich der Quilting-Community beitrat, war eines der wundervollen Dinge, die ich entdeckte, der Stoffvorrat. Shop-Hopping machte so viel Spaß, und ich fand es toll, zu Hause eine sorgfältig zusammengestellte Stoffpalette parat zu haben. Mein Vorrat an Fat Quarters wuchs schnell, denn ich kaufte mehr Stoff, als ich jemals würde verarbeiten können! Als ich merkte, dass manchmal ein Fat Quarter nicht ausreichte, kaufte ich halbe Yards von jedem Stoff, der mir gefiel. Dann waren da noch die Stoffe, die ich für Umrandungen und Rückseiten gebrauchen könnte. Manche Leute sagten, ich solle drei Yard kaufen, andere mindestens fünf.

Seit ich jedoch hauptsächlich uni Stoffe verarbeite, weniger Drucke, habe ich die „Vorratshaltung“ nochmals überdacht. Ich werde all den Stoff, den ich horte, wirklich nie verbrauchen. Manche meiner Freundinnen geben sich alle Mühe, aus den wunderschönen Drucken, die sie im Laufe der Jahre gekauft haben, Scrappy Quilts (Restequilts) anzufertigen – eine gute Idee, um den Stoff zu verbrauchen. Ich habe jedoch einige Wohltätigkeitsorganisationen gefunden, die hochwertigen Stoff für einen guten Zweck verarbeiten, und an sie zu spenden hilft mir, meinen Stoffberg nach und nach abzubauen.

Was also tun – einen großen, einen kleinen oder gar keinen Vorrat anlegen? Das liegt bei Ihnen! Wenn Sie das Jagdfieber lieben und gerne die neuesten Designerkollektionen kaufen, macht es gewiss Spaß, einen Vorrat anzulegen, der parat liegt, wenn Sie das perfekte Muster finden. Wenn Sie durch zu viel Stoff jedoch nicht mehr frei im Kopf sind, ist es gut, einfach das Nötige zu kaufen, wenn Sie wissen, dass Sie es auch verwenden. Natürlich werden manche Farben nicht jederzeit produziert, doch wenn Sie flexibel sind, finden Sie immer etwas Wunderschönes.

## FORM & FUNKTION

Alle Quilterinnen lieben die Planungsphase. Wer stöbert nicht gern nach Stoffen? Man blättert Magazine durch, studiert Bücher, verbringt vielleicht ein paar Stunden auf Pinterest … Endlich entscheidet man sich für ein Muster! Dann konstruiert man das Quilt-Top. Das kann ein paar Stunden oder ein paar Wochen dauern, doch nach sorgfältigem Zuschneiden, Nähen und Bügeln ist es fertig.

Und dann? Das Ganze ist noch kein Quilt, solange es nicht gequiltet ist.

Das Quilten verleiht dem Quilt Form und Funktion. „Funktion“ bedeutet: Ein Babyquilt muss häufige Wäschen vertragen, ohne auseinanderzufallen. Ein Quilt als Wandbehang sollte an der Wand nicht durchhängen. Ein Tischläufer oder -set muss flach liegen, damit Schüsseln und Teller nicht kippen. Ein Bettquilt muss warm halten.

Die Sache mit der Form ist etwas kniffliger. Hier geht es um das zusätzliche Design, das der Quilt durch die sorgfältige Auswahl eines Quiltmusters erhält. Für einen frischen, modernen Look sind einfache gerade Linien vielleicht ideal. Zum Hervorheben des Piecings ist vielleicht ein Allover-Muster, das in den Hintergrund tritt und nur Struktur verleiht, das Richtige.

Wenn Sie erst Ihre Quilts selbst quilten, werden Sie überall nach Inspirationen schauen. Quiltausstellungen sind eine gute Gelegenheit, Muster zu entdecken, die Sie ansprechen. Mit mehr Erfahrung kommen Ihnen dann auch eigene Ideen. Dann freuen Sie sich vielleicht sogar auf das Quilten Ihrer Werke.

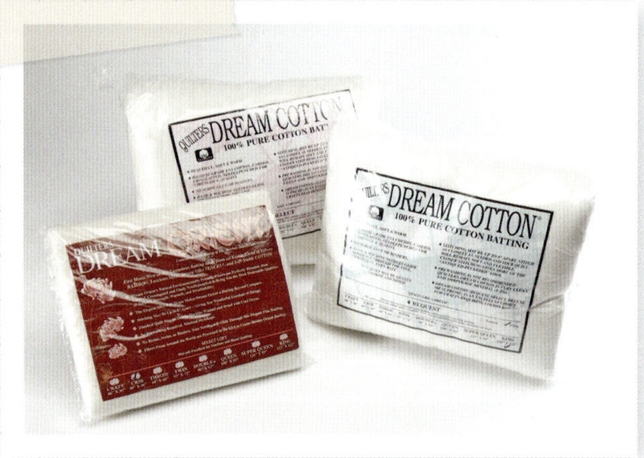


**Bei der Füllung eines Quilts ist gute Qualität entscheidend. Bevor Sie ein neues Vlies ausprobieren, lesen Sie unbedingt die Anweisungen auf der Packung!**

## Füllung (Batting)

Als ich mit dem Quilten begann, war die Auswahl an Wattierungen nicht groß, doch das hat sich geändert. Mittlerweile sind so viele verschiedene Vlies-Arten im Handel, dass die Auswahl der richtigen Füllung etwas aufwendiger geworden ist.

### Stärke, Dichte und Bauschkraft

Im Zusammenhang mit der Füllung oft gebrauchte Begriffe sind Stärke, Dichte und Bauschkraft. Stärke bedeutet hier, wie dick und flauschig das Vlies vor dem Quilten ist. Die Dichte sagt aus, wie fest der Quilt wird. Ein Tischläufer muss fließender fallen als ein Wandbehang über dem Tisch. Bauschkraft beschreibt, wie rasch der Quilt seine ursprüngliche Form wieder annimmt. Ein zur Lagerung gefalteter Quilt, der zum Gebrauch auseinandergefaltet wird, muss rasch seine Knicke verlieren. Dies gilt besonders für Ausstellungsquilts!

### Farben

Vliese sind in verschiedenen Farben erhältlich. Für einen weißen Quilt ist ein weißes Vlies ideal, andernfalls genügt ein rohweißes oder cremefarbenes. Bei sehr dunklen Quilts kommen die Farben durch ein schwarzes Vlies am besten zur Geltung.

### Faserarten

Ich bevorzuge Füllungen aus Naturfasern. Im Unterschied zu Polyestervliesen sind sie atmungsaktiv, auch auf dem Bett. Meine Lieblingsmarke ist Quilters Dream. Die Vliese sind sehr gleichmäßig und fallen schön.

Meist verwende ich ein reines Baumwollvlies. Ich mag z. B. Quilters Dream Cotton Request, ein dünnes Vlies, das sich mit meiner Nähmaschine zu Hause gut verarbeiten lässt. Quilters Dream Cotton Select ist etwas schwerer und eignet sich für einen Wandbehang, der auch nach längerer Zeit nicht durchhängen soll.

Manchmal verwende ich auch Wollvlies. Wolle ist flauschig, aber leicht und lässt sich sehr gut waschen. Sie hat eine hohe Bauschkraft, sodass

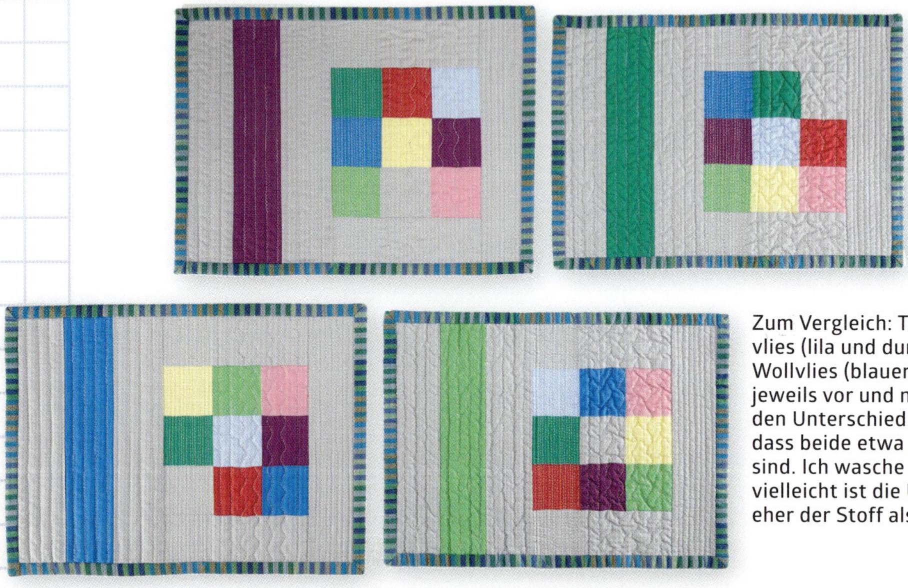

**Zum Vergleich: Tischsets mit Baumwollvlies (lila und dunkelgrüner Streifen) und Wollvlies (blauer und hellgrüner Streifen), jeweils vor und nach der Wäsche. Man kann den Unterschied fühlen, doch sichtbar ist, dass beide etwa gleich viel eingelaufen sind. Ich wasche meine Stoffe nicht vor – vielleicht ist die Ursache für das Einlaufen eher der Stoff als das Vlies.**

| Vlies | Material | Quiltlinienabstand | Anmerkungen |
|---|---|---|---|
| | | | |
| | | | |
| | | | |

Jeder hat seine Lieblingsvliese. Notieren Sie in dieser Tabelle Ihre Anmerkungen zum späteren Nachschlagen.

Knicke rasch verschwinden. Wenn ich als Rückseite Flanell verwende, z. B. für einen Babyquilt, gleicht Wollvlies das Gewicht des Flanells aus.

Polyestervliese sind preisgünstig und können leichter sein als die entsprechenden Vliese aus Baumwolle. Viele Quilterinnen verwenden Baumwoll-Polyester-Mischungen, damit der Quilt preisgünstiger oder leichter wird.

### Abstand zwischen den Quiltlinien

Die meisten Vliespackungen enthalten Angaben darüber, wie weit die Quiltlinien auseinanderliegen sollten, damit die Füllung sich beim Waschen nicht auflöst. Bei der Herstellung werden die Vliese zur Stabilisierung genadelt oder erhalten eine Verstärkungslage (oder beides). Quiltlinien im größtmöglichen Abstand halten einen Quilt zusammen, sind jedoch nicht sehr dekorativ.

### Rechte und linke Stoffseite

Jede Füllung hat eine rechte Seite. Ob die Ausrichtung des Vlieses sich auf das Aussehen des Quilts auswirkt, ist eine Glaubensfrage. Wenn Sie für das Quilt-Sandwich Bügelvlies verwenden (das gibt es!), müssen Sie es rechts auf links auf dem Quilt-Top anbringen, damit es ordentlich aussieht. Ich verwende nur Sicherheitsnadeln, also achte ich nicht sehr auf die Seiten. Zur Information: Die rechte Seite ist die Seite, in die bei der Herstellung die Filznadeln eindringen. Sie ist etwas glatter als die linke Seite, die durch die durchgedrückten Fasern kleine Unebenheiten aufweist.

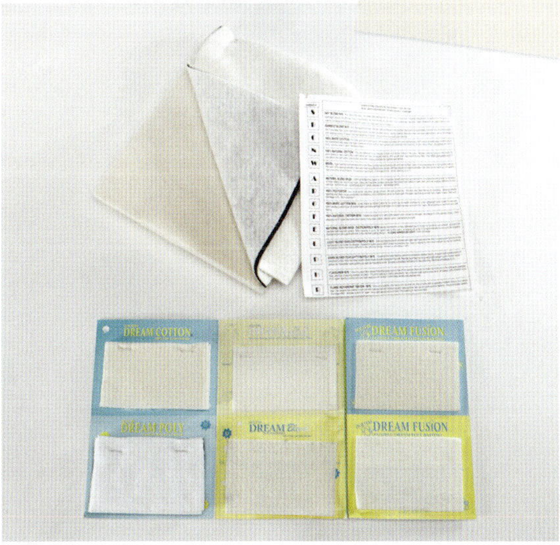


**Die großen Hersteller bieten Muster ihrer Vliese an. Halten Sie auf Quiltausstellungen danach Ausschau oder kontaktieren Sie die Firmen direkt.**

### Musterkarten

Viele Hersteller bieten Musterkarten ihrer verschiedenen Vliese an. Diese können Sie bei Quiltausstellungen mitnehmen und die Angebote vergleichen. Interessiert Sie ein spezielles Vlies, kaufen Sie eine kleine Menge zum Ausprobieren. Sie können auch mit Ihren Quiltfreundinnen eine Reihe kleiner Quilts mit verschiedenen Vliesen herstellen, waschen und die Ergebnisse bewerten.

# VLIES-VERARBEITUNG: VERSCHNITT VERMEIDEN

Ich liebe hochwertige Vliese. Natürlich sind sie etwas teurer als manche Billigmarken. Ich spare Geld durch möglichst große Packungen, von denen ich jeweils die benötigte Menge zuschneide. Dadurch bleiben zwar immer Reste übrig, doch diese sind perfekt für kleinere Quilts wie Wandbehänge oder Miniquilts.

Diverse Hersteller bieten Bügelschnellverbinder an (Bügelband, Batting Tape, Fusible Tape), mit dem sich kleine Stücke leicht verbinden lassen (Abb. 1). Dazu die Teile aneinanderlegen, Bügelband mit der beschichteten Seite nach unten auf die Nahtstelle legen und kurz bügeln (Herstellerangaben beachten; Abb. 2 und 3). Das Band ist ganz weich und stört im Quilt-Sandwich überhaupt nicht (Abb. 4). Ich würde es in all meinen Quilts verwenden, nur nicht in einem weißen, der vielleicht einmal ausgestellt werden soll (dafür verwende ich immer die ersten Stücke aus der Großpackung!).

Manche Füllungen sind als Rollenware erhältlich – so kann man preiswert große Mengen erstehen. Man benötigt allerdings viel Platz zur Lagerung, sodass diese Möglichkeit für viele Quilterinnen ausscheidet.

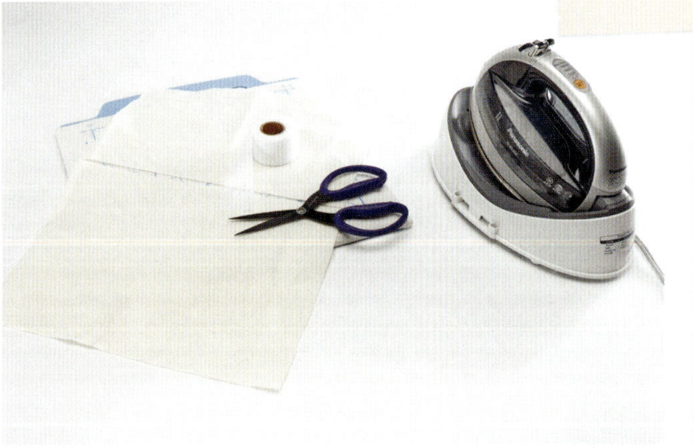

Abb. 1 **Mit Batting Tape lassen sich einzelne Vliesstücke leicht und schnell verbinden.**

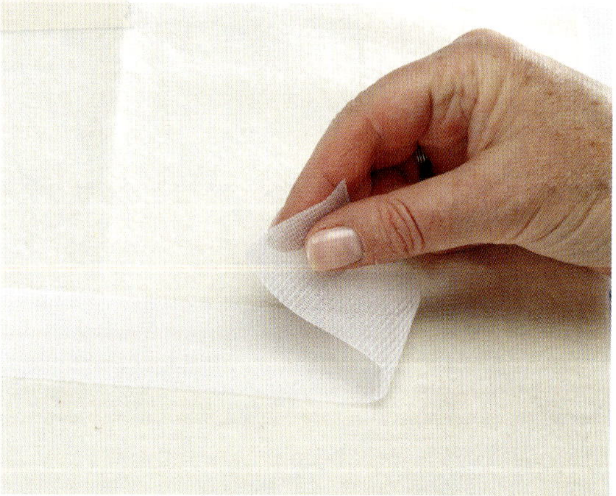

Abb. 2 **Die beiden zu verbindenden Vliesstücke auf einem Bügelbrett aneinanderlegen. Das Bügelband mit der beschichteten Seite nach unten darauflegen.**

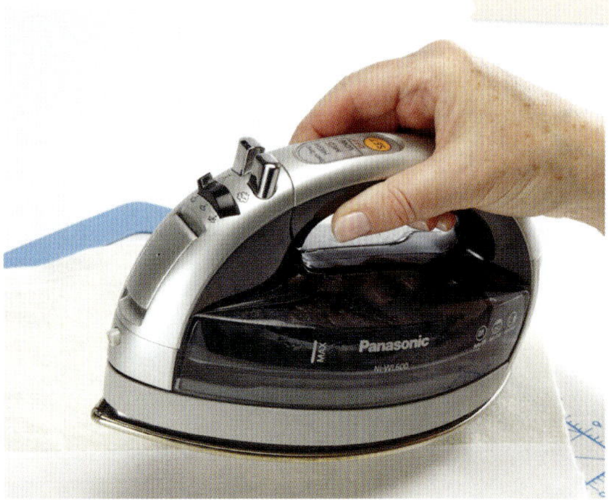


Abb. 3 **Kurzes Bügeln bei mittlerer Temperatur genügt zum Fixieren des Bügelbands.**

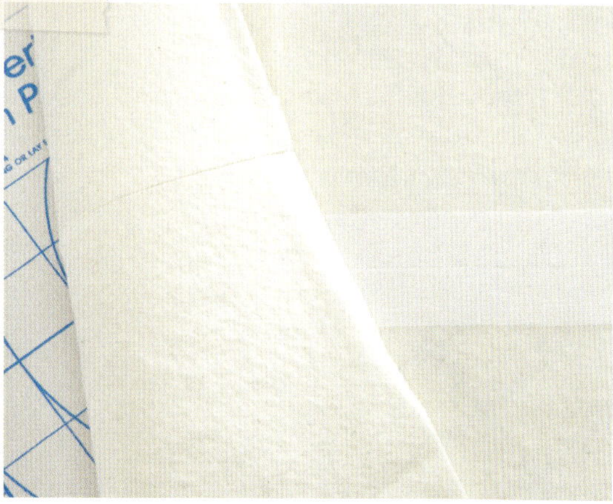

Abb. 4 **Das zusammengeklebte Vlies kann nun verwendet werden.**

## Nähgarn

Die Auswahl des Nähgarns hat großen Einfluss auf Ihre Quilterfahrungen. Es sind viele sehr gute Nähgarne im Handel – die Verwendung des richtigen Garnes für Ihre Zwecke wirkt sich auf alles aus – von der Exaktheit des Piecings bis zur Optik der Quiltlinien am fertigen Quilt.

### Garn für das Piecing

Hochwertiges, dünnes Nähgarn (Stärke 50 oder 60) erleichtert exaktes Piecing und erlaubt genaues Einhalten der ¼-Inch-Nahtzugabe (6 mm). Ich verwende beim Piecen dasselbe Garn als Ober- und Unterfaden, das vereinfacht die Einstellung der korrekten Fadenspannung.

### Quiltgarn

Die Auswahl des Quiltgarns ist entscheidend für die Optik des fertigen Quilts. Es sind viele wunderschöne Varianten im Handel, und ich verwende Garne verschiedener Hersteller.

Wenn das Quilten Ihrer Arbeit lediglich Struktur verleihen soll, wählen Sie feineres Garn. Ich verwende oft Aurifil Mako Cotton 50, habe aber auch schon Wonderfil DecoBob (80er)und Invisa-Fil (100er) benutzt. Mit diesen Garnen können Sie dicht quilten und bei Bedarf auch Nähte übernähen (Backtracking), ohne dass sie zu dick werden. Wählen Sie eine Helligkeit (hell, mittel oder dunkel), die zu Ihrem Quilt passt – so sieht man die Struktur, ohne dass die Farbe zu stark abweicht. Die Stiche versinken später im Quilt-Top.

Soll das Quiltmuster Ihrer Arbeit jedoch Farbe verleihen, müssen Sie dickeres Garn verwenden. King Tut von Superior Threads, Gütermann Sulky Cotton, Konfetti und Tutti (beide von Wonderfil) sind dazu gut geeignet. Diese Garne versinken nicht im Quilt-Top, sondern liegen eher auf der Oberfläche. Für gute Ergebnisse müssen Sie die Fadenspannung Ihrer Nähmaschine anpassen. Durch die zusätzliche Farbe können Stoffe, die in Ihrem Quilt-Top nicht so gut zusammenpassen, harmonischer wirken. Auch durch ein ganz eigenes Quiltmuster kann ein Quilt interessanter werden. Ich verwende gern sehr dickes 12er-Garn, um etwas hervorzuheben oder einen besonderen Blickpunkt zu setzen.

**TIPP**

Je höher die Ziffer der Garnstärke, desto dünner das Garn. Die Hersteller verwenden nicht immer einheitliche Bezeichnungen, doch meist geben sie an, für welche Zwecke ein Garn geeignet ist. Bei zwei Ziffern auf der Garnrolle, z. B. 50/2 oder 50/3 gibt die erste die Garnstärke an, die zweite, aus wie vielen Fäden das Garn gedreht ist. 3-fädiges Garn ist meist reißfester als 2-fädiges.

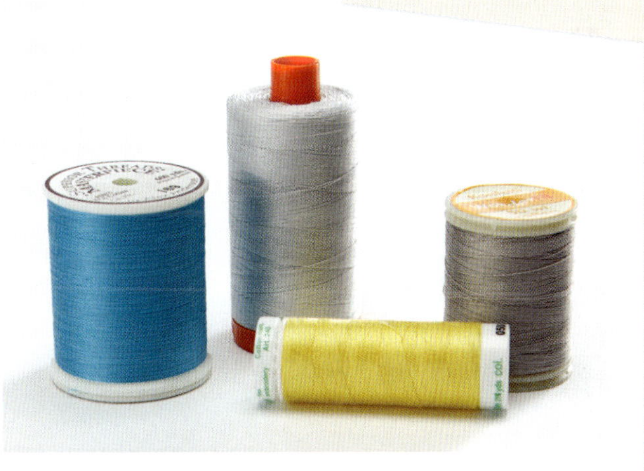

Mit dünnem Garn gelingt das Piecing akkurater.

**INFO**

Manche Garne tragen die Bezeichnung „aus langstapeliger Baumwolle“. Dies bezieht sich auf die verwendete Baumwollart – manche Arten bilden besonders lange Fasern (Stapel) aus. Der gesponnene Faden hat weniger faserige Enden, ist also glatter und flust beim Nähen entsprechend weniger. Die höchste Qualitätsstufe heißt extra langstapelig und flust kaum, selbst beim Quilten mit hoher Geschwindigkeit.

Aurifil Cotton 12 sowie Wonderfil Fruitti und Spagetti sind hier meine Favoriten für sehr markante Quiltlinien.

### Unterfadengarn

Als Unterfaden verwende ich meist feines Garn und wechsle nur selten zu etwas anderem. Ein Vorteil davon ist, dass ich nicht so viele Spulen aufwickeln muss wie bei dickerem Garn! In der Regel verwende ich ein 2-fädiges Garn der Stärke 50 in einer zu meinem Oberfaden passenden Farbe..

#### INFO

In Ihrem Vorrat haben Sie vielleicht einige Spezialnähgarne. Wenn Sie aufpassen, können Sie nahezu alles verwenden. Sie sollten nur bedenken, für wen Ihr Quilt bestimmt ist. Materialien für einen Babyquilt sollten häufiges Waschen vertragen. Bei einem künstlerischen Quilt, der selten oder nie gewaschen wird, spielt dies dagegen keine Rolle.

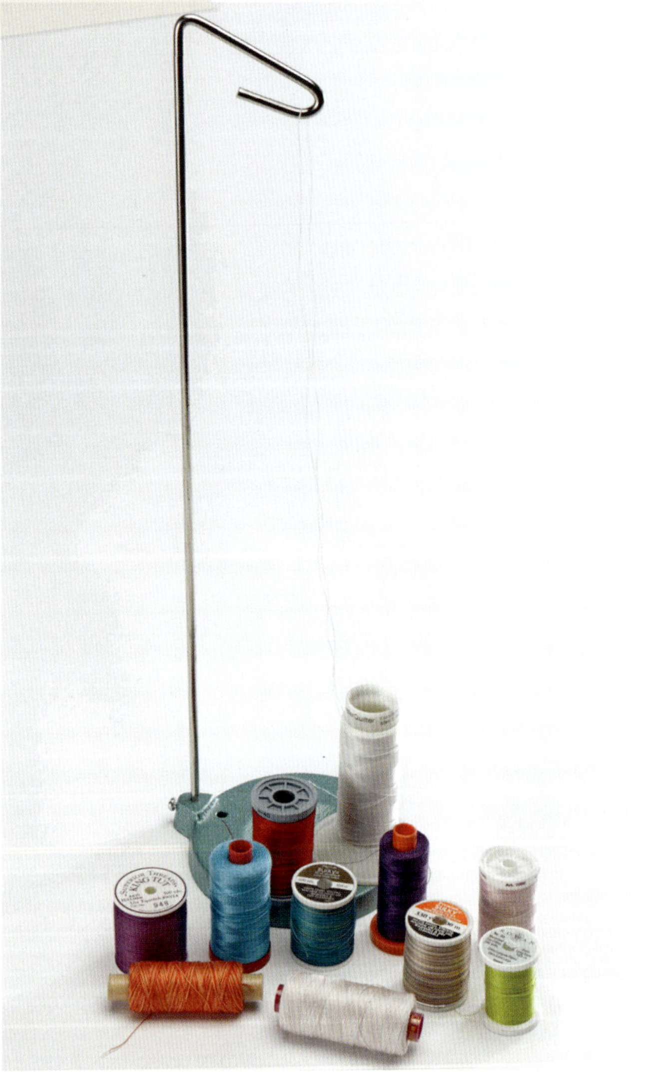

Es gibt eine große Auswahl an Maschinenquiltgarn. Für die großen Konen, die nicht auf den Garnrollenhalter Ihrer Nähmaschine passen, benötigen Sie einen Konenhalter.

| Quiltgarn | Bevorzugte Nadel | Anmerkungen |
|---|---|---|
| | | |
| | | |
| | | |

In diese Tabelle können Sie eintragen, womit Sie die besten Erfahrungen gemacht haben. Es lohnt sich, besonders gute Garn-Nadel-Kombinationen für das nächste Mal aufzuschreiben.

## Nähmaschinennadeln

Für verschiedene Garn-Stoff-Kombinationen werden auch verschiedene Nadeln benötigt. Die richtige Auswahl vereinfacht das Nähen und Quilten erheblich.

### Auswechseln der Nadel

Es kann gar nicht oft genug betont werden, wie wichtig regelmäßiges Auswechseln der Nähmaschinennadel ist. Manchmal wird empfohlen, die Nadel mit jeder neuen Spule zu wechseln, doch ich würde sagen, ein Wechsel nach jeweils etwa sechs Stunden Nähzeit genügt. Wenn Sie je beim Nähen ein klickendes Geräusch hören, kann es sein, dass Ihre Nadel einen Haken hat und sofort gewechselt werden muss. Manchmal sind selbst neue Nadeln nicht einwandfrei. Daran ändert sich leider auch beim Gebrauch nichts. Gute Markennadeln zu kaufen verringert das Risiko, eine fehlerhafte Nadel zu erwischen.

### Nadelschärfe

Für das Piecing meiner Quilts verwende ich stets spitze Nadeln. In früheren Zeiten waren noch alle Stoffe Webstoffe, und alle Nähmaschinennadeln waren spitz. Mit dem Aufkommen von Maschenwaren wurden Nadeln mit Kugelspitzen erforderlich, welche die Fasern dieser neuartigen Stoffe nicht beschädigen. Auch die Universalnadel wurde erfunden, die für Web- und Strickstoffe geeignet sein soll. Diese Nadeln sind passabel, doch für keine der beiden Stoffarten optimal.

Beim Piecing von Quilts erhält man mit einer spitzen Nadel geradere Linien und daher akkuratere Blöcke. Beim Quilten kommt es seltener zu übersprungenen Stichen, da die Nadel sauber durch alle Lagen dringt.

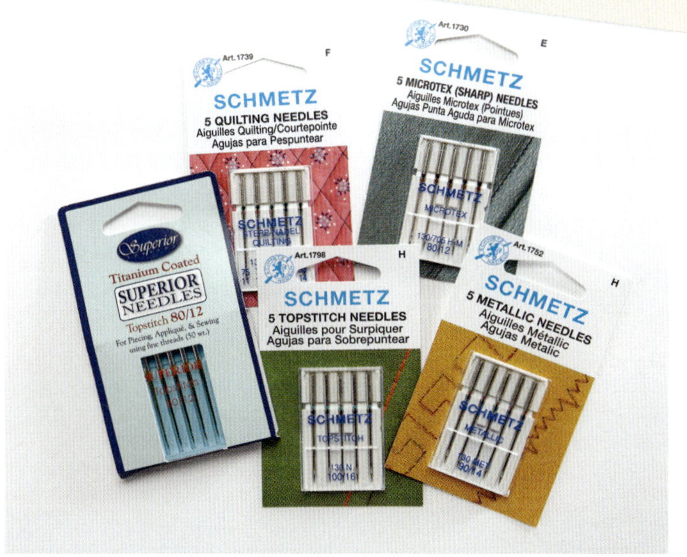


Verwenden Sie eine Nadel mit scharfer Spitze, deren Stärke zum verwendeten Garn und Stoff passt.

### TIPP

Eine spitze Nadel in passender Stärke ist meist ausreichend. Manchmal verwende ich titanbeschichtete Topstitch-Nadeln von Superior Threads. Probieren Sie bei Problemen eine andere Nadel aus. Nicht jede Maschine arbeitet optimal mit jeder Nadel. Es lohnt sich, verschiedene Nadeln zu testen, um zu sehen, womit Sie am besten zurechtkommen – und denken Sie daran, die Nadel oft genug zu wechseln!

### Nadelstärken

Nadeln sind in verschiedenen Stärken erhältlich: Je höher die Ziffer, desto größer der Durchmesser der Nähmaschinennadel. Ich wähle gern Nadeln, deren Öhr groß genug zum Einfädeln ist, aber nicht so groß, dass im Stoff Löcher entstehen, die das Nähgarn nicht ausfüllt. Ist die Nadel zu dick, können Sie durch Ihren Quilt hindurchschauen, wenn Sie ihn gegen das Licht halten.

Ist die Nadel dagegen zu dünn, kann es passieren, dass der Faden oft reißt, da er beim Nähen ständig am Öhr scheuert. Bis zum fertigen Stich rutscht der Faden über dreißig Mal im Öhr hin und her. Durch die Reibung an einem kleinen Öhr kann ein dünner Faden leicht reißen. Nähen mit hoher Geschwindigkeit verschärft dieses Problem noch. Bei der Auswahl der Nadelstärke gilt es abzuwägen: Das Loch im Stoff soll so klein sein, dass das Garn es ausfüllt, das Öhr jedoch zugleich groß genug, sodass der Faden nicht verschleißt. Metallnadeln haben eine spezielle Beschichtung, welche die Reibung reduziert. Quiltnadeln sind gehärtet und daher extra spitz, sodass sie an Nahtkreuzungen durch die vielen Stofflagen dringen, ohne zu verbiegen.

TIPP

Unabhängig von Art und Modell tut es jeder Nähmaschine gut, wenn sie regelmäßig gereinigt und geölt wird. Ihr Händler kann Ihnen sagen, was für Ihre Maschine am besten ist. Regelmäßige Wartungen durch einen Fachmann verlängern die Lebensdauer, und die Maschine läuft wie am Schnürchen. Gehen Sie sorgsam mit Ihrer Maschine um – sie wird es Ihnen danken!

## Nähmaschine

Ich nähe all meine Quilts auf einer Haushaltsnähmaschine. Longarm- und Midarm-Nähmaschinen werden auch für den Hausgebrauch immer beliebter, doch sie reißen ein Loch in die Familienkasse und benötigen viel Platz!

Haushaltsnähmaschinen gibt es in vielen Formen, Größen – und Preisklassen. Wenn Sie über die Anschaffung einer neuen Maschine nachdenken, gilt Ihre erste Überlegung vielleicht dem Geld. Ich finde, für eine Nähmaschine sollte sich niemand verschulden! Zwischen den Modellen und Marken gibt es gleichwohl große Qualitätsunterschiede, und für mehr Geld bekommt man auch mehr. Vor dem Kauf sollten Sie unbedingt Probe nähen und an allen Einführungsangeboten Ihres Händlers teilnehmen.

Nehmen Sie Muster der Modelle mit, die Sie wahrscheinlich nähen werden, und probieren Sie die Maschine in der Geschwindigkeit aus, in der Sie später nähen möchten. Wollen Sie mit Ihrer neuen Maschine freihandquilten, achten Sie darauf, dass Sie gleichmäßige, enge Kurven und Kreise nähen können, ohne dass die Fadenspannung nachgibt. Für das Freihandquilten muss die Maschine jeden Stich sauber nähen, egal, in welcher Richtung Sie das Quilt-Sandwich bewegen. Leider gelingt das nicht jeder Maschine, und es kann frustrierend sein, dies mitten in einem sorgfältig geplanten Projekt festzustellen.

Wenn Ihr Budget es zulässt, empfehle ich, auf Funktionen wie die Nadel-Tiefstellung und einen automatischen oder mit dem Knie bedienbaren Nähfußheber zu achten. Damit haben Sie die Hände frei – eine echte Erleichterung beim Nähen! Ein regulierbarer Nähfußandruck und größtmöglicher Freiraum rechts der Nadel sind ebenfalls von Vorteil. Eine gute Beleuchtung ist schön, aber zusätzliche Lampen tun es auch. Ich verwende weder Fadenabschneider noch -einfädler! Hunderte von Sticharten und Stickmöglichkeiten interessieren mich nicht besonders, doch viele Leute mögen dies und sind auch bereit, dafür zu bezahlen.

Ich besitze eine Maschine mit integriertem Dualtransport, einem in die Maschine eingebauten Obertransportsystem. Mit dem aktivierten Dualtransport lassen sich verschiedene Nähfüße kombinieren – dies verbessert die Sicht auf das Nähgut und erhöht die Flexibilität beim Nähen. Ein kostspieliges Extra, doch für mich ist es sein Geld wert.

Ich nutze keinen Stichregulator, der bei vielen Quilterinnen beliebt ist. Dieser liest die Anzahl der unter ihm hindurchlaufenden Fäden, um beim Freihandquilten automatisch die Länge der Stiche zu regulieren. Ihn nicht zu verwenden ist ein bisschen wie Autofahren mit manueller Gangschaltung – man kann die Stiche selbst feiner kontrollieren. Der Stichregulator ähnelt eher der Automatikschaltung: Mit ihm erlernt man das Freihandquilten sicherlich schneller, doch man lernt die Maschine nie so zu beherrschen wie ohne Automatik.

Wenn Sie Ihre Nähmaschine gern mitnehmen möchten, etwa zu Kursen oder Workshops, sollten Sie das Gewicht beachten. Ich habe eine kleinere Maschine zum Mitnehmen, mit der ich jedoch immer noch akkurat patchworken und problemlos quilten kann. Eine gebrauchte Maschine von einem guten Fachhändler kann die ideale Zweitmaschine sein.

Eine neue Nähmaschine zu kaufen kann viel Spaß machen. Es ist nichts, das man jeden Tag tut – nehmen Sie sich daher Zeit und genießen Sie es. Mit der für Sie genau richtigen Nähmaschine nach Hause zu kommen ist ein tolles Gefühl, und darin steckt das Potenzial für so viele wundervolle Nähtage!

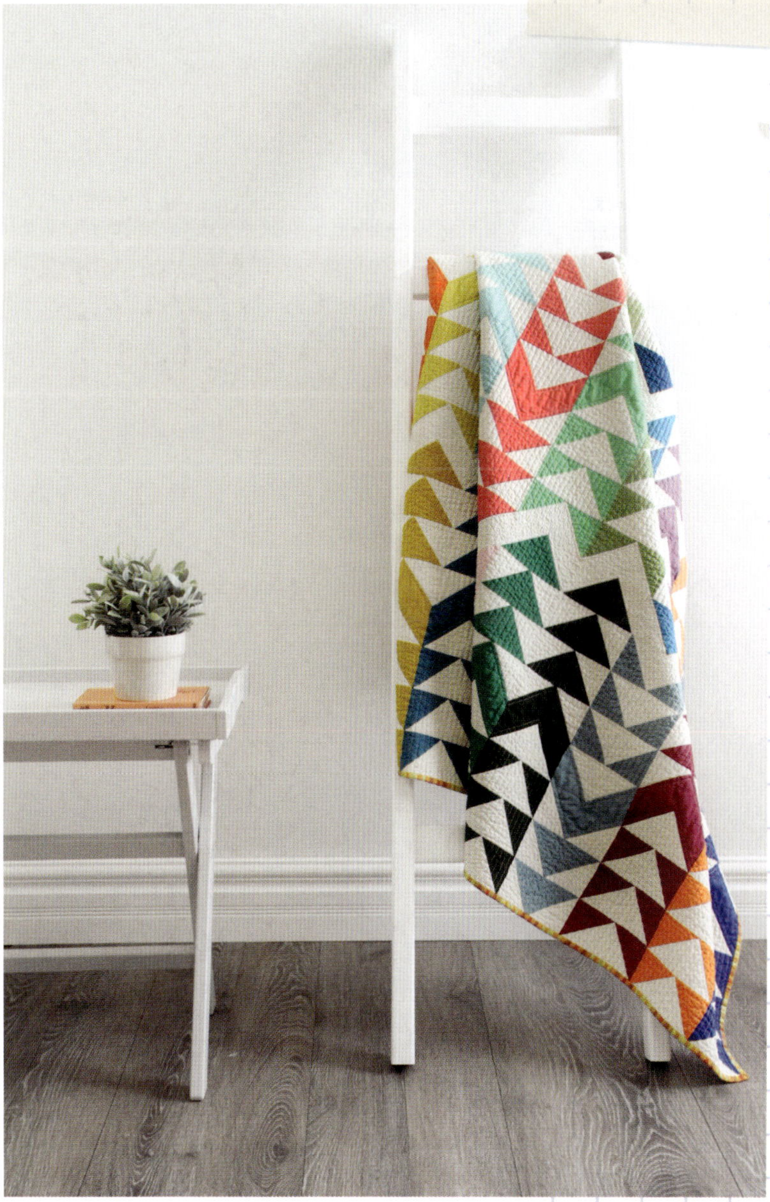

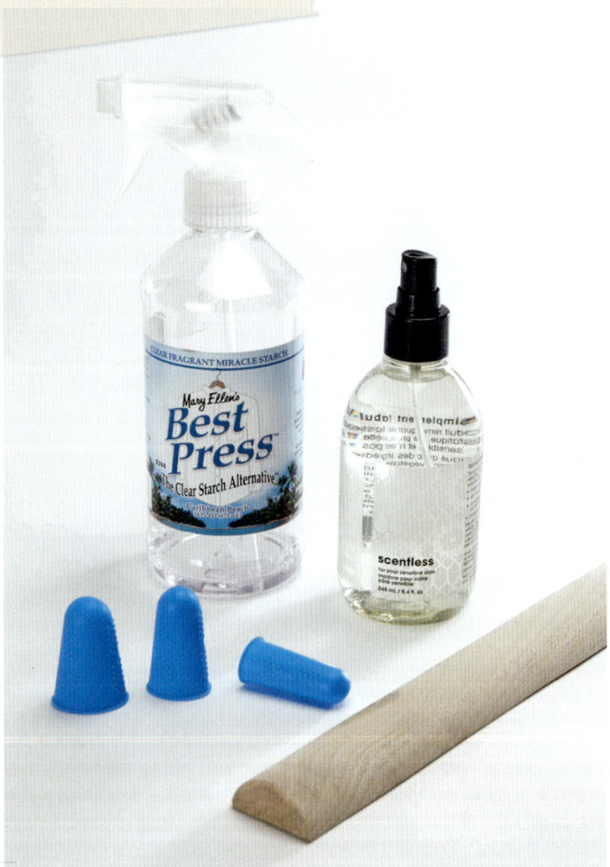


Bügelspray, Fingerschützer und ein Bügelstab erleichtern das Bügeln von Nähten.

## TOP-6-SCHRITTE ZUM QUILT-SANDWICH

1. Vor dem Zusammennähen langer Streifen abmessen und abstecken.
2. Nähte sorgfältig bügeln, egal ob zur Seite oder auseinander.
3. Rückseitenstoff ganz glatt auslegen.
4. Rückseitenstoff vor Auflegen von Füllung und Quilt-Top festkleben, damit er nicht verrutscht.
5. Vor dem Feststecken kontrollieren, ob alle Nähte gerade sind.
6. Das Quilt-Sandwich mit reichlich Stecknadeln zusammenheften.

## DAS QUILT-SANDWICH VORBEREITEN

Das Quilt-Sandwich besteht aus drei Lagen: Top, Füllung und Rückseite. Für einen gelungenen Quilt ist jede Lage wichtig. Von der Füllung war bereits die Rede – nun geht es um Quilt-Top und Rückseite sowie die Werkzeuge und Techniken, die nützlich sind, um das Ganze zusammenzusetzen.

### Das Quilt-Top

Sorgfalt bei der Zusammensetzung des Quilt-Tops macht später beim Quilten wirklich einen Unterschied. Achten Sie darauf, dass alle Nähte gleichmäßig sind, gut halten und flach gebügelt sind. Unsauberes Patchwork durch Quilten zu retten funktioniert nicht! Ich arbeite beim Piecing wirklich nicht gern mit Stecknadeln, doch bei Streifen, die länger sind als 12 Yard (30,5 cm), stecke ich sorgfältig ab, damit die Naht glatt liegt. Umrandungen müssen vor dem Annähen stets abgemessen und festgesteckt werden.

Denken Sie daran, lang herunterhängende Fäden stets abzuschneiden – sonst hängen sie beim Heften des Quilt-Tops heraus, und ob sie wichtig sind, wissen Sie erst, wenn Sie daran ziehen und Ihre Quiltlinie sich auflöst!

### Bügeln

Bügeln ist nicht gleich bügeln. Beim Bügeln meiner Quilt-Tops setze ich das Bügleisen einfach auf, ohne es hin und her zu schieben wie beim Hemdenbügeln.

Ob Sie die Nahtzugaben auseinander oder zu einer Seite bügeln – von rechts muss die Naht ganz flach sein und darf keine Fältchen haben. Ich bügle Nähte zunächst von links aus (Stofflagen noch zusammenliegend), um eventuelle Spannungen durch das Nähen zu glätten.

Wenn ich Nahtzugaben zu einer Seite bügle, drehe ich den Block um und bügle ausschließlich von rechts. Dabei hebe ich die obere Stofflage von mir weg und bügle sorgfältig auf der Nahtlinie, sodass die Nahtrille ausgebügelt wird und die Arbeit ganz glatt liegt.

Auseinandergebügelte Nahtzugaben werden von links gearbeitet und dabei vor der Spitze des Bügleisens sorgfältig geöffnet. Ein Bügelstab (ähnlich einem halbrunden Stab aus dem Baumarkt, aber ganz glatt geschliffen) ist hilfreich: Die zu bügelnde Naht wird angehoben, sodass Sie nicht versehentlich weitere Nähte mitbügeln.

Abschließendes Bügeln von rechts ist unerlässlich für akkurate Ergebnisse.

Mit auseinandergebügelten Nähten (linke Naht) wird das Quilt-Top flacher als mit zu einer Seite gebügelten Nähten (rechte Naht).

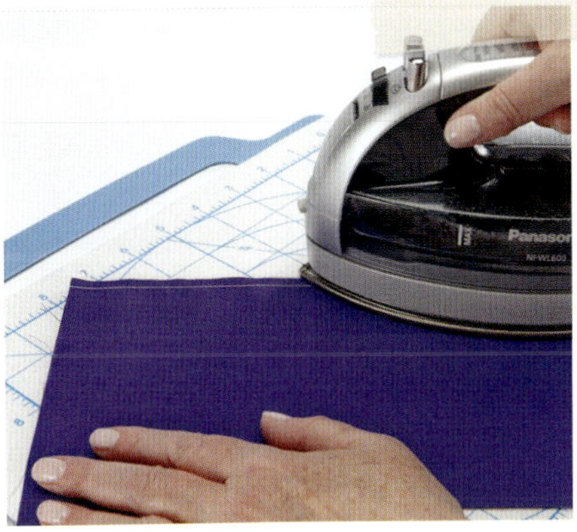

Jede Naht nach dem Nähen ausbügeln (Stofflagen noch zusammen).

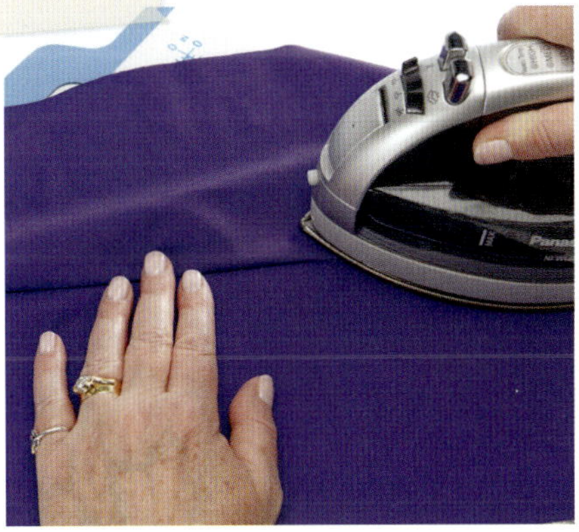

Nähte zu einer Seite bügeln: von rechts arbeiten. Stoff zu einer Seite umschlagen und entlang der Naht bügeln.

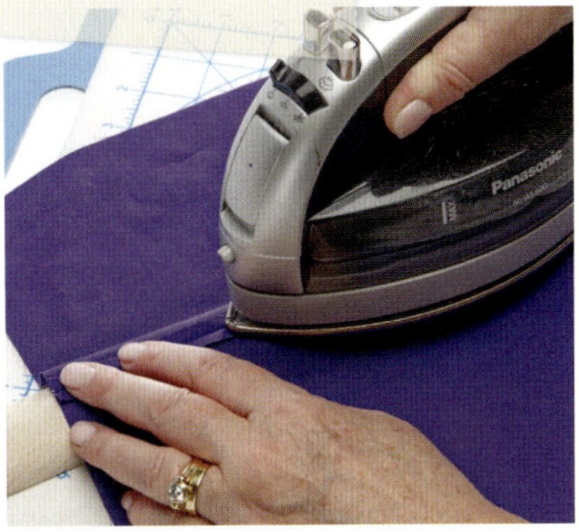

Nähte auseinanderbügeln: Sorgfältig mit dem Finger vor dem Bügleisen herfahren. Die Naht mit einem Bügelstab öffnen und anheben, damit sie höher liegt als andere Nähte.

## TIPP

Aufpassen, dass Sie mit dem heißen Bügleisen nicht an Ihre Fingerspitzen stoßen. Für extra Schutz gibt es Fingerschützer aus Silikon.

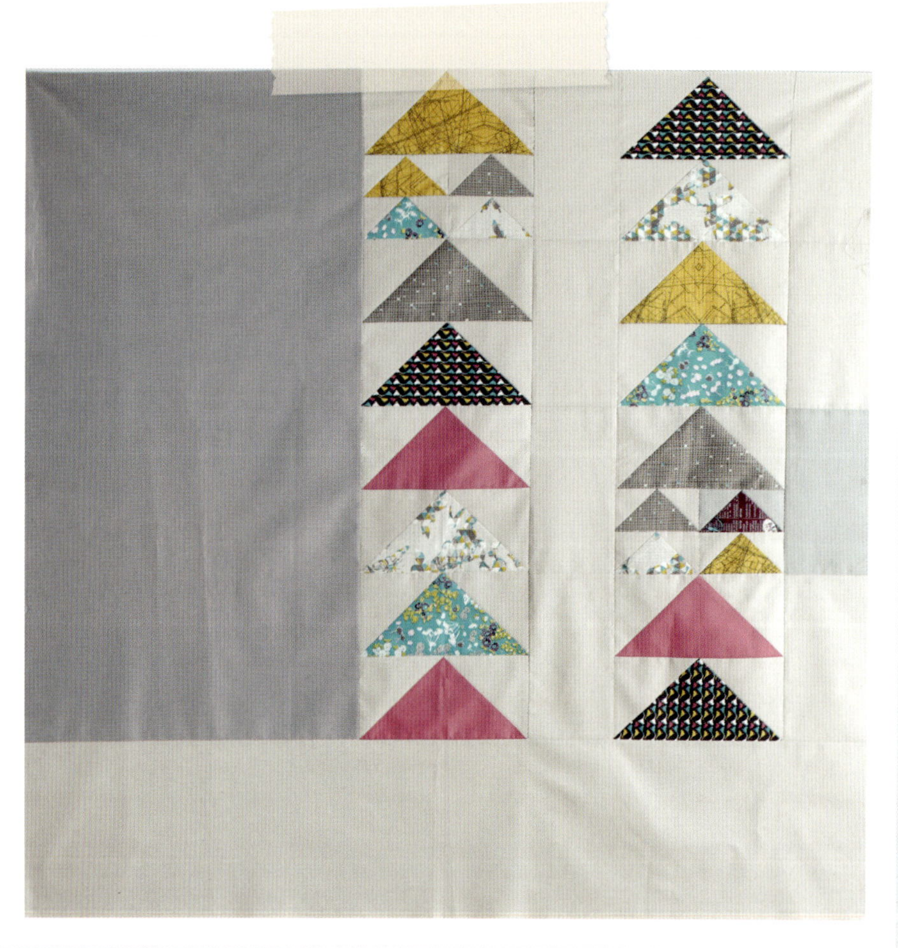

Eine Patchwork-Rückseite

## Die Quilt-Rückseite

Der Stoff für die Quilt-Rückseite, die dritte Lage im Quilt-Sandwich, sollte von mindestens ebenso guter Qualität sein wie das Quilt-Top selbst.
Die Rückseite muss ringsum mindestens 2 Inch (5 cm) größer sein als das Quilt-Top – dies vereinfacht das Zusammenheften, und Sie haben beim Quilten der Ränder Ihres Quilts etwas zum Festhalten. Longarm-Quilter benötigen eine breitere Zugabe für Klammern und Stecknadeln.

Manche Quilterinnen stückeln ihre Rückseiten aus übrig gebliebenen Blöcken oder Stoffen des Quilt-Tops. Wenn Ihr Quilt-Top mehr als 42 Inch (106,5 cm) breit ist, müssen Sie stückeln, es sei denn, Sie kaufen keinen Quiltstoff in Standardbreite. Viele Quiltshops führen Rückseitenstoffe, die bis zu 120 Inch (305 cm) breit liegen. Ganz gleich, wie die Rückseite zusammengesetzt wird – sie muss ebenso saubere Seitenkanten haben wie das Quilt-Top. Dies ist für das Zusammenheften des Quilt-Sandwichs wichtig.

Falls Sie sich wegen der Qualität Ihrer Quiltstiche Sorgen machen, denken Sie daran, dass ein klein gemusterter, lebhafter Druck viele Sünden vertuscht! Wählen Sie hingegen unbedingt einen unifarbenen Stoff, wenn Sie vorhaben, zusammen mit dem Oberfaden jeweils auch den Unterfaden zu wechseln, und dies auch gesehen und gewürdigt werden soll.

Vielleicht möchten Sie für die Rückseite auch einen dehnbaren Mikrofaser-Fleecestoff (Minky oder Cuddle) verwenden. Bei sorgfältiger Verarbeitung erhalten Sie so einen sehr weichen, warmen und besonders kuscheligen Quilt. Flanellstoffe sind weniger dehnbar, aber auch schön weich.

Bei einem sehr hellen Quilt-Top muss man bei der Farbe der Rückseite aufpassen. Ein dunkler Stoff oder ein stark kontrastierendes Muster können durch die Füllung hindurchscheinen. Unbedingt vor dem Heften des Quilts überprüfen!

## Markieren

Ganz gleich, auf welche Art ich quilten will, meine liebste Markierung ist überhaupt keine Markierung! Manchmal geht es allerdings nicht ohne, um das gewünschte Ergebnis zu erzielen. Manche Markierungen werden vor dem Heften des Quilt-Sandwichs angebracht, andere können während des Quiltens nach Bedarf vorgenommen werden.

### Malerkrepp

Zum Markieren gerader Linien auf einem Quilt-Top verwende ich oft Krepp-Klebeband. Ich bevorzuge Kreppband mit geringer Klebkraft, doch normaler Malerkrepp tut es auch, wenn er gleich nach Verwendung wieder entfernt wird. Das Band platziere ich stets im gleichen Abstand zur beabsichtigten Nahtlinie, etwa füßchenbreit daneben, sodass ich es einfach an der Nähfußkante entlanglaufen lassen kann und nicht durch das Klebeband nähe (die Nadel würde verkleben und damit unbrauchbar). Malerkrepp gibt es in verschiedener Breite – probieren Sie aus, womit Sie am besten zurechtkommen. Er kann mehrmals abgezogen und wiederverwendet werden.

### Hera-Marker oder Stiletto

Die Spitze eines Hera-Markers oder Stilettos hinterlässt auf dem Quilt-Top eine Falzrille, die man bei gutem Licht deutlich sehen kann.

### Kreidestift

Im Handel sind verschiedene Kreidestifte erhältlich. Achten Sie darauf, dass der Stift ölfrei ist, sodass nach Abklopfen der Kreide keine Linie zurückbleibt. Nachfüllbare Flüssigkreide-Marker sind in mehreren Farben erhältlich, sodass man sie auf verschiedenfarbigem Stoff sehen kann. Vor Verwendung auf dem Quilt-Top unbedingt prüfen, ob der Marker keinen Fleck hinterlässt. Ich bevorzuge die Kreidestifte, die einem Druckbleistift ähneln und sehr feine Linien ziehen. Die weiße Kreide hält gerade so lange, bis eine Naht fertig ist, bevor sie abgeht.

### Selbstlöschende/Auswaschbare Stifte

Es gibt eine große Auswahl an Markierstiften, die sich wieder entfernen lassen. Manche werden als selbstlöschend bezeichnet, d. h., die Markierung verschwindet mit der Zeit von selbst (besonders schnell in feuchter Luft). Markierungen von auswaschbaren Stiften lassen sich mit Wasser entfernen. Ich habe mit mehreren Herstellern gesprochen, die meinen Verdacht bestätigten, dass immer leichte Rückstände auf dem Quilt zurückbleiben, es sei denn, Sie waschen die Markierung aus, indem Sie den fertigen Quilt ganz in Wasser tauchen. Wenn Sie den Quilt waschen möchten, ist das kein Problem, doch bei einem Quilt aus empfindlichen Fasern sollten Sie dies bedenken.

### Hitzelösliche Stifte

Hitzelösliche Stifte sollten ebenfalls mit Vorsicht verwendet und vor Gebrauch stets an einem Stoffrest getestet werden – so zeigt sich, ob die Tinte mit der Stofffarbe reagiert. Die Stifte wurden zum Gebrauch auf Papier entwickelt; ihre Tinte kann manche Stoffe bleichen. Rückstände sollten ausgewaschen werden, da die Tinte bei sehr kalten Temperaturen wieder sichtbar werden kann. Dies kann ein Problem sein, wenn ein Quilt vor dem Versenden nicht gewaschen wird.

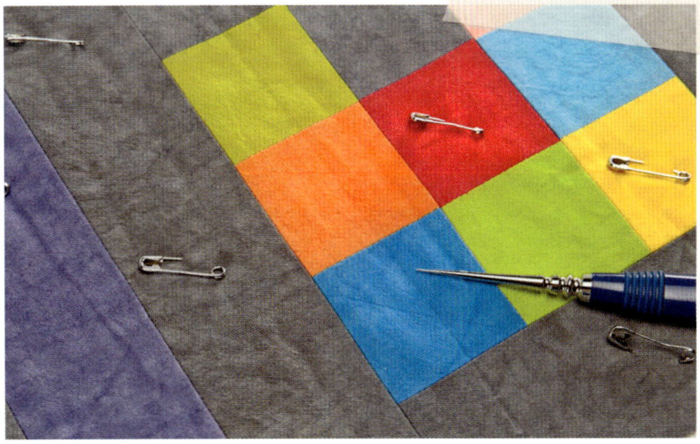

**Mit dem Stiletto oder dem Hera-Marker kann man entlang einer festen, geraden Kante ganz einfach gut sichtbare temporäre Markierungen auf dem Quilt anbringen.**

## Heften

Unter den Arbeiten, die zur Anfertigung eines Quilts gehören, mag ich Heften wohl am wenigsten. Dennoch ist es sehr wichtig, sich dafür Zeit zu nehmen. Ich verwende zum Heften Sicherheitsnadeln. Manche Quilterinnen erzielen mit Sprühkleber recht gute Ergebnisse, doch bei meinen Versuchen landete der Kleber überall, wo er nicht hinsollte, und ich mag den Geruch nicht. Heftnähte sind beim Maschinenquilten ungünstig, da der Heftfaden leicht in den Quiltnähten festgenäht wird und schwer zu entfernen ist.

Einige Hersteller haben Vliese zum Aufbügeln entwickelt. Diejenigen, die ich ausprobiert habe, eignen sich gut für kleine Quilts, doch bei größeren hatte ich Schwierigkeiten. Mein Hauptproblem war, während des notwendigen Bügelns dafür zu sorgen, dass alles gerade blieb.

TIPP

Es kann einen Unterschied machen, auf welcher Fläche Sie Ihren Quilt heften! Früher habe ich auf dem Fußboden geheftet, doch seit ich einen Tisch in Standardgröße verwende, arbeite ich viel akkurater und habe auch schon gestreifte Stoffe oder Muster mit Richtung als Rückseiten verwendet.

### Heften mit Sicherheitsnadeln

1. Den Rückseitenstoff gut bügeln, dann mit der rechten Seite nach unten auf den Tisch legen (Abb. 1).

2. Nun den Rückseitenstoff fixieren. Ich verwende Vielzweckklemmen und Malerkrepp, um den Stoff fest, aber nicht zu straff auf dem Tisch zu befestigen. Wenn er beim Ablösen des Klebebands zurückspringt, ist er zu

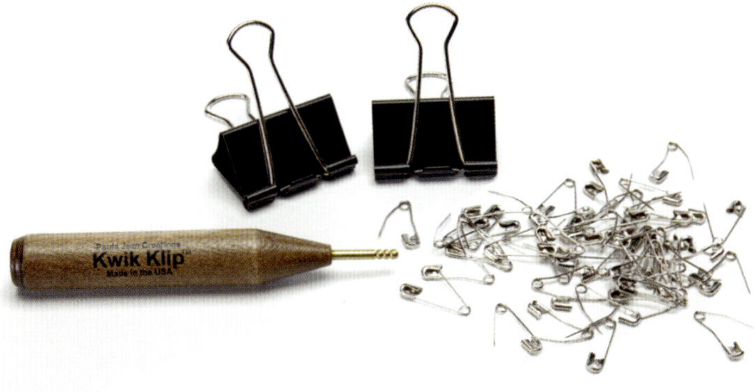

Werkzeuge zum Verbinden des Quilt-Sandwichs: Vielzweckklemmen, gebogene Sicherheitsnadeln (1 Inch/2,5 cm) und ein Kwik Klip™

stark gespannt. Ich benutze die Tischkanten, um den Rückseitenstoff gerade auszurichten und zu fixieren (Abb. 2). Ist Ihr Quilt größer als die Tischplatte, richten Sie nur die Oberkante und eine Seite an den Tischkanten aus. Den übrigen Stoff über die anderen Tischkanten herabfallen lassen und mit Vielzweckklemmen an diesen Kanten fixieren.

3. Die Füllung auf dem Rückseitenstoff ausbreiten (Abb. 3). Das Vlies dabei nicht dehnen. War das Vlies in einer Plastikhülle gefaltet, hat es Knicke – diese leicht herausklopfen, nicht daran ziehen. Sind die Knicke sehr hartnäckig, können ein paar Minuten im Wäschetrockner helfen (Programm „Auffrischen"). Sie können es auch mit vorsichtigem Dampfbügeln versuchen.

4. Das Quilt-Top nochmals bügeln und auf die Füllung legen, und zwar in etwa 2 Inch (5 cm) Abstand zur Tischkante, beginnend in der linken oberen Ecke, an der die Füllung ausgerichtet wurde. Die Füllung sollte rings um das Quilt-Top mindestens 1 Inch (2,5 cm) überstehen. Mit einem langen Lineal kontrollieren, ob die Nähte gerade liegen; eventuell korrigieren (Abb. 4).

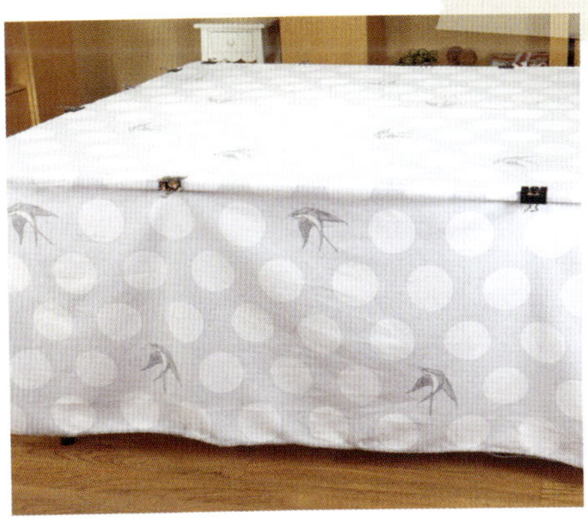

Abb. 1

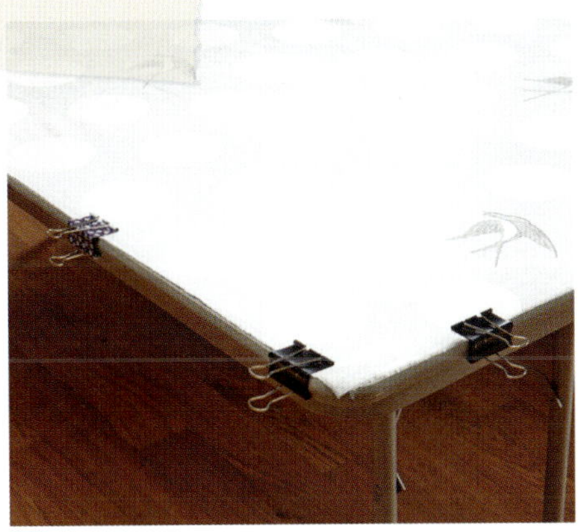

Abb. 2

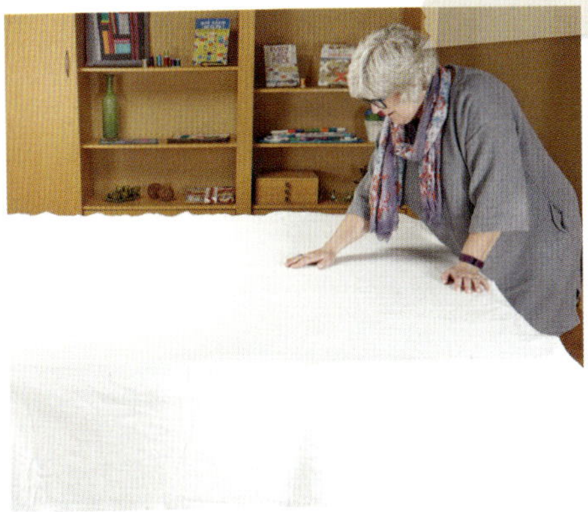

Abb. 3

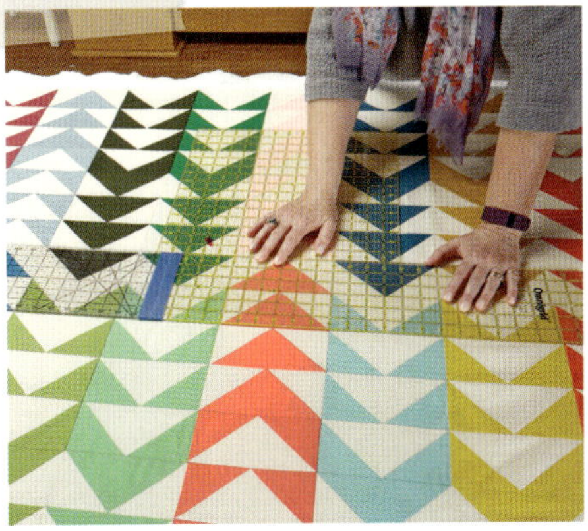

Abb. 4

5. Die Lagen mit guten Sicherheitsnadeln (1 Inch/2,5 cm) zusammenheften; dabei das Quilt-Top mit den Fingern glatt streichen (Abb. 5). In der Mitte der zu heftenden Fläche beginnen. Zwischen den Stecknadeln höchstens 3 Inch (7,5 cm) Abstand lassen (Abb. 6). Die Stecknadeln versetzt in Reihen anbringen und offen lassen, bis eine größere Partie fertig ist (z. B. die gesamte Partie, die auf der Tischplatte liegt bis etwa 9 Inch (23 cm) vor dem Überhang [Abb. 7]). Ich versuche beim Heften nicht unbedingt, Nähte zu vermeiden – wichtiger ist ein guter Abstand zwischen den Sicherheitsnadeln.

6. Die Sicherheitsnadeln schließen; dabei aufpassen, dass die Lagen nicht verrutschen. Ein Kwik Klip™ erleichtert das Schließen der Nadeln (Abb. 8). Für einen großen Quilt benötigt man mehrere Hundert Sicherheitsnadeln – wenn man sie alle ohne Hilfe schließt, bekommt man wunde Finger.

7. Bei einem großen Quilt zuerst die Partie auf der Tischplatte heften, dann Vielzweckklemmen und Malerkrepp entfernen und die nächste Partie auf dem Tisch fixieren und heften (Abb. 9).

8. Ist alles fertig geheftet, die Füllung und den Rückseitenstoff nach Bedarf zurückschneiden (Abb. 10).

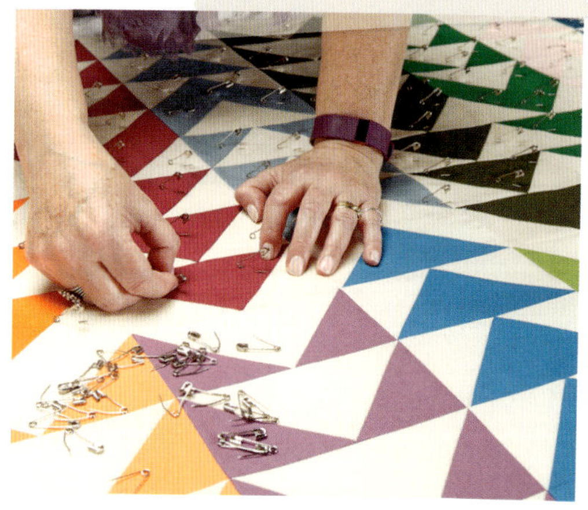

Abb. 5

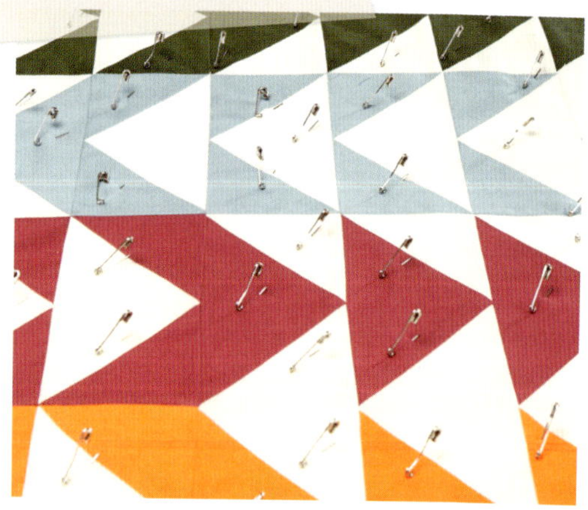

Abb. 6

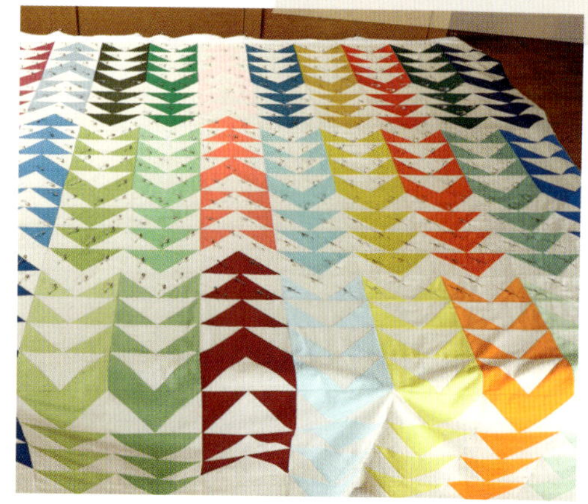

Abb. 7

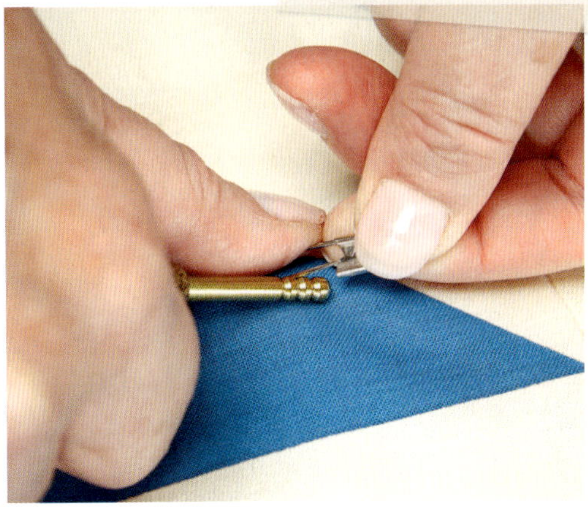

Abb. 8

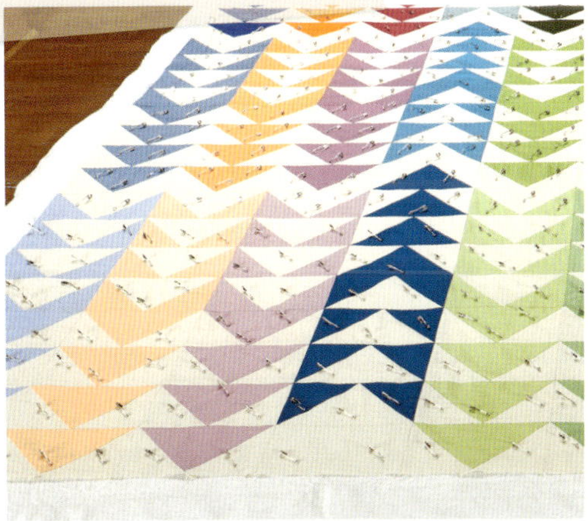

Abb. 9

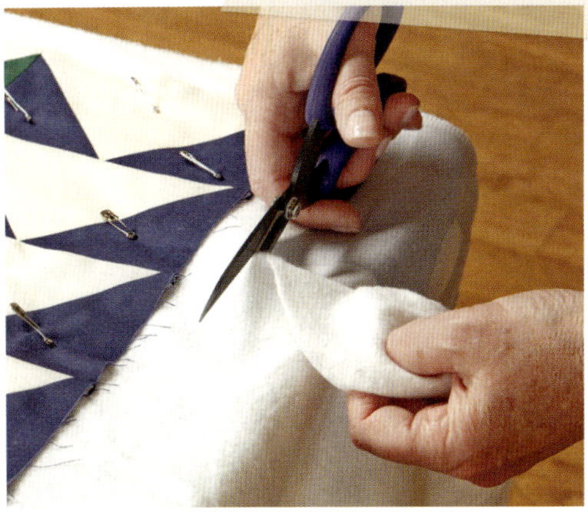

Abb. 10

### TIPP

Gebogene Sicherheitsnadeln sind ein kleiner – nicht unbedingt notwendiger – Luxus, der das Heften etwas erleichtert.

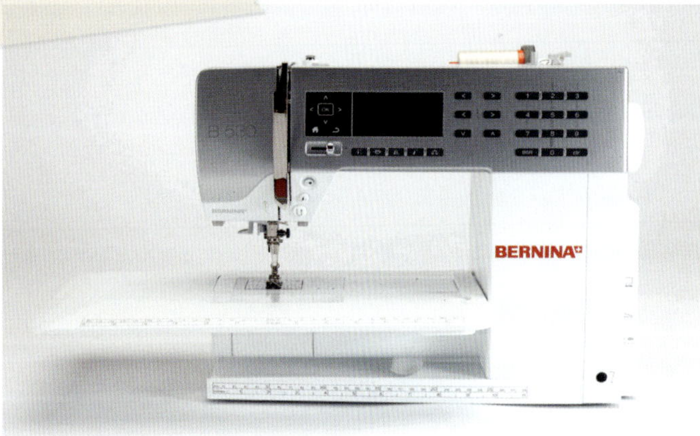


Nähmaschine mit Anschiebetisch, der Teil des Zubehörs ist

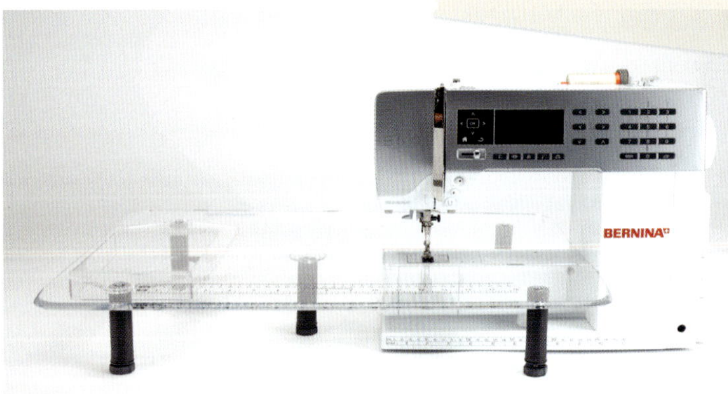


Nähmaschine mit zusätzlichem Sew Steady®-Anschiebetisch zur Vergrößerung der Nähfläche

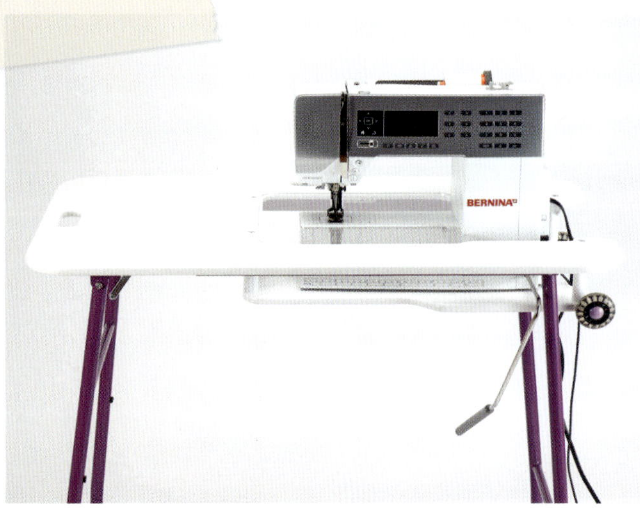


Nähmaschine auf einem tragbaren SewEzi-Nähmaschinentisch – so wird das Quilten auch bei begrenzten Platzverhältnissen viel bequemer.

# DAS QUILTZIMMER

Nicht viele von uns genießen den Luxus eines eigenen Nähzimmers. Wenn Sie einen maßgefertigten Nähtisch besitzen, wissen Sie, wie gut es sich näht, wenn die Stichplatte auf Höhe der Tischplatte liegt und ringsum jede Menge Platz für das Nähgut ist.

Doch auch ohne Traumausstattung gibt es viele Möglichkeiten, den Nähplatz zum bequemen Quilten herzurichten. Es lohnt sich auf jeden Fall, sich vor dem Nähen Zeit für die Einrichtung des Nähplatzes zu nehmen.

## Nähtisch

Egal für welchen Tisch Sie sich entscheiden: Er sollte das Gewicht Ihres Quilts tragen, sodass dieser nicht über die Kante rutscht und Sie ihn bequem durch die Nähmaschine führen können.

Vergrößern Sie die Nähfläche zunächst mit dem Anschiebetisch aus dem Zubehör Ihrer Nähmaschine. Dies hilft zumindest beim Patchworken, doch wenn zu Ihrer Maschine keine spezielle Quiltausstattung gehört, wird der Anschiebetisch eher nicht groß genug zum Quilten sein.

Ein zusätzlicher Anschiebetisch aus Acryl (z. B. von Sew Steady®) ist sehr praktisch. Sie müssen ihn individuell zu Ihrer Nähmaschine passend bestellen. Die Maschine steht beim Nähen auf einem normalen Tisch. Solche Anschiebetische lassen sich platzsparend verstauen – ideal bei beengtem Raum. Der einzige Nachteil ist, dass die Nähmaschine recht hoch steht – wenn Sie nicht sehr groß sind, benötigen Sie eventuell einen höhenverstellbaren Stuhl, um gute Sicht auf Ihre Arbeit zu haben. Dann kann es allerdings schwierig werden, das Fußpedal zu erreichen! Sie können das Pedal jedoch auf ein Telefonbuch oder einen Kinder-Tritthocker stellen.

Auch mit einem tragbaren Nähmaschinentisch (z. B. von SewEzi) können Sie Ihre Nähfläche zum Quilten vergrößern. Der Tisch hat einen für die jeweilige Nähmaschine maßgefertigten Einsatz und lässt sich platzsparend zusammenklappen. Die Stichplatte befindet sich damit auf Höhe der Tischplatte, sodass Sie einen normalen Stuhl benutzen können. Zur zusätzlichen Erweiterung können Sie einen anderen Tisch dazustellen.

Ein guter Nähtisch mit Platz auf beiden Seiten und hinter Ihrer Maschine ist natürlich ideal. Noch besser ist es, wenn Sie all den Platz auch frei halten! Ich versuche, alle Erweiterungen an meinem Tisch heruntergeklappt zu lassen, wenn ich sie nicht zum Nähen brauche – so komme ich gar nicht erst in Versuchung, sie als Abladeplatz für allen Kram zu verwenden, der sich in meinem Nähzimmer sammelt. Wenn Sie einen Nähtisch ohne Erweiterungen haben, können Sie zur Vergrößerung der Nähfläche ein Bügelbrett links neben den Tisch stellen. Sie können auch dicht an einer Wand arbeiten, sodass der Quilt nicht herunterrutschen kann.

## Stuhl

Gönnen Sie sich einen guten ergonomischen Stuhl. An der Nähmaschine müssen Sie bequem und entspannt sitzen. Der falsche Stuhl führt zu Fehlhaltungen, die Rücken- und Schulterschmerzen verursachen. Sie sollten mit den Füßen auf dem Boden stehen und ohne Überstreckung das Fußpedal bedienen können. Die Rückenlehne sollte die natürliche Krümmung der Wirbelsäule unterstützen. Finden Sie den Stuhl, der für Sie am besten geeignet ist. Hat der Stuhl Rollen und steht auf einem Teppich, lässt er sich auf einer Kunststoffmatte mühelos bewegen. Mit einer solchen Matte lässt sich auch der Platz um die Nähmaschine leichter sauber halten.

## Beleuchtung

Ein gutes Licht ist von entscheidender Bedeutung für Ihre Arbeit. Es gibt alle möglichen Arbeitsleuchten zur Befestigung an der Nähmaschine. Ich mag gern Tageslichtlampen mit flexiblem Arm, den ich exakt im benötigten Winkel einstellen kann. Eine gute, eigens zum Nähen verschriebene Brille ist ebenfalls hilfreich!

## Stauraum

Ausreichender Stauraum scheint vielleicht nicht entscheidend für gutes Maschinenquilten zu sein, doch ein sauberes, ordentliches Arbeitszimmer macht wirklich einen Unterschied. Zu Beginn habe ich stapelbare Kunststoffboxen verwendet, doch irgendwie lag der Stoff, den ich wollte, immer genau in der untersten Kiste. Heute benutze ich ein Auszugssystem mit Gitterkörben – sehr praktisch! Trotzdem muss ich immer noch aufpassen, dass ich bei der Arbeit Ordnung halte ..., ich gebe die Hoffnung nicht auf!

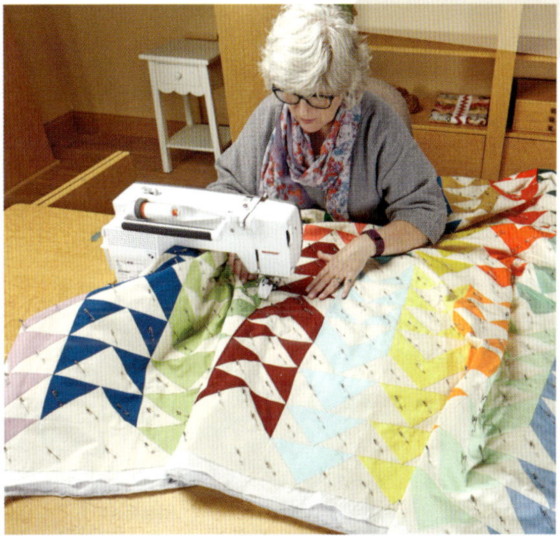

Durch einen großen Nähtisch wird das Quilten großer Quilts viel einfacher. Auch ein guter Stuhl in der richtigen Höhe macht viel aus. Hier sehen Sie, wie der Quilt ringsum aufliegt, sodass er beim Nähen nicht an der Maschine zieht.

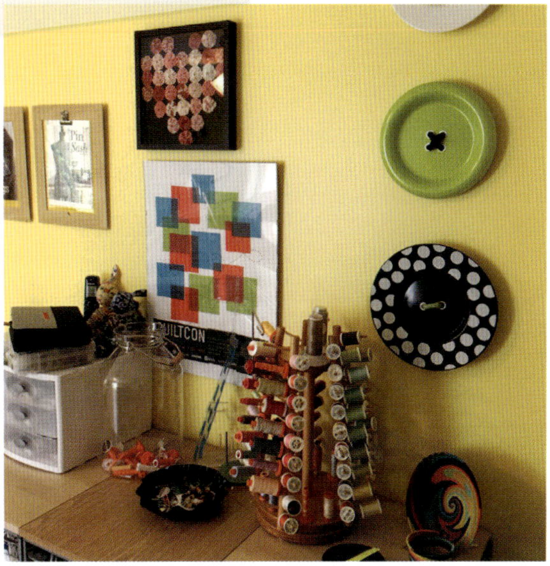

Ein Schnappschuss aus Catherines Studio

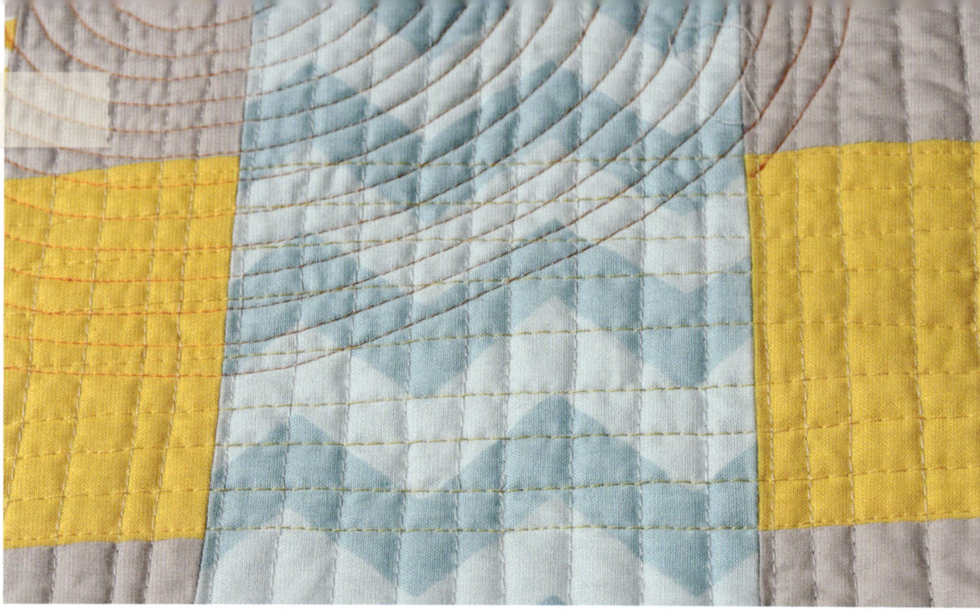

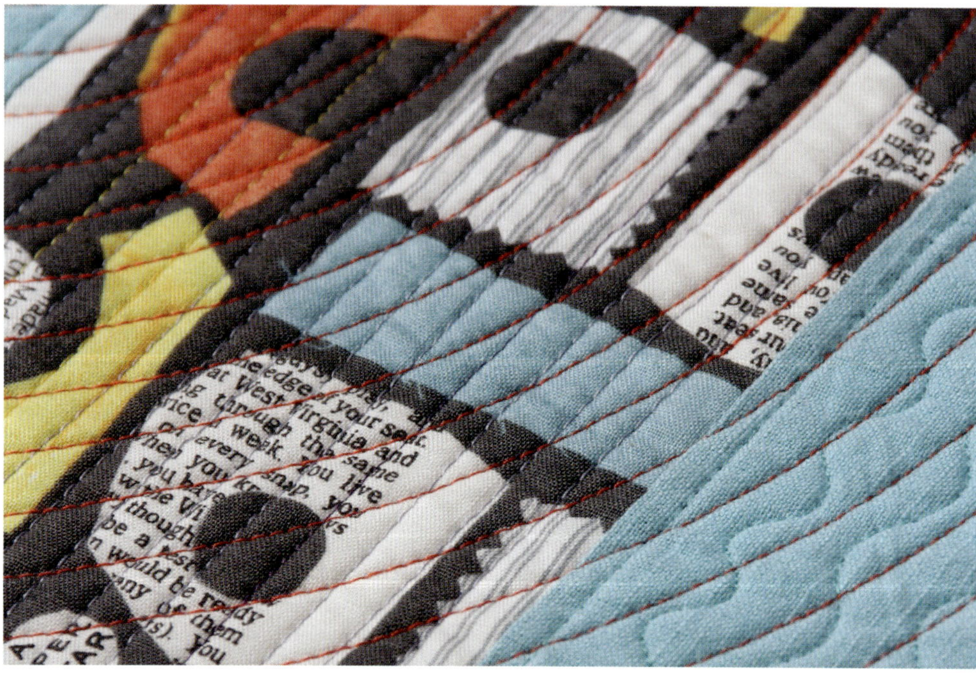

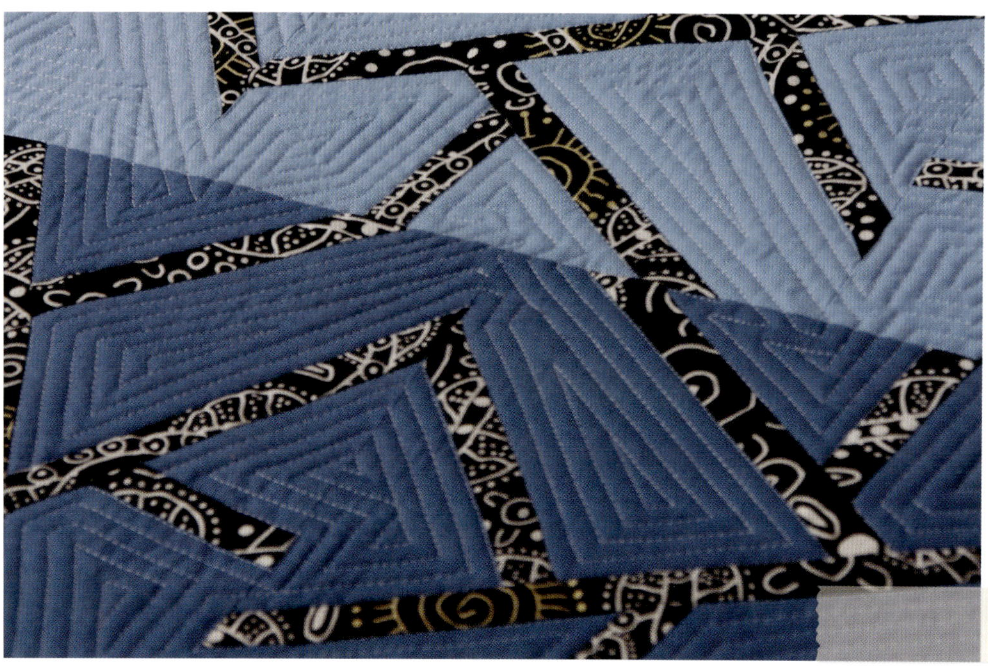

**KAPITEL 2**

# Quilten mit Obertransport

Mit dem Aufkommen moderner Quilts ist das Interesse am Quilten mit dem Obertransport gestiegen. Mit dieser Technik kann man leicht die linearen Quiltmuster kreieren, die den frischen Look eines modernen Quilts unterstreichen. Neben den Grundlagen des Quiltens mit dem Obertransport werden in diesem Kapitel neue Ideen sowie Verfeinerungen der Grundtechniken beschrieben, damit Ihre Quilts stets gelingen. Die Techniken sind einfach zu erlernen und lassen sich leicht an Ihren persönlichen Stil anpassen.

## GRUNDAUSSTATTUNG DER NÄHMASCHINE

Für das Quilten muss Ihre Nähmaschine mit Spezialzubehör ausgestattet werden.

### Obertransportfuß

Wenn Ihre Maschine kein integriertes Obertransportsystem hat, benötigen Sie für die beschriebene Technik einen Obertransportfuß. Beim normalen Nähen fasst der Transporteur der Maschine die untere Stofflage und führt sie unter die Nadel. Sie können die Stofflagen zusammenstecken oder einfach festhalten, damit die obere Stofflage mittransportiert wird. Dennoch haben Sie vielleicht bemerkt, dass beim Zusammennähen langer Streifen die untere Lage schneller transportiert wird, sodass bei zwei ursprünglich gleich langen Streifen am Ende der obere etwas übersteht. Dies können Sie ausnutzen, wenn Sie an einer Naht etwas Mehrweite einhalten möchten: dazu einfach die längere Partie nach unten legen, den Rest macht Ihre Maschine allein.

Durch einen Obertransportfuß oder Aktivierung eines Ober- oder Dualtransportsystems schalten Sie quasi für die obere Stofflage einen Transporteur zu. Beide Transporteure arbeiten zusammen für gleichmäßigen Transport der Stofflagen. Bei guter Hefttechnik wird auch die Füllung mitgeführt, und Sie erhalten einen Quilt ohne Wellen und Falten.

In der Regel muss der Obertransportfuß genau passend für das jeweilige Nähmaschinenmodell ausgewählt werden. Lesen Sie nach, wie er korrekt montiert wird. Wird der Nähfuß in die höchste Position gebracht, haben Sie am meisten Platz zur bequemen Montage.

Ich verwende gern einen Fuß mit offener Sohle, durch die man gute Sicht auf die Nadel hat und man gut sieht, wohin man näht. Manche Nähfüße haben auswechselbare Sohlen, die man je nach Nähprojekt auswählen kann. Viele Nähfüße haben ein Kantenlineal, das für akkurateres Nähen montiert werden kann.

Ein Obertransportfuß ist immer groß und klobig – an meiner Maschine mit integriertem Dualtransport bleibe ich beim Dualtransportfuß, der eine bessere Sicht auf den Nähbereich bietet.

### Geradstichplatte

Die Geradstichplatte meiner Maschine montiere ich, wenn ich weiß, dass ich nur gerade Linien ohne Verschieben der Nadelposition nähen werde. Das kleine Stichloch stabilisiert den Stoff, sodass das Stichbild klarer und die Linien gerader werden.

Wenn ich jedoch weiß, dass ich die Nadelposition verändern oder andere Sticharten nutzen will, wechsle ich die Stichplatte nicht – so zerbrechen mir keine Nadeln, wenn ich vergesse, dass ich die Geradstichplatte montiert habe! An manchen Maschinen lässt sich ein entsprechendes Warnsystem aktivieren.

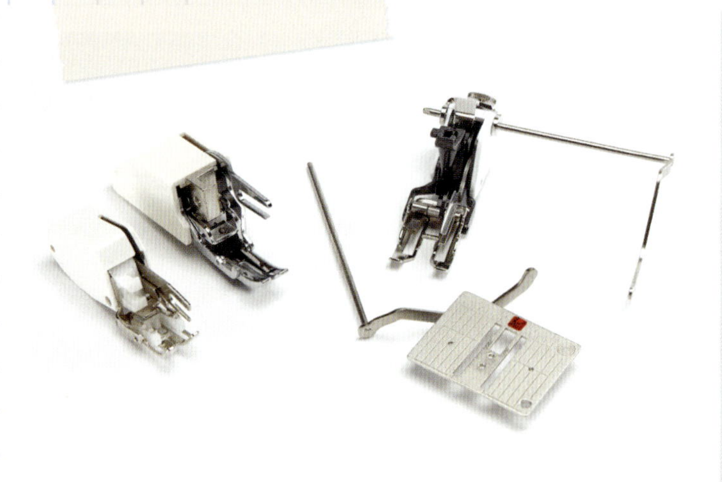

**Bei Ihrem Fachhändler erhalten Sie den passenden Obertransportfuß für Ihre Maschine. Mit einer Geradstichplatte wird das Stichbild sauberer.**

## ERSTE SCHRITTE

Ist das Quilt-Sandwich fertig, wird kontrolliert, ob die Maschine sauber und geölt, eine passende spitze Nadel montiert und die Arbeitsfläche frei ist. Mithilfe eines kleinen Probe-Quilt-Sandwichs aus dem gleichen Material (Stoff und Füllung) wie der große Quilt werden Stichlänge und Fadenspannung eingestellt.

## Überprüfen der Fadenspannung

Vielleicht sind Sie ein bisschen nervös, wenn Sie sich an die Nähmaschine setzen. Atmen Sie tief durch und sagen Sie sich, dass alles gut ist und niemand Sie zum Nähen zwingt … Sie tun es aus freien Stücken!

Damit kommen wir zum entscheidenden Punkt: der Fadenspannung. Wenn Sie für Ober- und Unterfaden das gleiche Garn verwenden, kann es gut sein, dass Sie für ein sauberes Stichbild die Spannung gar nicht verändern müssen. Im Wesentlichen geht es darum, dass das Stichbild auf beiden Seiten des Quilt-Sandwichs gleich aussieht. Ober- und Unterfaden sollten sich irgendwo in der Mitte kreuzen, ohne dass auf einer Stoffseite kleine Schlingen sichtbar sind.

Zeigen sich auf der Oberseite Schlingen des Unterfadens und ein eher gespannter Oberfaden, ist die Oberfadenspannung zu hoch und muss durch Einstellen einer niedrigeren Zahl am Regler verringert werden.

Zeigen sich umgekehrt auf der Unterseite Schlingen des Oberfadens, muss die Oberfadenspannung durch Einstellen einer höheren Zahl erhöht werden, sodass mehr Zug auf dem Oberfaden ist. Das ist so ähnlich wie beim Tauziehen zwischen Cheerleadern und einem Footballteam. Meist zieht das Footballteam die Cheerleader über die Mittellinie, doch wenn die schwächere Seite

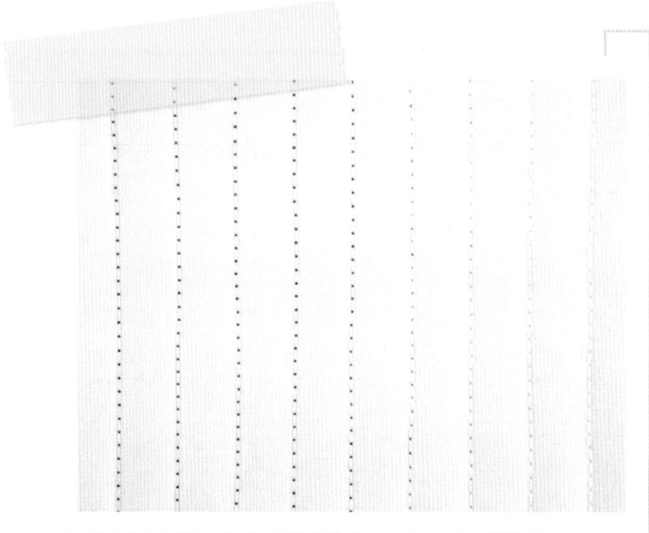

Vorderseite einer Nähprobe mit Fadenspannungen von 9 (links) bis 1 (rechts). Der Oberfaden ist weiß, der Unterfaden violett.

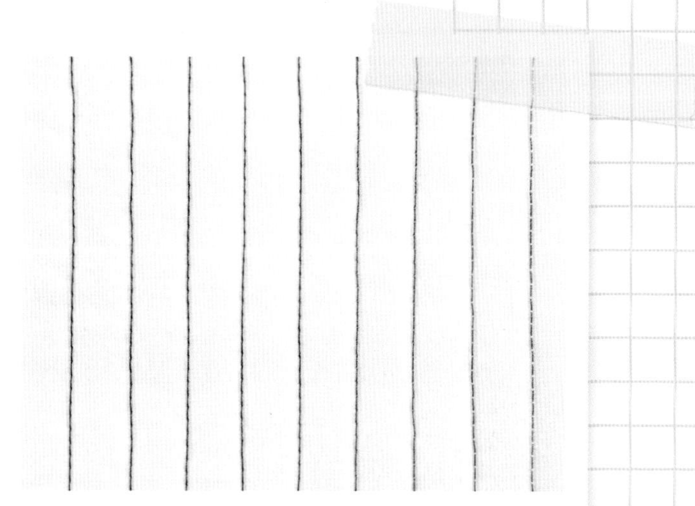

Rückseite der Nähprobe. Die Fadenspannung sollte so eingestellt sein, dass der Oberfaden kaum auf der Rückseite und der Unterfaden kaum auf der Vorderseite zu sehen ist.

| Oberfaden | Unterfaden | Fadenspannung | Anmerkungen |
|---|---|---|---|
| | | | |
| | | | |
| | | | |

Notieren Sie für zukünftige Arbeiten die Fadenspannung.

etwas Verstärkung bekommt, kann das Ungleichgewicht ausgeglichen werden!

Probleme mit der Fadenspannung sollten Sie keinesfalls erst bei der Arbeit an Ihrem sorgfältig gepatchten Quilt bemerken. Halten Sie daher stets einige Probe-Quilt-Sandwichs parat, an denen Sie bei jedem Oberfaden- oder Spulenwechsel die Spannung überprüfen können. Stoff und Füllung sollten dabei die gleichen sein wie am jeweiligen Quilt. Misslungene oder fehlerhafte Quiltstiche aufzutrennen dauert lange; der Extra-Aufwand lohnt sich also wirklich.

Sind Ober- und Unterfaden sehr unterschiedlich, müssen eventuell weitere Einstellungen vorgenommen werden – bis hin zur Justierung der Unterfadenspannung. Lesen Sie zuvor unbedingt die Bedienungsanleitung Ihrer Maschine oder lassen Sie sich von Ihrem Fachhändler beraten.

Gibt es nach den Einstellungen immer noch Probleme, verwenden Sie für Ober- und Unterfaden dieselbe Farbe, sodass eventuelle Schlingen weniger auffallen. Notieren Sie den verwendeten Nadeltyp, die Stichlänge und alle notwendigen Veränderungen der Fadenspannung.

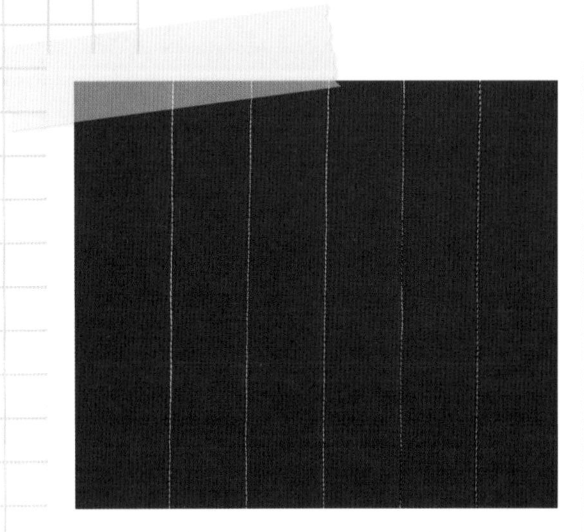

Fertigen Sie mit Ihren Lieblingsgarnen eine Nähprobe an.

Fünf kurze Stiche sichern Anfang und Ende der Quiltnaht, auch bei Zwischenstopps.

## Wo soll die Quiltnaht beginnen?

Das ist die große Preisfrage. Bei der Arbeit an einem Quilt-Top – vom gezeichneten Entwurf bis zur letzten Naht – denke ich bereits ständig darüber nach, wie ich quilten werde. Meist habe ich daher vor Beginn des Quiltens einen Plan.

Wenn ich den ganzen Quilt in einem geraden Linien- oder Gittermuster quilten möchte, beginne ich etwa in der Mitte des Quilts und steppe bis zu einer Seite, dann wiederum von der Mitte bis zur anderen Seite. Wenn Ihr Quilt-Top beim Nähen zu stark nach unten zieht, probieren Sie, den Nähfußdruck zu erhöhen. Ist dies an Ihrer Maschine nicht möglich, müssen Sie eventuell alle Nähe abwechselnd in entgegengesetzter Richtung steppen.

Für kompliziertere Muster muss das Quilt-Top eventuell zunächst etwas stabilisiert werden, bevor Sie einzelne Bereiche des Quilts separat mit verschiedenen Mustern quilten. Dazu einfach zu Beginn an einigen Nähten im Nahtschatten quilten.

## Stopps und Starts beim Quilten

Beim Quilten anzuhalten und neu anzusetzen ist für mich so ähnlich, wie mit einem Auto mit Schaltgetriebe am Berg anzufahren.

Ich versuche, Stopps und Starts auf ein Minimum zu reduzieren. Wenn es geht, wähle ich dafür die Ränder des Quilts, damit die Stellen später unter dem Binding verschwinden. Möglichst quilte ich ein Muster, das von Rand zu Rand reicht.

Wenn ich in der Mitte meiner Arbeit anhalten muss, hole ich den Unterfaden herauf und nähe fünf kleine Stiche, bevor ich mit der normalen Stichlänge fortfahre. Dazu können Sie eine kleine Stichlänge einstellen oder den Quilt mit den Händen festhalten, sodass er ganz langsam transportiert wird und auf eine normale Stichlänge fünf kleine Stiche genäht werden. Manche Quilterinnen speichern dies in ihrer Maschine, um rasch darauf zugreifen zu können. Auch am Ende jeder Naht nähe ich fünf solcher kleinen Stiche, bevor ich die Fäden abschneide; dies genügt zur Sicherung. Bei dickem Nähgarn funktioniert diese Methode nicht; hier vernähe ich die Fäden mit einer selbsteinfädelnden Handnähnadel zwischen den Lagen.

Wenn Sie eine Naht am Rand des Quilts beginnen, sichern Sie diese ebenfalls mit fünf kleinen Stichen. Wenn Sie an bestimmten Stellen eine Lücke in der Quiltnaht lassen müssen, beenden Sie die Naht mit fünf kleinen Stichen, heben Sie den Nähfuß an und beginnen Sie erneut mit fünf kleinen Stichen.

## Auswahl der Stichlänge

Die Stichlänge der Nähmaschine ist der Abstand von einer Kreuzung zwischen Ober- und Unterfaden bis zur nächsten. Das heißt, mit derselben Einstellung wird ein Stich beim Nähen dünner Stofflagen länger als beim Quilten durch eine Füllung. Je dicker die Füllung, desto kürzer erscheint der Stich. Wenn ich am selben Quilt das Freihandquilten und das Quilten mit dem Obertransport kombiniere, passe ich die Stichlänge für die Obertransport-Partien so an, dass sie meinen üblichen Freihandstichen entsprechen. Hier gibt es keine einheitliche Regel: Sie müssen einige Probestücke nähen, um zu sehen, welche Stichlänge für Sie am besten ist.

### TIPP

Wenn Sie Ihr Quilt-Sandwich gut mit Sicherheitsnadeln geheftet haben, müssten Sie eigentlich problemlos maschinenquilten können, ohne sehr daran zu ziehen oder zu schieben. Wenn möglich, aktivieren Sie an Ihrer Maschine die Nadel-Tiefstellung. Widerstehen Sie der Versuchung, die Hände zu bewegen, solange Sie den Fuß auf dem Pedal haben! An jeder Sicherheitsnadel anhalten und die Nadel entfernen. Der Vorteil, wenn einige Nadeln im Weg sind: So können Sie vor dem Weiternähen die Hände neu beidseits der Nahtlinie vor der Maschine platzieren.

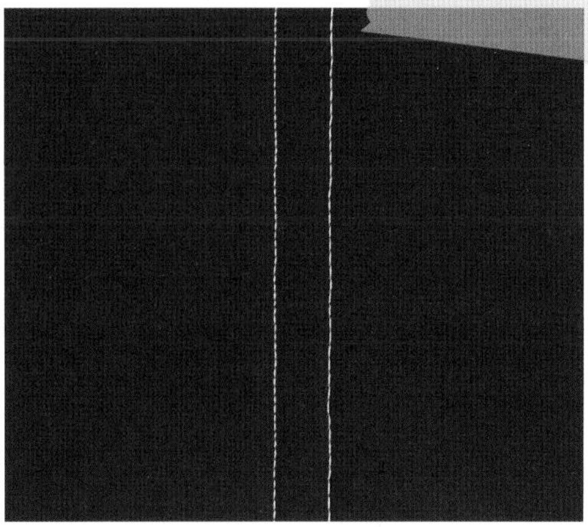

Zur Auswahl der passenden Stichlänge mit dem gewählten Nähgarn eine Nähprobe anfertigen. Bei dickerem Nähgarn werden Sie eher eine größere Stichlänge bevorzugen, bei sehr dünnem Nähgarn dagegen eine kleinere.

## Heraufholen des Unterfadens

Ich habe gelernt, bei Nähbeginn grundsätzlich beide Fäden in der linken Hand zu halten. So vermeidet man unschöne Fadennester auf der Unterseite. Beginnt eine Naht jedoch weit entfernt vom Rand des Quilts, ist dies nicht möglich, es sei denn, der Unterfaden wird heraufgeholt.

Dazu müssen Sie den Oberfaden fest in der Hand halten und nur einen Stich nähen. Die Nadel sticht einmal in das Sandwich und kommt wieder herauf bis an die höchste Position. Nun durch Anheben des Nähfußes die Spannung lockern, und leicht am Oberfaden ziehen. Es sollte eine Schlaufe erscheinen, die von unten durch das Quilt-Top dringt. Dies ist der Unterfaden. Ziehen Sie ihn vorsichtig nach vorn. Nun können Sie zu nähen beginnen und dabei beide Fäden festhalten, sodass kein Fadennest entsteht! Für diese Technik ist ein Freihandsystem oder Kniehebel sehr praktisch. Sie ist auch der Grund dafür, dass ich den automatischen Fadenabschneider nicht benutze: Er schneidet den Unterfaden so knapp ab, dass er sich nur schwer heraufholen lässt.

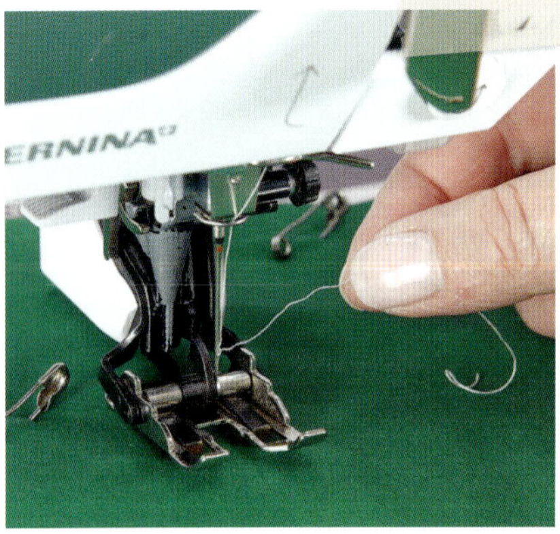

**1** Oberfaden festhalten.

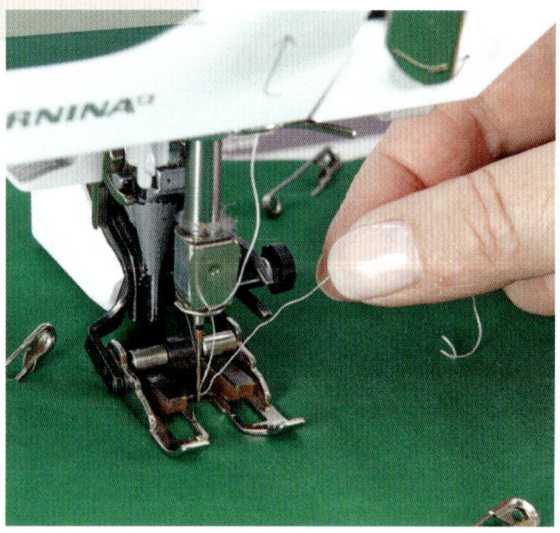

**2** Nadel einmal einstechen.

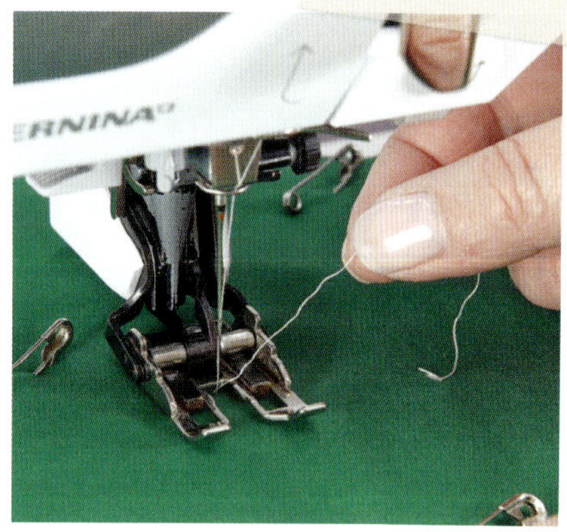

**3** Nadel wieder heraufholen.

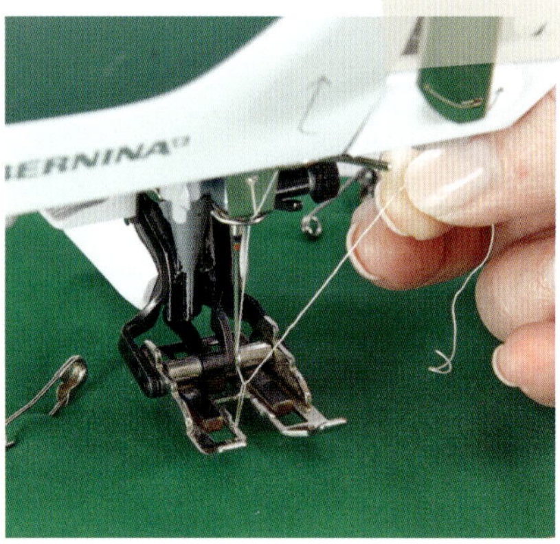

**4** Nähfuß anheben und Oberfaden nach vorn ziehen, bis die Unterfadenschlaufe erscheint.

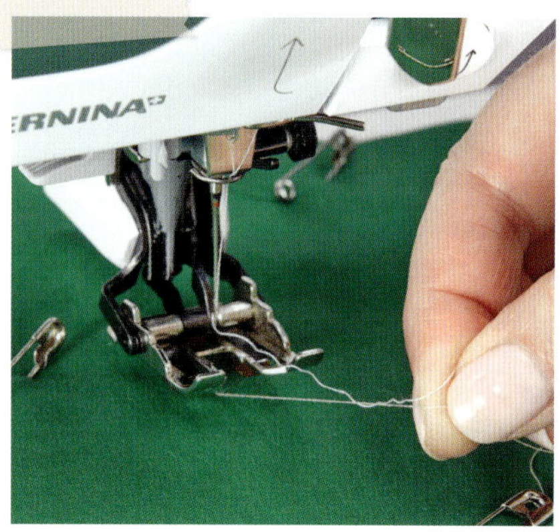

**5** Für einen sauberen Nahtbeginn beide Fäden festhalten, Nähfuß absenken und zu nähen beginnen.

## Kleine Lücken überspringen

Dies ist eine gute Übung – und davon kann man beim Quilten nie genug bekommen!

Doch im Ernst, wenn eine Quiltnaht in der Mitte des Quilts endet und die nächste ein Stückchen weiter beginnt, beende ich die erste Naht mit kleinen Stichen, stelle die Nadel hoch, hebe den Nähfuß leicht an und schiebe meinen Quilt zum Ausgangspunkt der neuen Naht, die ich wiederum mit kleinen Stichen beginne. Den gezogenen Faden schneide ich später knapp ab.

Ist die Lücke größer als 2 Inch (5 cm), beende ich die erste Naht, hole den Unterfaden herauf und schneide den Faden ab, bevor ich die nächste Naht wie üblich beginne.

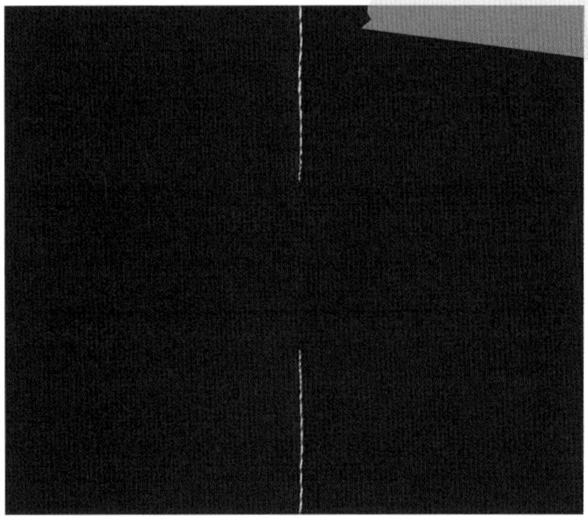

Für ein sauberes Nahtbild den gezogenen Faden knapp abschneiden.

### TIPP

Bedenken Sie, dass die meisten Nähmaschinen für das Zusammennähen von zwei Stofflagen konzipiert sind. Für ein sauberes Stichbild beim Quilten müssen Sie die Fadenspannung regulieren.

## QUILTEN ÜBER PATCHWORKNÄHTEN

Wenn Sie im Nahtschatten über Patchworknähten quilten, stoßen Sie auf Nahtkreuzungen, an denen Sie zur anderen Nahtseite wechseln müssen, um auf der tiefer liegenden Seite der Naht zu bleiben. Sind Ihre Nahtkreuzungen sauber gearbeitet, geht das ganz leicht. Stoßen die Nähte jedoch nicht exakt aneinander, sondern leicht versetzt, stoppen Sie an der Quernaht und stellen die Nadel hoch. Den Quilt seitlich bis zur neuen vertikalen Naht verschieben, ab hier weiternähen. Der Faden verschwindet in der Quernaht, als hätten Sie einen Stich genäht. Sind die Nähte um mehr als eine Stichlänge versetzt, sollten Sie eine andere Quilttechnik wählen.

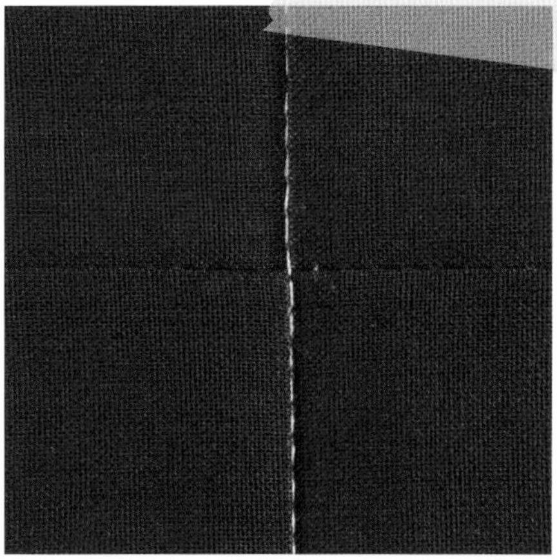

Trifft man beim Quilten im Nahtschatten auf eine Nahtkreuzung, wechselt die Quiltnaht fast automatisch zur anderen Seite, die tiefer liegt.

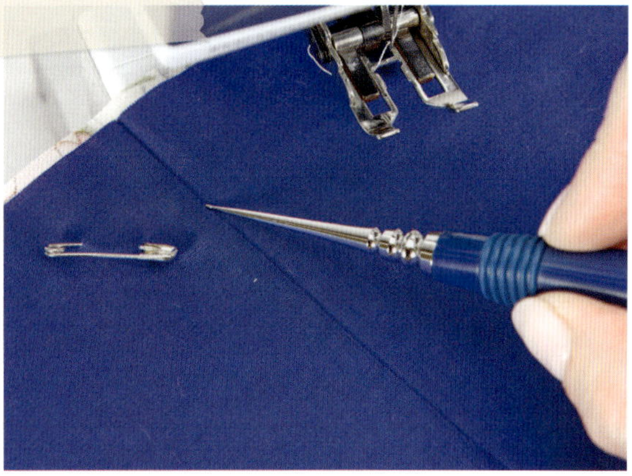

**1** Kurz vor dem Nähen die Rille mit einem Stiletto oder einer Ahle mit Kugelspitze an der Naht ausstreichen.

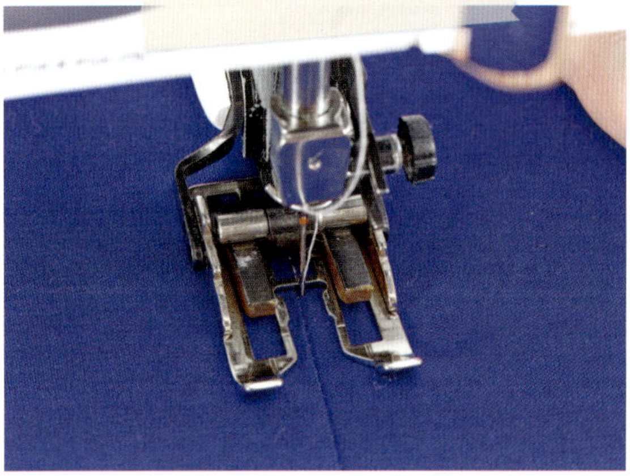



**2** Auf der tiefer liegenden Nahtseite nähen (Seite, zu der beim Patchworken die Nahtzugaben nicht gebügelt wurden).

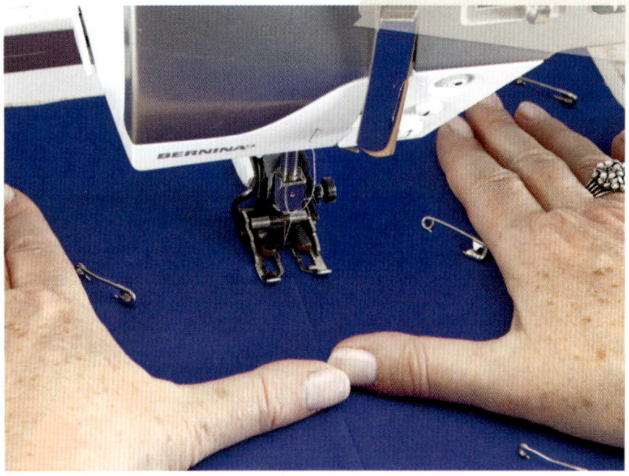



**3** Die Hände beidseits der Naht flach auflegen, möglichst ringförmig (siehe Abbildung).

# GERADE LINIEN

Nach all diesen Details ist es nun an der Zeit, mit dem Nähen zu beginnen. Gerade Linien schaffen ein einheitliches Gesamtbild mit dem Patchworkmuster.

## Quilten im Nahtschatten

Viele Quilterinnen scheinen Quilten mit dem Obertransport gleichzusetzen mit Quilten im Nahtschatten, einer Technik, bei der man möglichst dicht an der Nahtlinie entlangsteppt. Die Technik fand vielleicht Eingang ins Maschinenquilten, um das Quilten von Hand zu imitieren, bei dem traditionell oft unmittelbar neben den Patchworknähten gequiltet wurde. Beim Handquilten ist der Nahtschatten ideal zum Nähen, beim Maschinenquilten ist dies etwas schwieriger. Schon wenige Stiche, die weiter von der Naht abweichen, sind sofort sichtbar.

Quilten im Nahtschatten ist zweifellos funktional, da es den Quilt stabilisiert, doch es ist nicht unbedingt ein auffälliges Stilelement. Man kann den Quilt benutzen, schöner wird er dadurch jedoch nicht! Auch wenn ich daher dazu raten würde, möglichst selten im Nahtschatten zu quilten, habe ich ein paar Tipps, mit denen es leichter geht.

Sind die Nahtzugaben sorgfältig von rechts zu einer Seite gebügelt, haben Sie eine schöne Rille zum Nähen. Immer auf der tieferen Seite der Naht steppen, zu der die Nahtzugaben nicht gebügelt wurden. Oben an der Naht beginnen; langsam und exakt nähen. Zum Versetzen der Hände stets anhalten, um nicht von der Linie abzuweichen. Sicherheitsnadeln, auf die Sie stoßen, entfernen.

Mein bester Tipp ist, kurz vor dem Nähen mit einem Stiletto an der Naht entlangzufahren, um die Rille auszustreichen. So kann man wirklich genau in der Rille nähen. Mit etwas Übung und farblich passendem Garn verschwindet die Quiltnaht nahezu. Unsichtbares Nähgarn verwende ich ungern, da sich in abweichenden Stichen das Licht fängt und sie daher mehr auffallen als mit farblich passendem Garn.

Mit etwas Übung sind Quiltnähte im Nahtschatten kaum zu sehen, selbst mit weißem Nähgarn auf violettem Stoff.

Beim Schattenquilten können Sie den Abstand beidseits der Nahtlinie beliebig wählen.

## Schattenquilten

Wenn Sie die Nahtzugaben des Quilt-Tops gern auseinanderbügeln, haben Sie keine Nahtrille, in der Sie quilten können. Mit der Technik des Schattenquiltens (auch Echoquilten genannt) kann man trotzdem entlang der Naht quilten. Dazu auf einer Seite einfach mindestens ⅛ Inch (3 mm) neben der Naht steppen. Ich quilte auch gern beidseits der Naht; so wird sie wirklich strapazierfähig. Selbst durch häufiges Waschen verziehen sich die Patchworknähte nicht. Schattenquilten ist also funktional, und beidseits ausgeführt ist es ein auffälligeres Stilelement als bei einseitiger Ausführung.

Selbst bei zur Seite gebügelten Nahtzugaben bevorzuge ich oft das Schattenquilten vor dem Quilten im Nahtschatten. Auf Letzteres greife ich eigentlich nur noch zurück, um Nahtlinien zu stabilisieren, bevor ich weitere Quiltnähte hinzufüge. Besonders bei einem komplizierten Quiltmuster fixiere ich so vorab das Quilt-Top und entferne alle Sicherheitsnadeln. Unter dem dichten Quiltmuster treten die im Nahtschatten gearbeiteten Quiltnähte später in den Hintergrund.

Quilten mit farblich passendem Nähgarn: Im Nahtschatten quasi unsichtbar und das Schattenquilten verleiht dem Quilt lediglich Struktur.

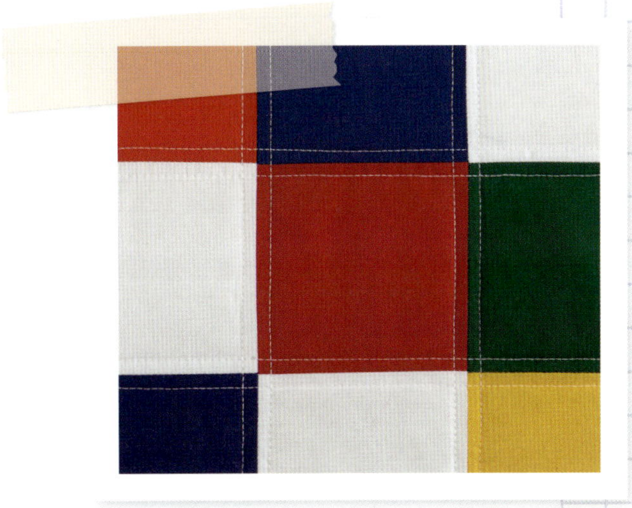

Schatten- oder Echoquilten aller Nähte ist funktional und zugleich ein Stilelement.

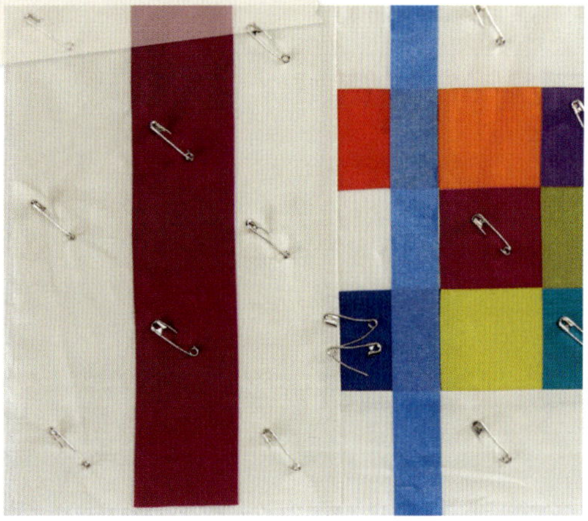

Malerkrepp ist praktisch zur Markierung der Anfangslinie, vor allem wenn die Nähte nicht bis zum Rand des Quilts reichen.

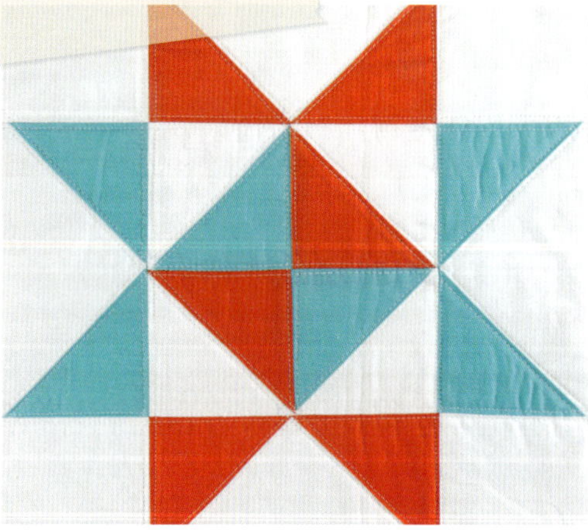

Sternenblock mit einfachem Schattenquilting: Funktionalität und ein wenig Formgestaltung

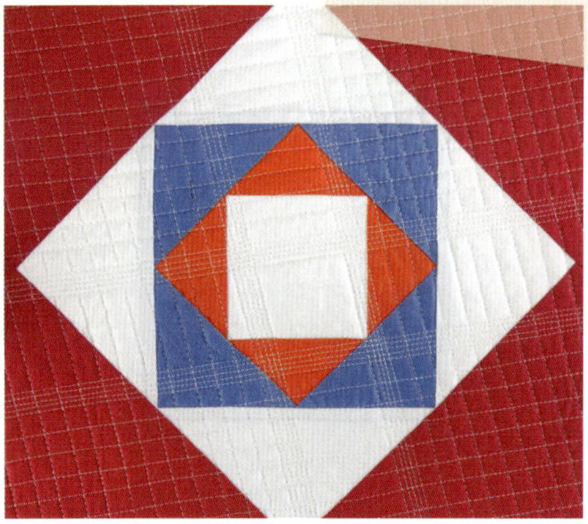

Quadrat-im-Quadrat-Block mit versetztem unregelmäßigem Gittermuster: Funktionalität und ein ganz eigenes zweites Design

## Parallele Linien

Gerade Quiltlinien können einem Quilt eine ausgeprägte Struktur verleihen. Viele moderne Quilts sind durch parallele gerade Linien über die gesamte Fläche sehr wirkungsvoll. Durch ihre klare Designsprache entsteht ein harmonisches Gesamtbild.

Wenn möglich, beginne ich mit den Linien, indem ich eine komplette Naht des Quilts schattenquilte. Ist keine geeignete Naht vorhanden, verwende ich Malerkrepp zur Markierung. Er sollte so angebracht werden, dass man die Kante des Obertransportfußes an der Kante des Krepps entlangführen kann.

Nähen Sie nicht direkt neben dem Kreppband. Falls Sie einmal verrutschen und die Nadel durch das Band sticht, verklebt sie und muss ersetzt werden.

### Tipp

Auch ein großer Quilt kann mit Geduld wunderbar gelingen. In der Regel beginne ich in der Mitte und arbeite mich zu einer Seite vor. Dann drehe ich die Arbeit um und quilte die andere Hälfte. Die Stoffmenge rechts der Nadel rolle ich auf, damit sie durch die Maschine passt, und wickle die Rolle nach und nach ab, bis der Rand erreicht ist. Die Quiltpartie links der Nadel muss möglichst fest aufliegen. Dazu ist ein großer Nähtisch ideal. Sie können auch einen Extratisch oder ein Bügelbrett anstellen.

Ist die erste Quiltnaht fertig, nähe ich die zweite mithilfe der Kante meines Nähfußes und arbeite mich so bis zur Seite des Quilts vor. Manchmal klebe ich erneut Malerkrepp auf, damit meine Linien gerade bleiben.

Wenn ich mich dem Klebeband nähere, richte ich die Naht immer wieder daran aus. Ich überlege nicht zu viel, ob meine Linien perfekt gerade oder parallel werden – schließlich bin ich ein Mensch, keine computergesteuerte Quiltmaschine.

Bei auseinandergebügelten Nahtzugaben sollte nicht direkt auf der Nahtlinie gequiltet werden. Besser sind zwei Nähte beidseits der Naht, dicht zusammen oder etwas weiter auseinander – dies ist kein Problem.

Bei einem kleinen Quilt können Sie die Arbeit am Ende jeder Quiltnaht wenden und in beide Richtungen quilten. Bei größeren Quilts müssen Sie jede Naht neu am oberen Rand beginnen. Bleibt Ihre Maschine an den Quernähten des Quilt-Tops hängen, verringern Sie den Nähfußdruck. Das hilft meist!

## POSITION DER HÄNDE

In der Regel empfehle ich, die Hände beim Maschinenquilten ringförmig aufzulegen  dies funktioniert meist gut. Manchmal ist jedoch ein festerer Griff erforderlich, etwa wenn der Quilt schlecht transportiert wird, wenn man sich dem Quiltrand nähert oder wenn es einem einfach lieber ist. Probieren Sie aus, was für Sie am besten funktioniert!

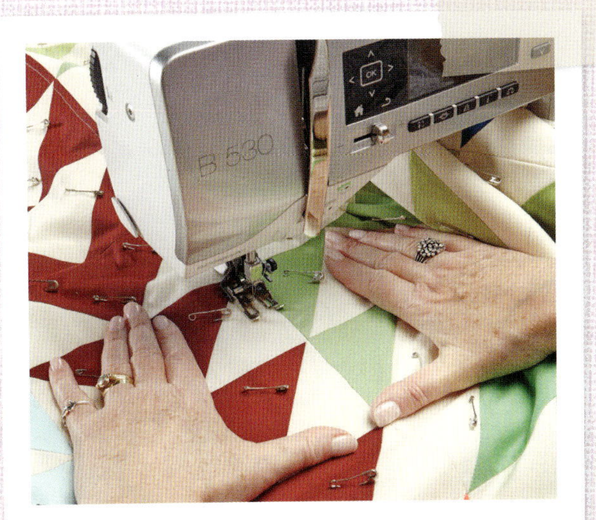


Die Hände ringförmig flach aufzulegen funktioniert in den meisten Fällen gut.

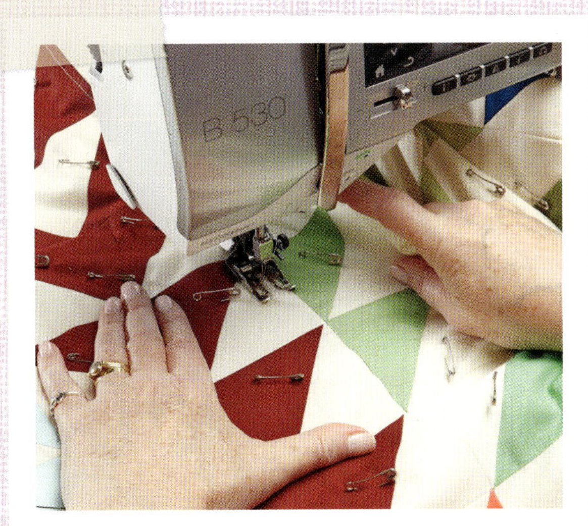


Manchmal ist es besser, eine Hand flach aufzulegen und mit der anderen den Quilt fester zu fassen. Ausprobieren!

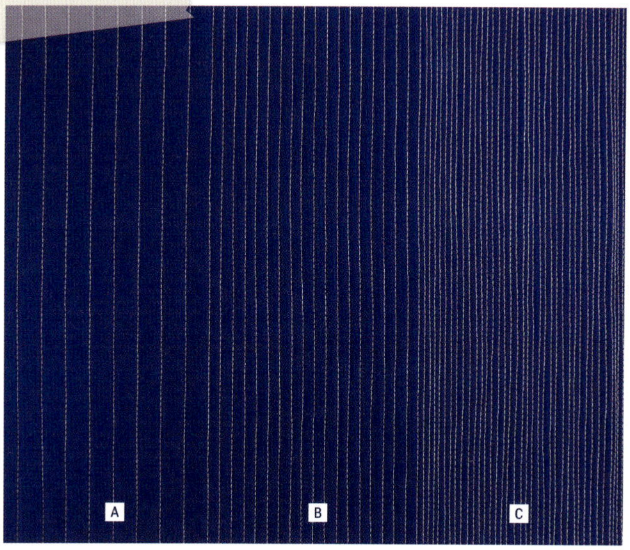


Vorgehensweise beim Matchstick-Quilting: Zuerst füßchenbreit parallele Linien quilten [A]. Dann genau in der Mitte zwischen diesen Linien quilten [B]. Zum Schluss nochmals zwischen diesen Linien quilten, sodass der Abstand zwischen den Quiltlinien etwa ⅛ Inch (3 mm) beträgt [C].

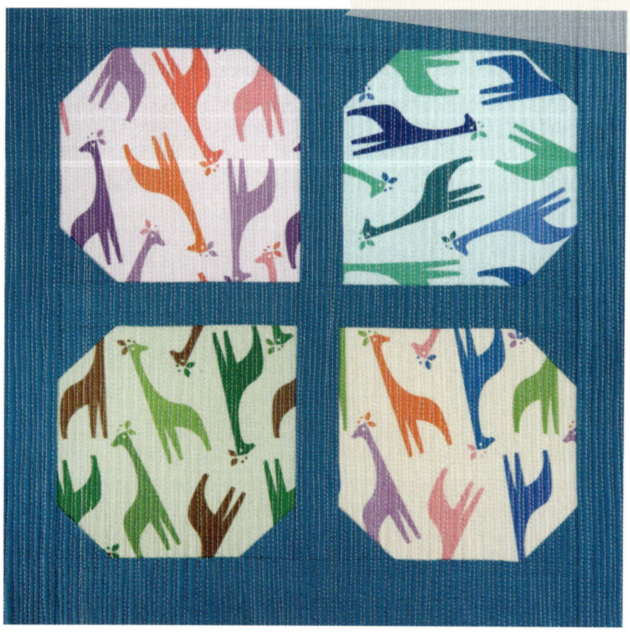

Ein einfacher Block mit Matchstick-Quilting. Die Arbeitszeit dafür betrug 90 Minuten.

## Matchstick-Quilting

Matchstick-Quilting (matchstick = Streichholz) sieht wirklich hübsch aus! Es ist nicht schwer, aber sehr zeitaufwendig. Dazu werden über den gesamten Quilt parallele Linien im Abstand von maximal 3 mm gequiltet.

Ich beginne mit füßchenbreiten parallelen Linien (Orientierung an der Kante des Nähfußes). An meiner Maschine liegen diese Linien knapp ½ Inch (1,3 cm) auseinander. Beim Quilten dieser Linien entferne ich alle Sicherheitsnadeln. Im zweiten Durchgang steppe ich genau in der Mitte zwischen allen Linien und zum Schluss nochmals zwischen diesen Linien. Ich vermeide das Quilten auf Nahtlinien. Befindet sich eine Naht genau dort, wo ich quilten müsste, steppe ich knapp daneben. Ich weiß, dass meine Linien nicht perfekt gerade werden – damit kann ich leben.

Man sitzt dafür ewig an der Nähmaschine, doch das Ergebnis ist toll. Manchmal verwende ich helles Multicolor-Nähgarn, etwa in Grau- oder Pastelltönen, um dem Quiltmuster noch mehr Tiefe zu verleihen. Für einen interessanten Effekt quilte ich zwischendurch einige Linien in verschiedenen Farben oder Garnstärken oder lasse einige Linien aus. Vielleicht fürchten Sie, der Quilt könnte zu steif werden, doch nach dem Waschen wird er weicher und bleibt schön flach.

### TIPP

Bleibt die Maschine hängen oder näht Fältchen, wenn Sie bei den größeren Gittern eine Naht kreuzen, verringern Sie den Nähfußandruck. Nähen Sie auch vorausschauend: Während Sie in konstantem Tempo nähen, streichen Sie den Stoff zwischen den Linien immer wieder aus. Legen Sie die Hände ringförmig flach auf – so wird Ihr Quilt schön glatt.

## Gitter und Karos

Gittermuster sind einfach sich kreuzende, gerade Linien. Mir gefällt es, wenn Abstand und Richtung dabei in Relation zum Patchworkmuster stehen.

Ein dichtes Gitter wird ganz ähnlich gearbeitet wie Matchstick-Quilting. Es schafft ein harmonisches Gesamtbild sowie eine schöne Struktur.

Bei einem größeren Gittermuster wirken doppelte Linien viel interessanter als einzelne. Manchmal verwende ich verschiedene Nähgarne, durch die ein Karo-Effekt entsteht. Verwenden Sie dickes Garn in Kontrastfarben, damit Sie Ihre Naht gut sehen. Gitter eignen sich gut für einen maskulineren Look.

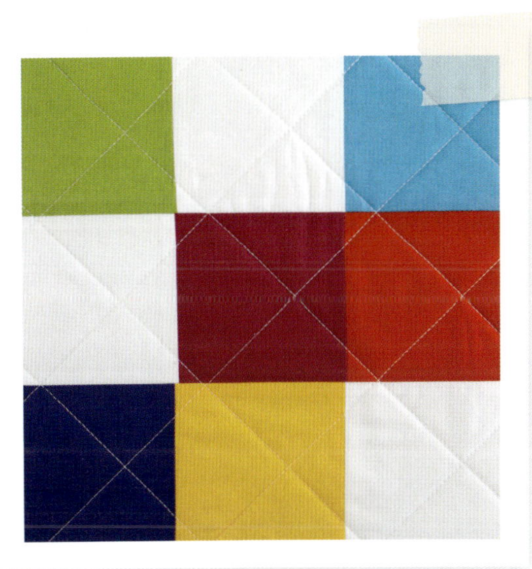

Ein gleichmäßiges diagonales Gitter ist ein hübsches Allover-Muster. Verlaufen die Linien versetzt zu den Ecken der Blöcke, haben Sie etwas Spielraum bei nicht ganz gerade genähten Linien!

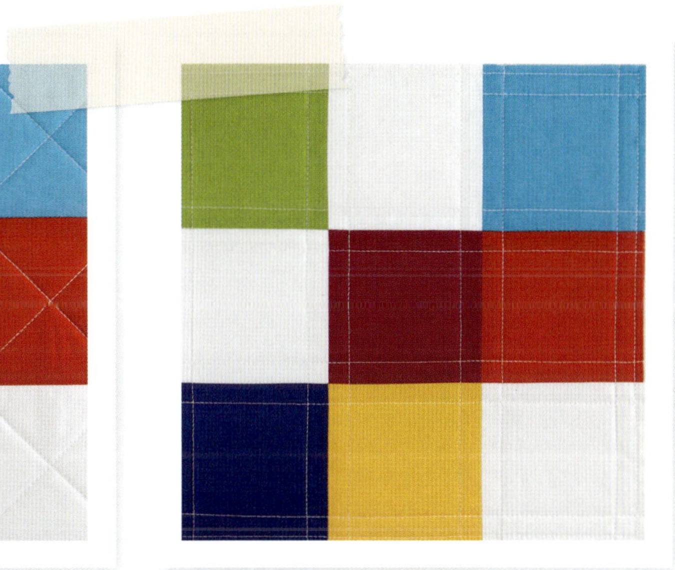

Versetzt zu den Patchworknähten ist das Gitter deutlicher zu sehen. Mit einer knalligen Garnfarbe wird es noch auffälliger.

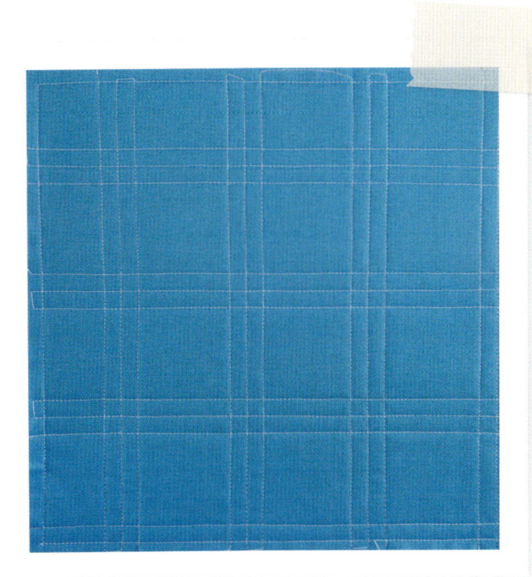

Karomuster zu quilten macht Spaß. Experimentieren Sie mit Abstand und Anzahl der Linien.

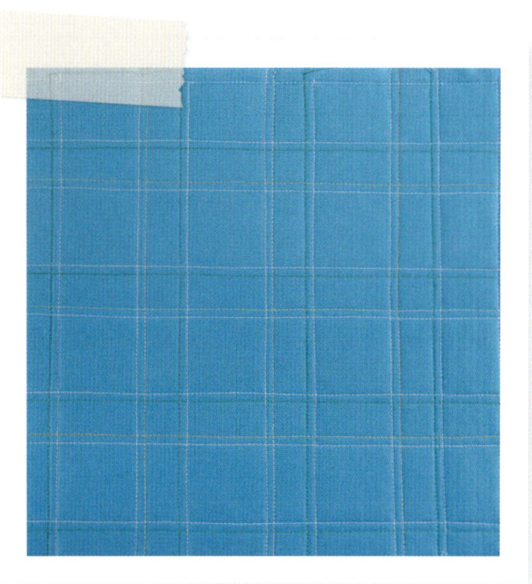

Durch Nähgarn in verschiedenen Stärken wird ein Karomuster interessanter.

# GESCHWUNGENE LINIEN

Mit schlichten geraden Linien sieht ein Quilt toll aus, doch manchmal möchte man etwas anderes. Hier sind einige Ideen für interessante, wirkungsvolle Quiltmuster.

## Organische Schwünge

Wenn Sie die geraden Linien beherrschen, probieren Sie einmal sanfte Schwünge. Die erste Linie können Sie mit Kreidemarker aufzeichnen. Die Hände wie üblich beidseits der Nahtlinie auflegen und das Quilt-Sandwich langsam entlang der Kreidelinie durch die Nähmaschine führen. Es macht nichts, wenn Sie die Linie nicht exakt treffen – wichtiger ist ein gleichmäßiger Schwung. Die Kreide können Sie später abklopfen. Die nächste Linie mithilfe der Nähfußkante parallel zur ersten steppen (beim Nähen auf die vordere Spitze schauen). Sie werden feststellen, dass sich sanfte Kurven viel einfacher echoquilten lassen als enge und dass es Spaß macht, wie das Muster zusehends wächst.

### Gitter

Vielleicht gefällt es Ihnen auch, wenn die geschwungenen Linien auf Ihrem Quilt sich kreuzen. Dadurch wirkt der fertige Quilt sehr organisch. Beginnen Sie jede neue Linie in willkürlichem Abstand an einer Kante des Quilts und führen Sie das Quilt-Sandwich sanft in geschwungenen, sich manchmal kreuzenden Linien durch die Maschine.

### Verzweigungen

Aus geschwungenen Linien quilte ich auch gern Allover-Muster mit Verzweigungen. Ich beginne mit einer ersten Linie von Rand zu Rand. Weitere Linien verlaufen teils parallel und zweigen dann ab. Jeder Zwischenbereich wird individuell ausgefüllt.

1. Gliedern Sie den Quilt mit Abzweigungen von der ersten Linie.

2. Für ein hübsches Allover-Muster Füllen Sie jeden Bereich individuell aus.

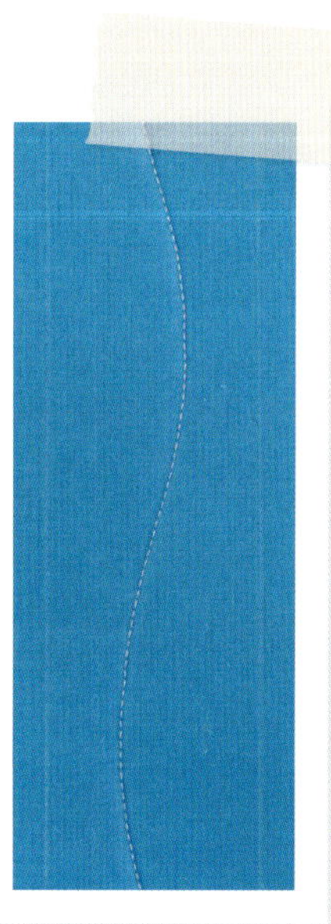

Beim Quilten einer geschwungenen Linie auf einem großen Quilt ist es sinnvoll, den Verlauf vorzuzeichnen.

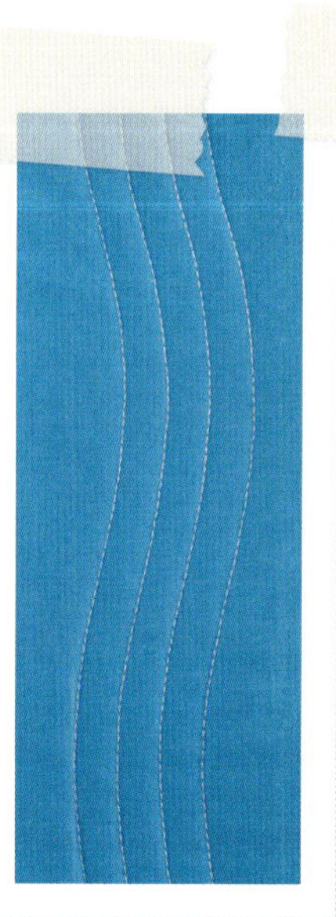

Mithilfe der Kante des Nähfußes die zweite Linie echoquilten.

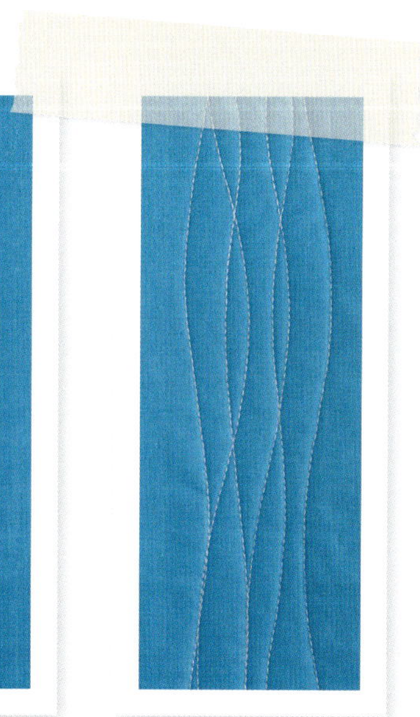

Sich kreuzende Schwünge bilden ein interessantes Muster.

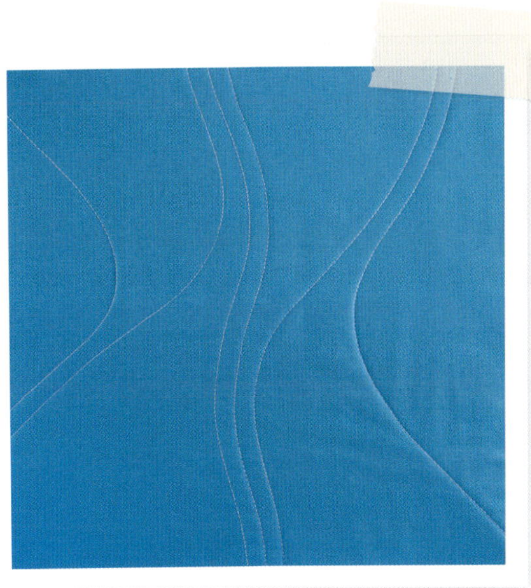

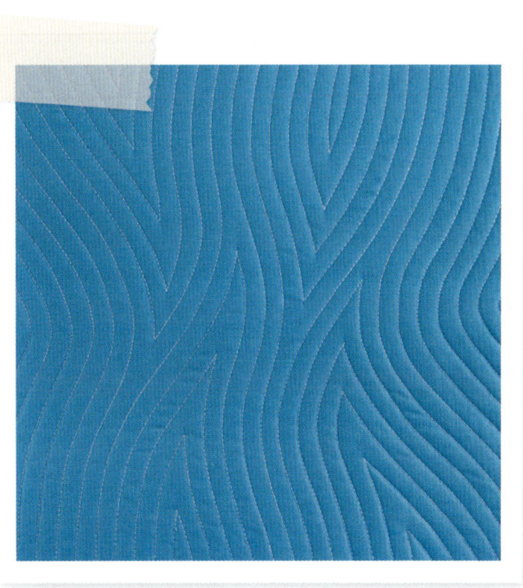

**1** Den Quilt mit Abzweigungen von der ersten Linie gliedern.

**2** Für ein hübsches Allover-Muster jeden Bereich individuell ausfüllen.

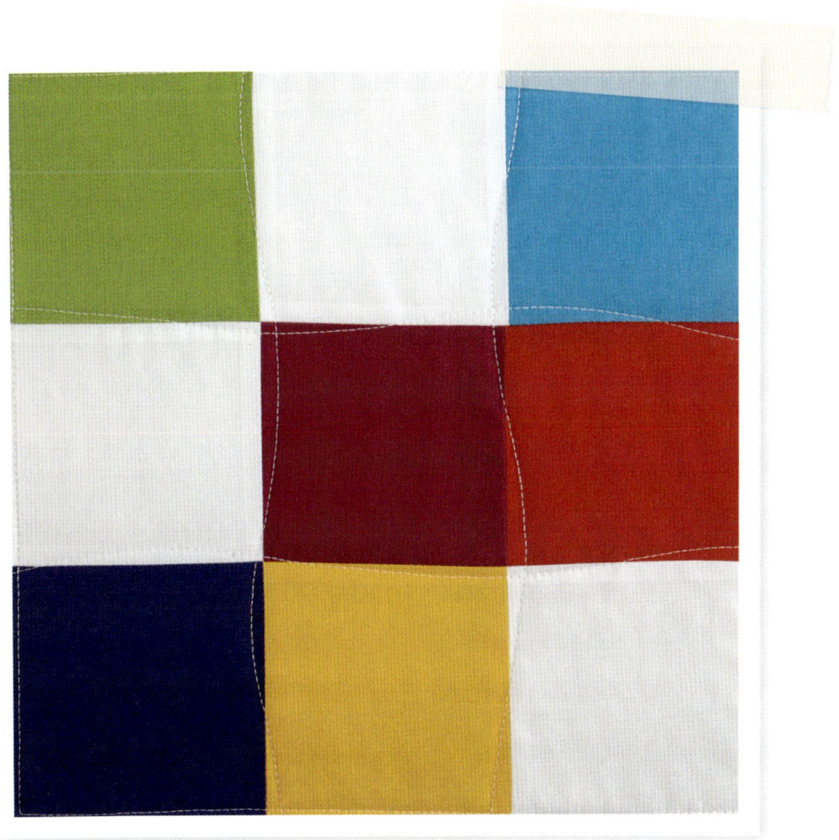

Mit einem Gittermuster aus geschwungenen Linien lässt sich ein Quilt leicht und schnell fertigstellen.

# ABGEWANDELTE STICHE

Durch kleine Veränderungen der Einstellung lassen sich die vorprogrammierten Stiche Ihrer Maschine zu idealen Quiltstichen abwandeln.

## Serpentinenstich

Einer der Stiche, die ich am liebsten abwandle, heißt Bogennaht (Nr. 4 an meiner Bernina 530). Es ist ein Mehrfach-Zickzack mit abgeflachten Spitzen. Wenn ich die Breite und Länge einstelle, wird daraus ein Serpentinenstich. Manche Maschinen haben einen Mehrfach-Zickzack ohne abgeflachte Spitzen; dieser sieht anders aus. Wer Glück hat, findet an seiner Maschine beide Varianten, eventuell sogar vorprogrammiert und direkt zum Quilten geeignet.

Parallele Quiltlinien im Serpentinenstich verleihen einem Quilt sehr viel Struktur, und sie lassen sich schneller nähen als gerade Linien. Nach dem Waschen sieht das Ganze aus wie ein Allover-Mäander-Muster, doch muss man dazu nicht erst das Freihandquilten erlernen. Über Nahtlinien angebracht stabilisiert der Serpentinenstich zugleich die Nähte.

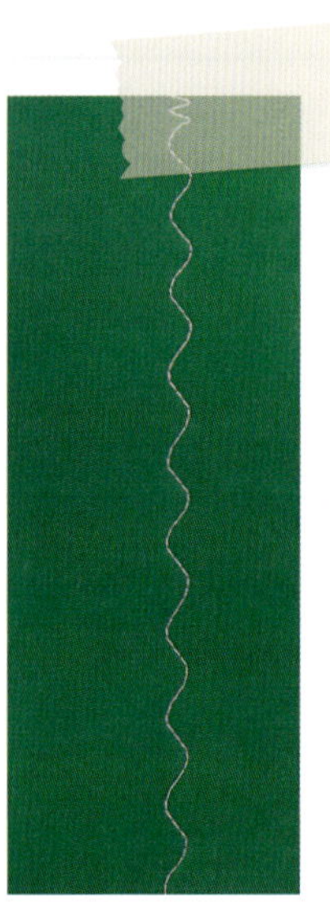

Für einen schönen Serpentinenstich die Stichlänge und -breite einstellen.

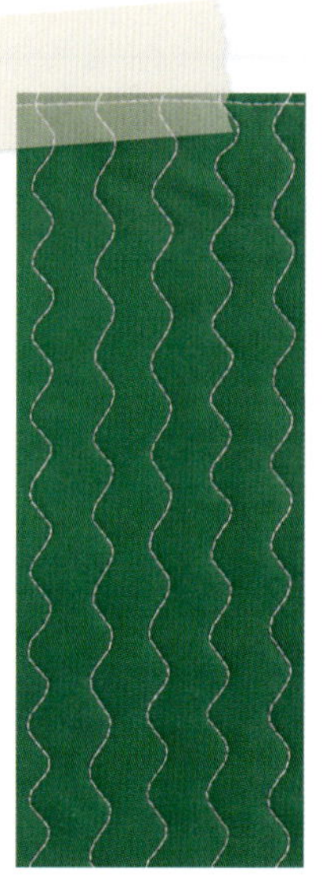

Für parallele Reihen im Serpentinenstich orientiert man sich an der Kante des Nähfußes.

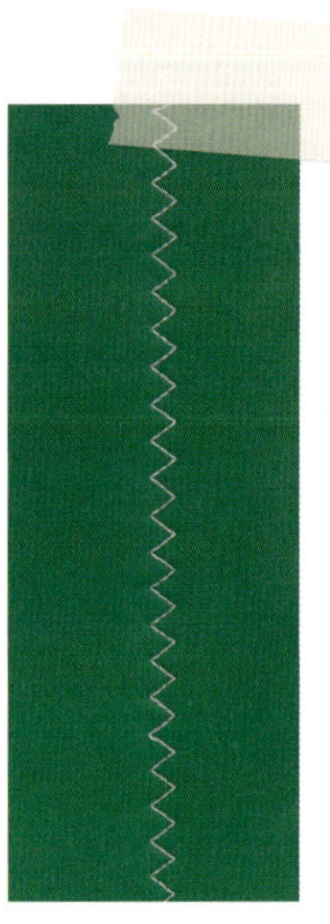

Auch den Mehrfach-Zickzack können Sie durch Verändern der Stichlänge und -breite zu einem Quiltstich abwandeln, der Ihnen gefällt.

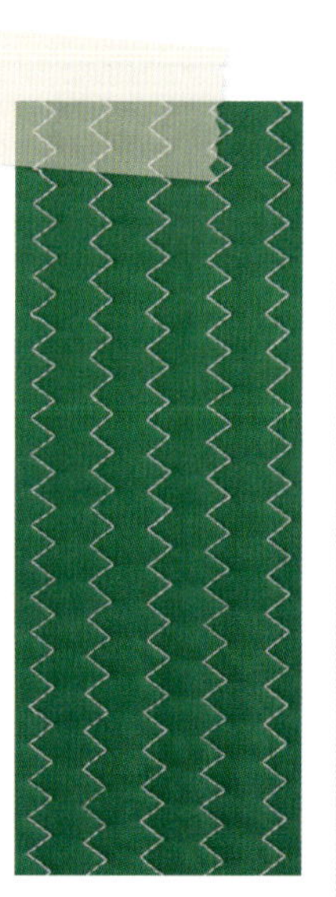

Durch Orientierung an der Nähfußkante entstehen auch hier parallele Reihen und eine tolle Struktur.

TIPP

Denken Sie daran, dass Sie diese Stiche nicht mit der Geradstichplatte nähen können!

| Stichnummer | Stichbreite | Stichlänge | Nähgarn | Fadenspannung |
|---|---|---|---|---|
| | | | | |
| | | | | |
| | | | | |
| | | | | |
| | | | | |

Notieren Sie die verwendeten Sticharten und deren Einstellungen, um Sie beim nächsten Nähprojekt parat zu haben.

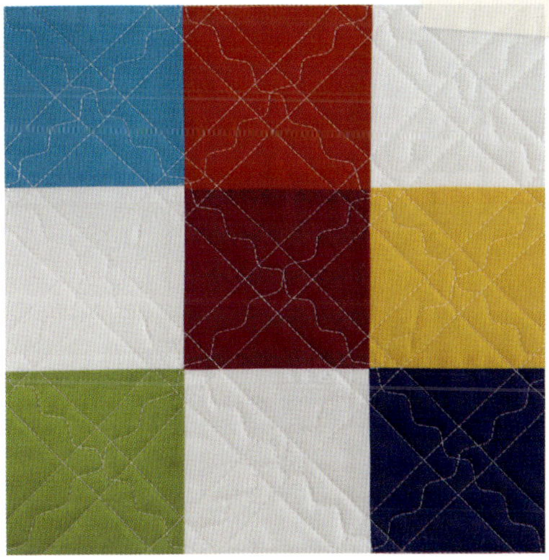

Ein interessantes Gittermuster aus geraden Linien und dem Serpentinenstich.

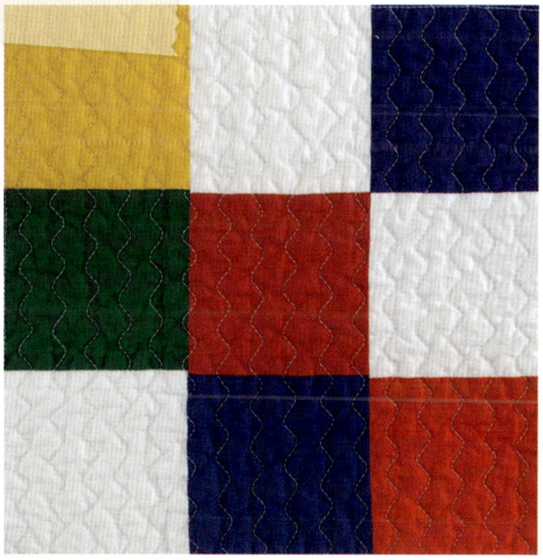

Das typische Wellenmuster, durch das ein Quilt mit Allover-Serpentinenstich nach der Wäsche richtig kuschelig wird.

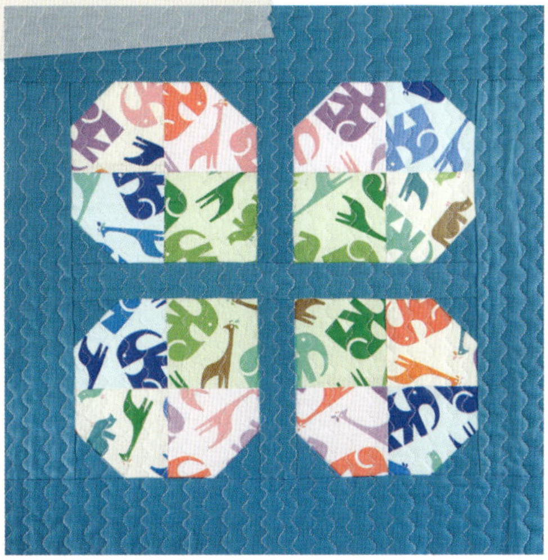

Einfacher Block im Serpentinenstich. Das Quilten dauerte 15 Minuten.

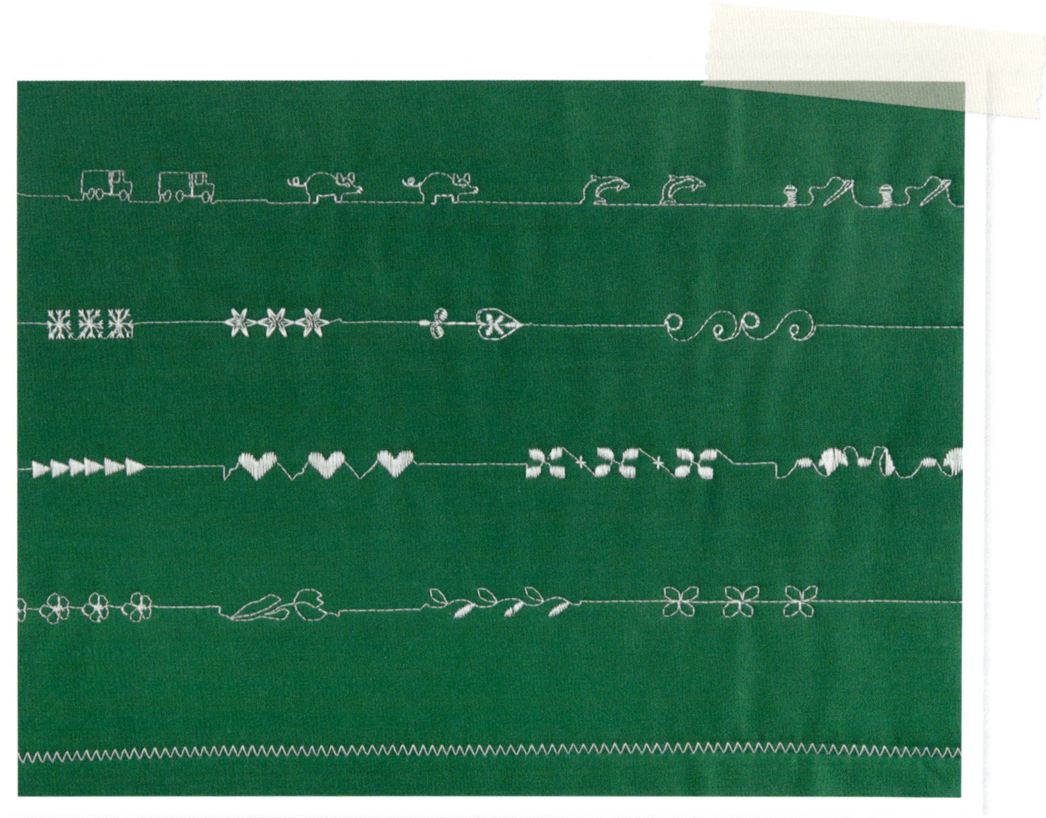

Nähen Sie mit Ihren liebsten Spezialstichen ein Musterstück.

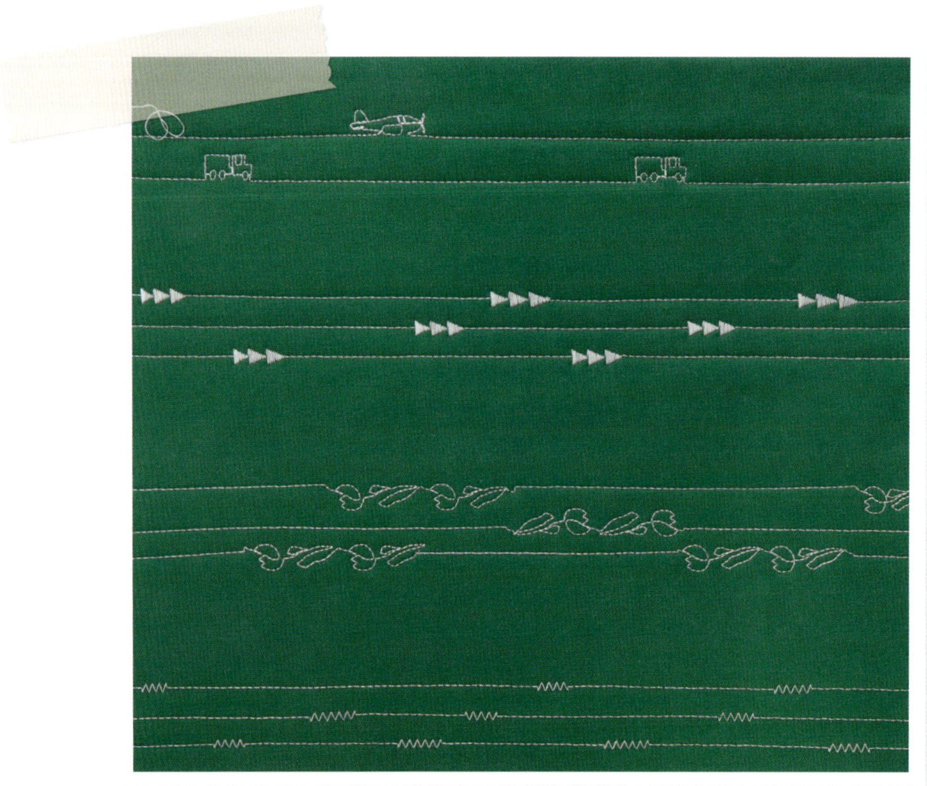

In gerade Linien eingefügte Spezialstiche. Notieren Sie die geeignetste Nadelposition.

## Stichkombinationen

Mit Kombinationen verschiedener Stiche kann ein Quilt interessanter wirken. Ich persönlich würde keine ganzen Reihen allein mit Spezialstichen quilten, doch ich füge diese gern hier und da in gerade Linien ein. Selbst der einfache Zickzack sieht in Kombination mit geraden Linien hübsch aus. Stellen Sie sich vor, wie erst Sterne, Schneeflocken oder kleine Segelboote wirken!

Beginnen Sie die Quiltnaht einfach in ihrem üblichen Geradstich und wechseln Sie hier und da zum gewählten Zierstich. Nach ein paar Stichen kehren Sie zum Geradstich zurück. Ich wechsle dabei unregelmäßig – so macht es nicht allzu viel aus, wenn ich einmal träume und später wechsle als beabsichtigt.

Für einen fließenden Übergang zu den Spezialstichen müssen Sie beim Wechsel zum Geradstich wahrscheinlich die Nadelposition verändern. Manche Spezialstiche beginnen nicht in der Mitte, daher müssen Sie die Nadel so einstellen, dass sie beim Wechsel keinen großen Stich zur Seite näht. Fertigen Sie vor Beginn der Arbeit an Ihrem kostbaren Quilt-Top unbedingt eine Nähprobe an!

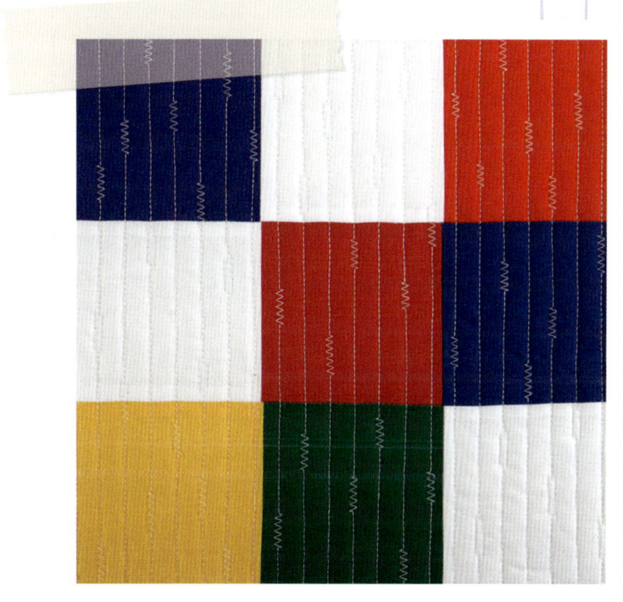

Die Kombination aus Zickzack- und geraden Linien ergibt ein einfaches, aber interessantes Quiltmuster.

| Stichnummer | Stichbreite | Stichlänge | Nadelposition für Geradstich |
|---|---|---|---|
| | | | |
| | | | |
| | | | |
| | | | |
| | | | |

Machen Sie Notizen zum späteren Nachschlagen.

# BESONDERE DETAILS

Meist versuche ich, meine Quilts mit Nähten von Rand zu Rand zu quilten, doch manchmal möchte ich etwas Besonderes. Für die folgenden Muster muss der Quilt während des Nähens gedreht werden.

## Ausfüllen von Vielecken

Ich liebe Quiltmuster aus eckigen Spiralen in Figuren mit geraden Seitenkanten. Sie geben einem Quilt so viel Struktur und Tiefe! Der erste Quilt, den ich so gearbeitet habe, war „Der lange Winter" (S. 98). Dafür hatte ich viele kleine Log-Cabin-Blöcke zusammengesetzt und wollte nun innerhalb jedes Blockes quilten. Ich begann außen an jedem Block und arbeitete mich nach innen vor. Mir fiel auf, dass mir mal präzise genähte Ecken gelangen, mal jedoch ein Stich schräg über die Ecke sprang. Ich stellte fest, dass ich, wenn ich an jeder Ecke einen Stich auf der Stelle nähte (was zufällig passierte, wenn ich den Fuß nicht rasch genug vom Pedal nahm), genau die präzise Ecke erhielt, die ich wollte. Dieser Extrastich verriegelt quasi die Naht. Seither halte ich bewusst an jeder Ecke an und nähe den Extrastich.

Mit zwei einfachen Methoden kann man diesen verriegelnden Stich an Ecken nähen. Ist der Regler zum Versenken Ihres Transporteurs leicht zugänglich, einfach bis zur Ecke nähen und mit versenkter Nadel anhalten. Quilt um die Nadel drehen, ausrichten, dann den Transporteur versenken und einen Stich nähen. Der Quilt bewegt sich dabei nicht! Transporteur wieder anheben und weiternähen – fertig ist die sauber genähte Ecke. Kommen Sie mit dem Quilt in der Nähmaschine nicht an den Transporteurversenker heran, müssen Sie an der Ecke stoppen, drehen, vorsichtig einen Stich nähen und den Quilt dabei festhalten, damit er sich nicht bewegt, dann in der neuen Richtung weiternähen.

Log-Cabin-Blöcke haben rechtwinklige Ecken; daher kann man mithilfe der Markierungen am Nähfuß gut erkennen, wo man anhalten und drehen muss. Zum Ausfüllen schräger oder unregelmäßiger Formen verbinde ich Mittelpunkt und äußere Ecken der Figur mit Kreidelinien und drehe jeweils auf der Linie. Die Mühe lohnt sich!

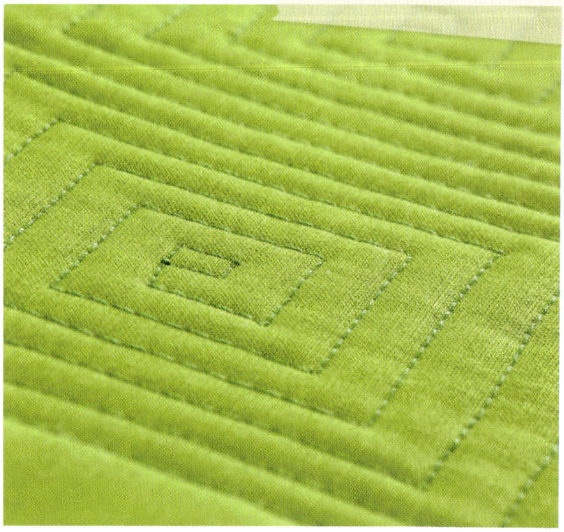

Eckige Spiralen verleihen dem Quilt eine wunderschöne Struktur.

### TIPP

Viele Quilterinnen haben schon festgestellt, dass sie ihre Quilts erfolgreich selbst fertigstellen können, wenn sie nur den Obertransportfuß an ihre Maschine montieren und ein wenig üben. Beginnen Sie mit kleineren Teilen wie den Tischsets (siehe S. 109). Es macht mehr Spaß, an einem echten Modell zu arbeiten als an einem Probe-Quilt-Sandwich, und die Nähte eignen sich viel besser, um Erfahrung zu gewinnen.

## Eckige Spirale

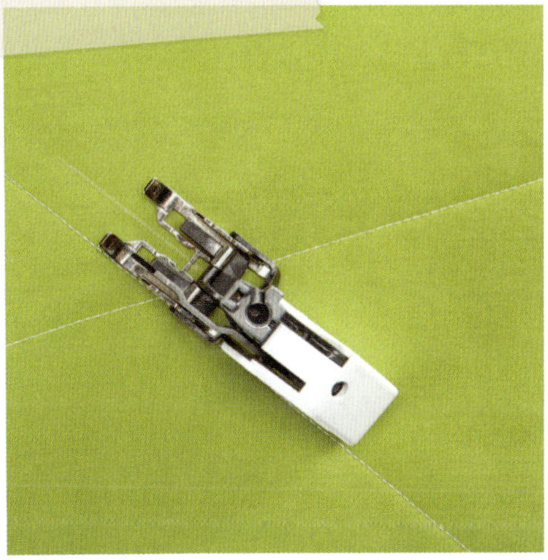

**1** Bevor Sie eine eckige Spirale nähen, sollten Sie die Winkel der äußeren Figur teilen, um Ihre Drehpunkte zu finden. Die erste Nahtlinie mit Kreidestift einzeichnen. Dazu können Sie auch Ihren Nähfuß zu Hilfe nehmen.

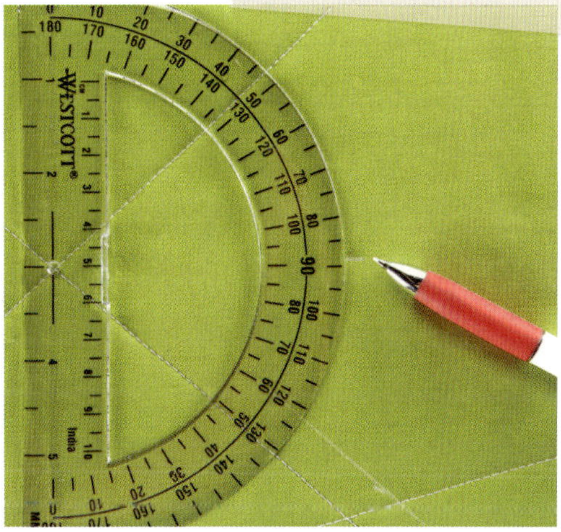


**2** Mithilfe eines Winkelmessers die nächste Ecke teilen, auf die Sie stoßen.

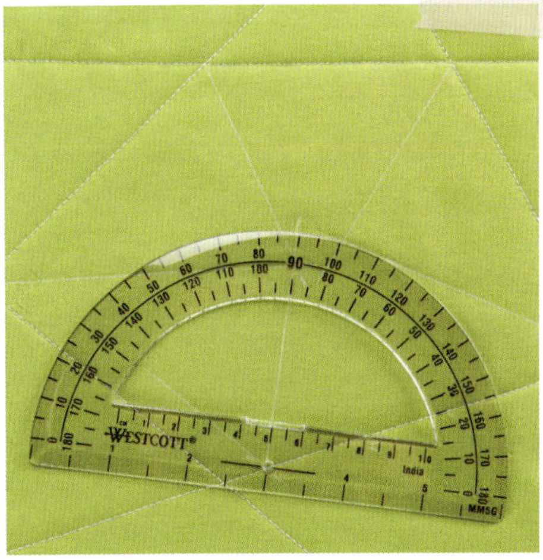


**3** Rings um die Figur so fortfahren, bis alle Ecken geteilt sind. Ihre Drehpunkte liegen auf den Teilungslinien.

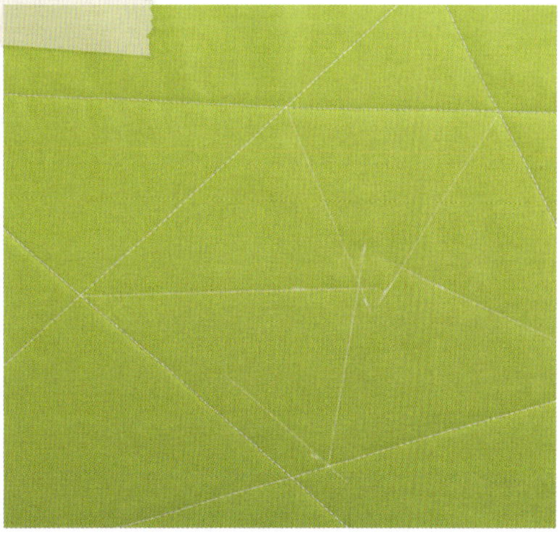

**4** Die letzte Ecke ab dem Beginn Ihrer ersten markierten Nahtlinie teilen. Die Linien treffen sich nicht in der Mitte!

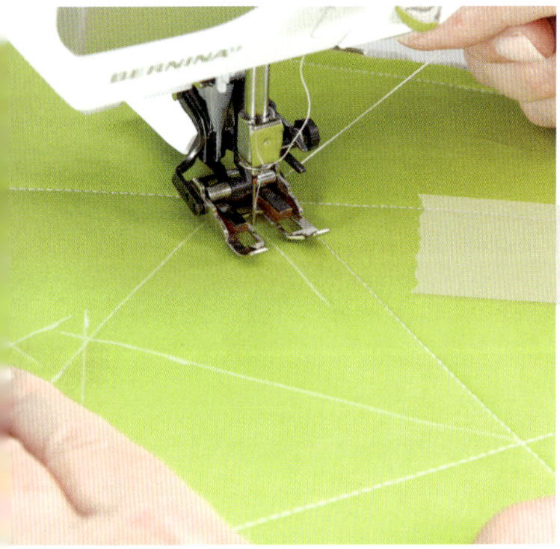


**5** Zu Nähbeginn an der Kante neben der ersten Ecke den Unterfaden heraufholen und die Naht mit fünf kleinen Stichen verriegeln.

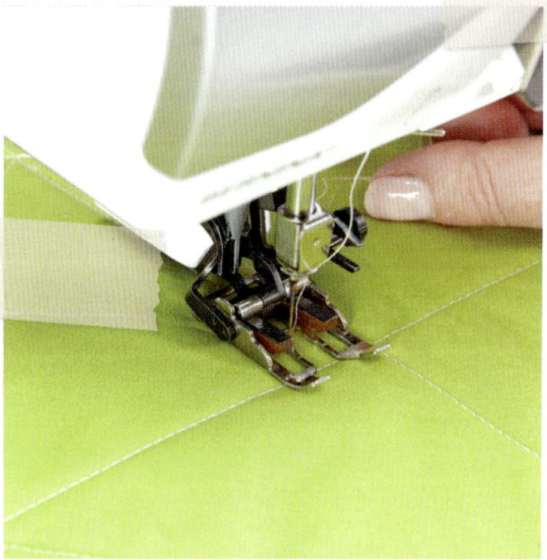

**6** An der nächsten Ecke die Arbeit an der eingezeichneten Linie um die versenkte Nadel drehen.

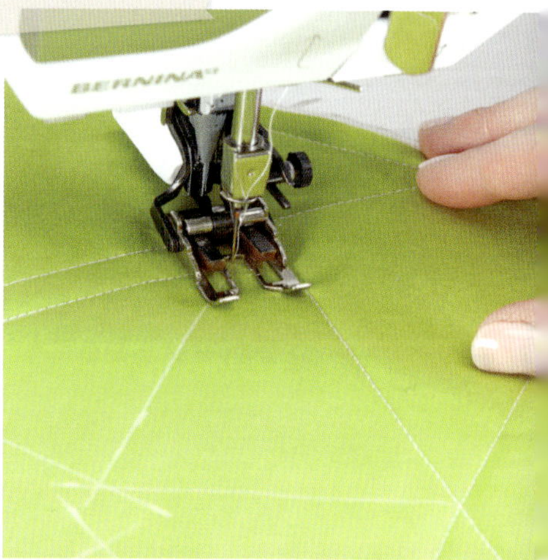


**7** Mithilfe der Nähfußkante kontrollieren, ob die Position korrekt ist. Einen Stich auf der Stelle nähen, dann in der neuen Richtung weiternähen.

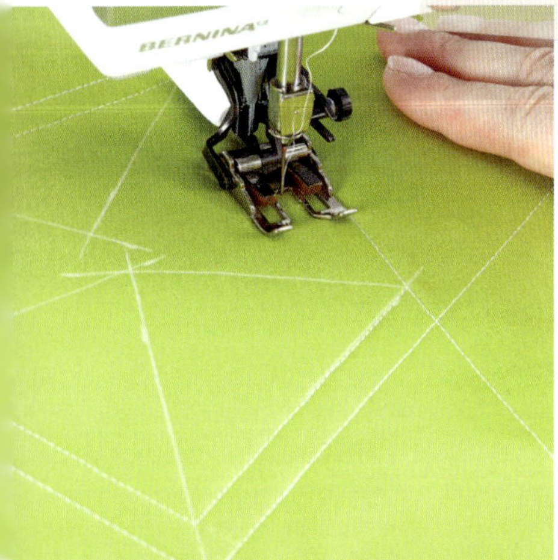


**8** Sorgfältig und exakt weiternähen und an den Ecken drehen.

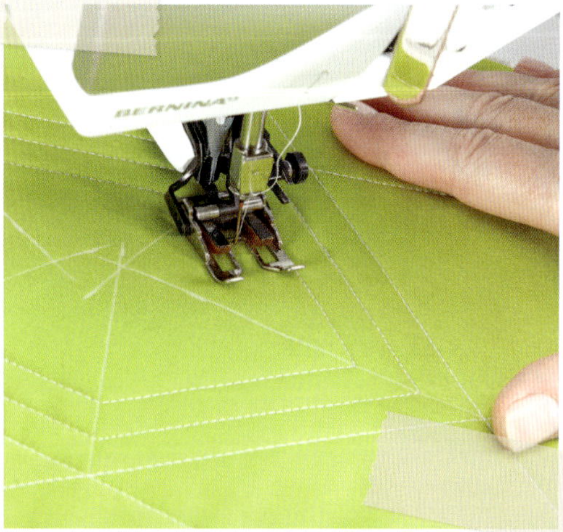


**9** Fortfahren, bis Sie die Mitte erreicht haben. Die Naht mit fünf kleinen Stichen beenden.

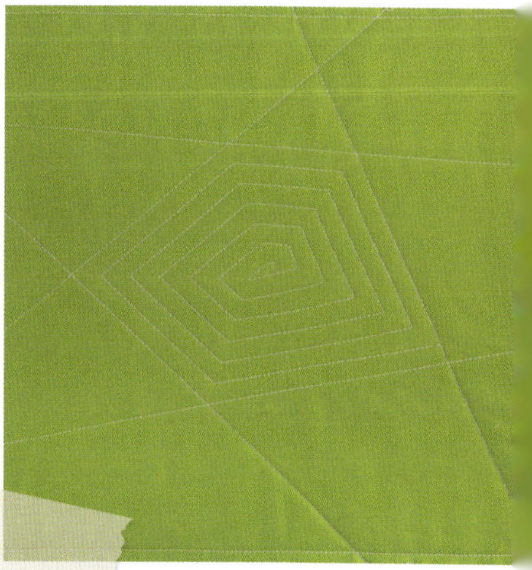

**10** Fertiggestellte eckige Spirale innerhalb eines Vielecks.

## Spiralen

Spiralen sind für viele meiner Quilts eine tolle Ergänzung. Sie bringen ein eigenes Muster ins Spiel und sind manchmal genau der Blickfang, der noch fehlte. Meist verwende ich sie zur Verschönerung eines anderen Quiltmusters und wechsle dabei sogar zu dickerem Nähgarn (inklusive Nadelwechsel und Justierung der Fadenspannung, falls nötig), um sie hervorzuheben. Bei der Arbeit an einem bereits gequilteten Teil können Sie für bessere Sicht den Nähfuß wechseln. Mir gelingen Spiralen gut mit dem offenen Applikationsfuß.

Ich weiß, dass manche Quilterinnen allein mit Spiralen quilten; ich finde es jedoch schwierig zu vermeiden, dass der Quilt sich verzieht, vor allem in den Ecken. Ein verringerter Nähfußdruck und besondere Sorgfalt helfen, doch meine Quilts werden schöner, wenn ich zuerst zumindest ein einfaches Gitter zur Stabilisierung gequiltet habe. Für das Gitter dezentes dünnes Garn verwenden; für die Spirale können Sie dann zu auffälligerem Garn wechseln. Und Ihr Quilt bleibt gerade!

### Runde Spirale

Die runde Spirale arbeite ich von der Mitte nach außen. Zu Beginn hole ich den Unterfaden herauf, dann nähe ich ganz langsam, Stich für Stich, und drehe die Arbeit zwischen jedem Stich um 45 bis 60 Grad. Mit etwas Übung haben Sie bald im Gefühl, wie weit Sie den Quilt drehen müssen, und Ihre Spiralen werden gleichmäßiger. Nach der ersten Runde wird nach jeweils zwei Stichen gedreht. Nach ein paar Runden können Sie sich an der Kante des Nähfußes orientieren und das Tempo steigern, bis die Spirale die gewünschte Größe hat.

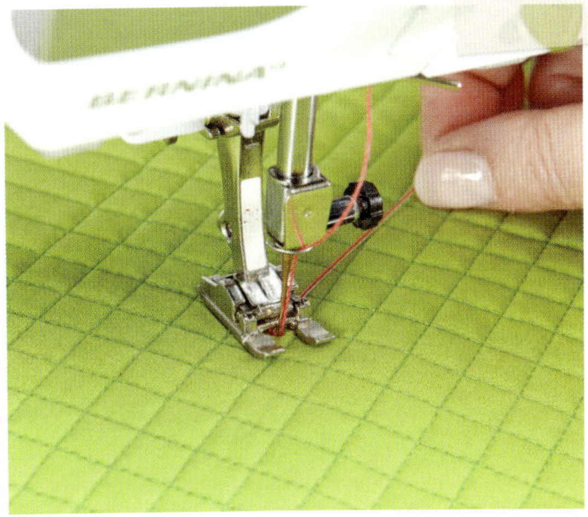

**1** Den Unterfaden heraufholen.

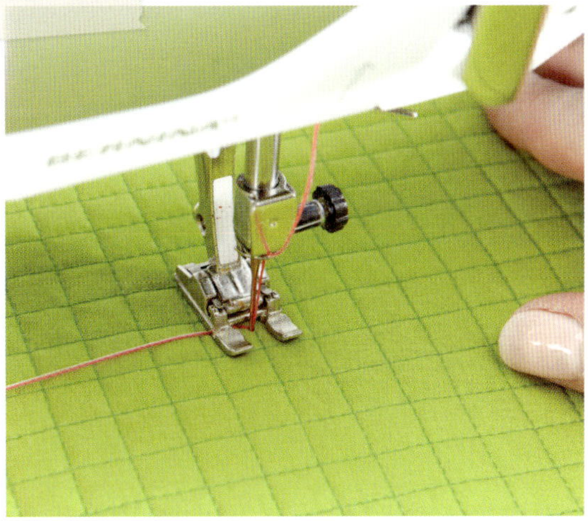

**2** Beide Fäden in der linken Hand halten …

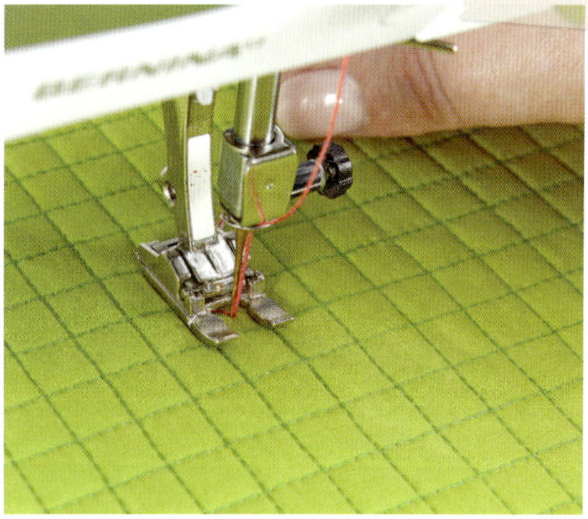

3 ... und Stich für Stich nähen. Den Quilt nach jedem Stich um 45 bis 60 Grad drehen.

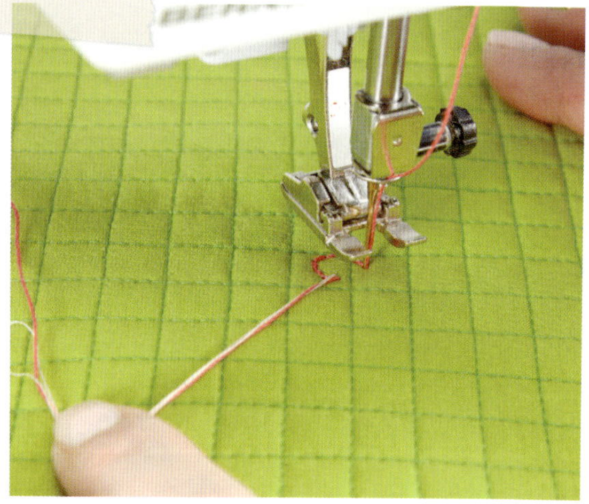

4 Bei jeder Drehung den Nähfuß anheben.

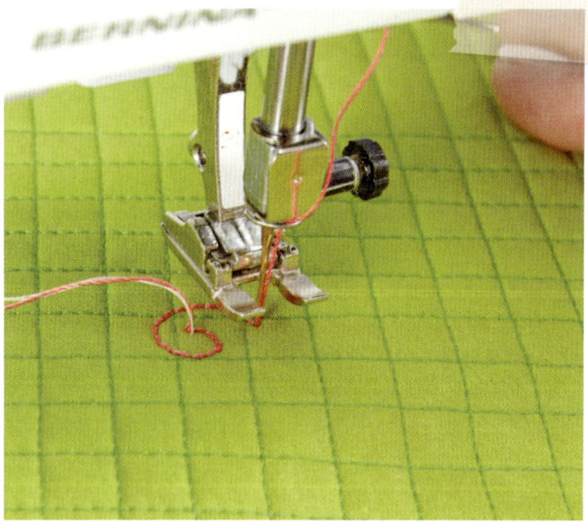

5 Von der Mitte aus wird die Spirale allmählich größer ...

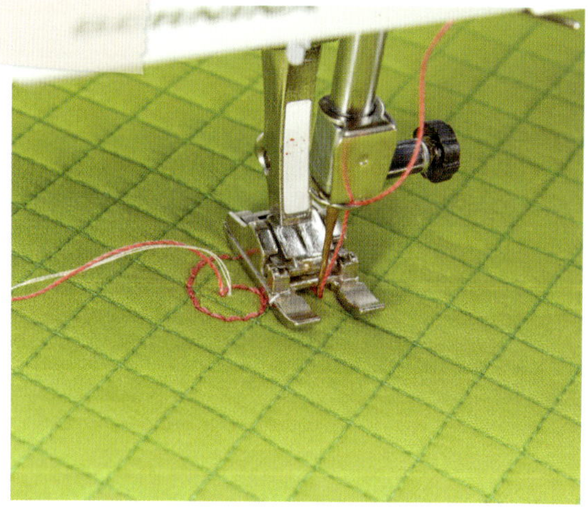

6 ... bis Sie füßchenbreit an den vorherigen Stichen entlangnähen können.

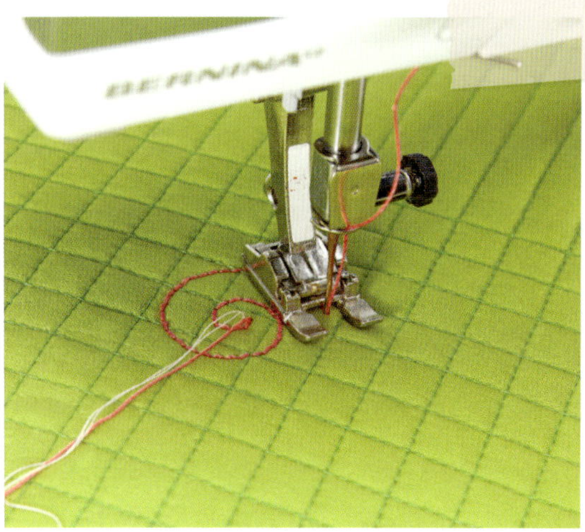

7 Langsam und sorgfältig weiternähen, bis die Spirale die gewünschte Größe hat.

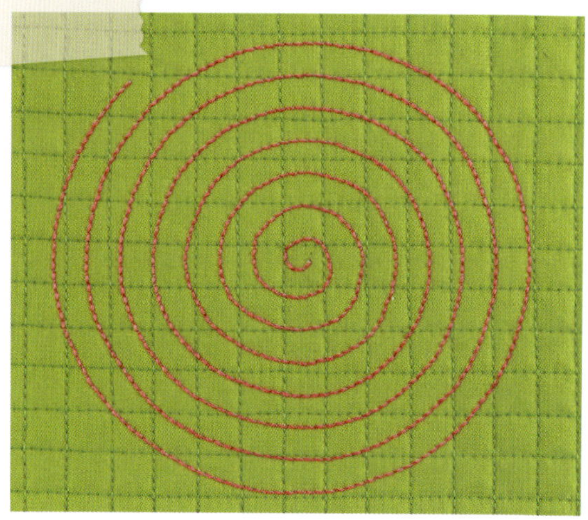

8 Fertige Spirale

# SPIRALE: FÄDEN VERNÄHEN

Bei sehr dickem Nähgarn (z. B. Nr. 12, das dickste Garn, das sich an den meisten Maschinen einfädeln lässt) müssen am Anfang und Ende der Spirale die Fäden vernäht werden. Mit einer selbsteinfädelnden Nadel geht dies leichter. Ober- und Unterfaden zugleich einfädeln und auf die Quiltrückseite ziehen. Am Ende der Naht einen winzigen Rückstich nähen. Dann einen langen Stich durch die Füllung setzen, dabei für besseren Halt die Nadel schlängelnd bewegen, aber keinesfalls durch das Quilt-Top nähen. Mindestens 1 Inch (2,5 cm) weiter wieder herauskommen, behutsam am Faden ziehen und knapp abschneiden. Das Ende rutscht zurück zwischen die Lagen und ist fest vernäht.

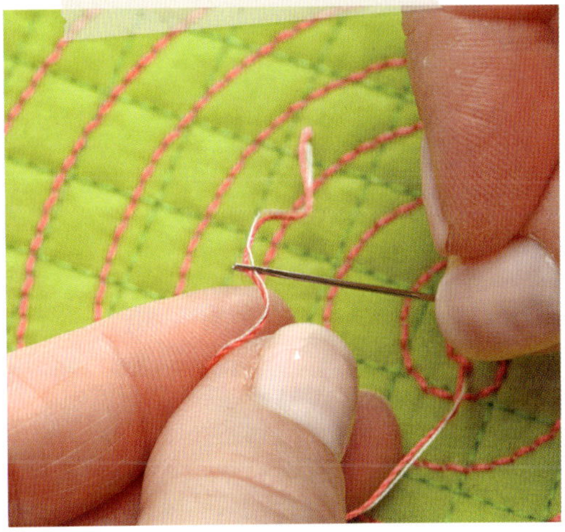

**1** Mithilfe einer selbsteinfädelnden Nadel die Fäden auf die Rückseite des Quilts ziehen.

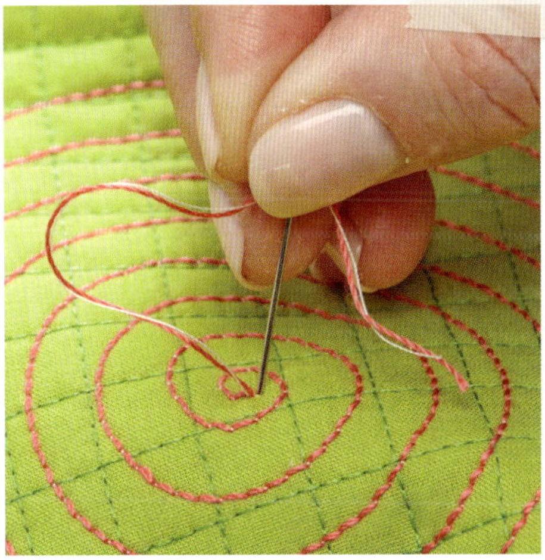

**2** Die eingefädelte Nadel vorsichtig durch die Lagen schieben.

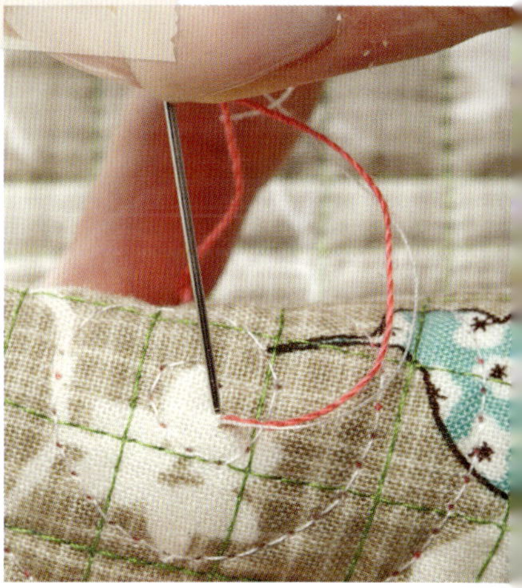

**3** Die Fäden mit einem winzigen Rückstich vernähen …

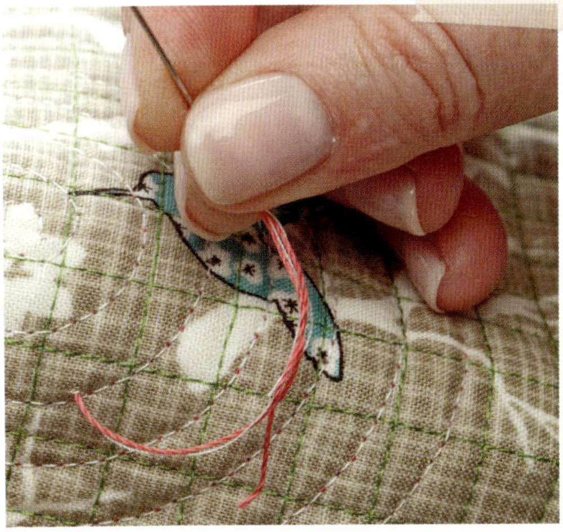

**4** … und die Nadel schlängelnd durch die Füllung schieben. Dabei nicht durch das Quilt-Top stechen und etwa 1 Inch (2,5 cm) vom Rückstich entfernt wieder herauskommen.

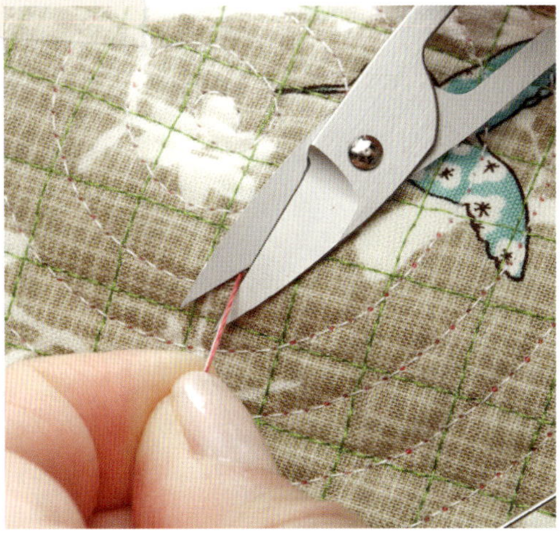

**5** Die Fäden knapp abschneiden.

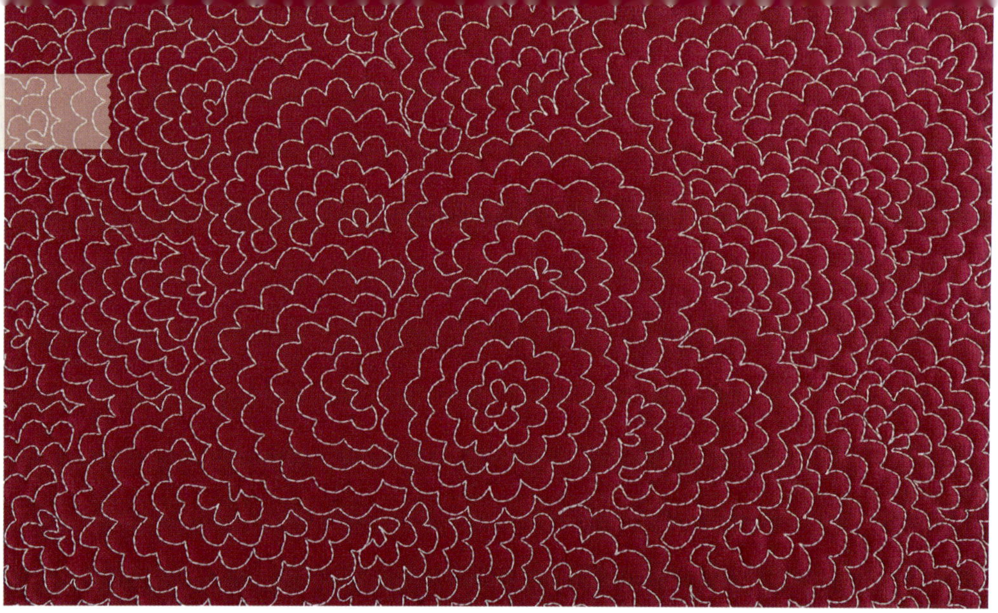

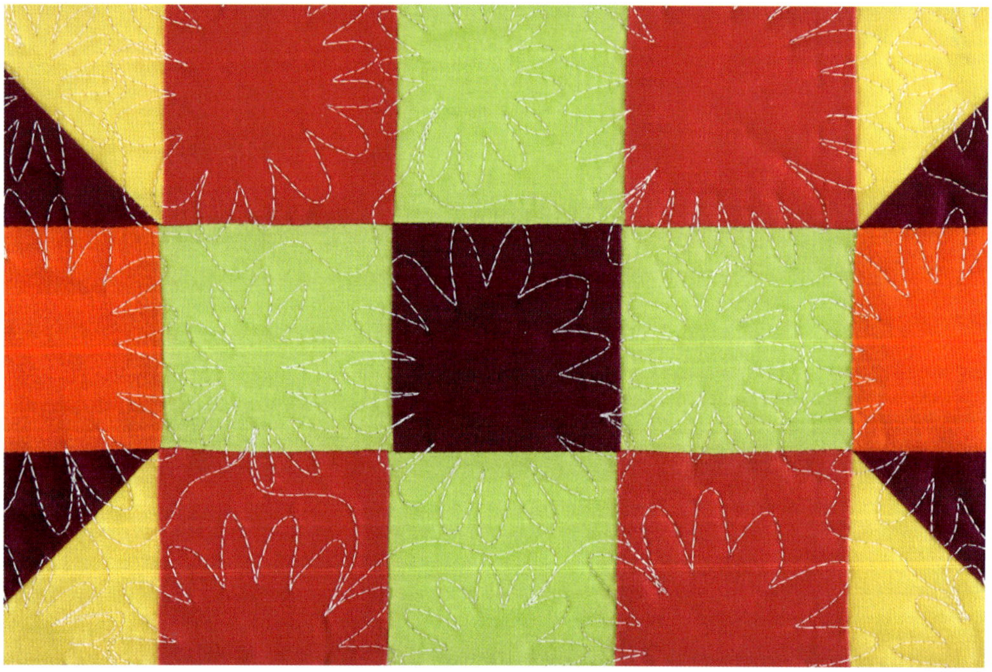

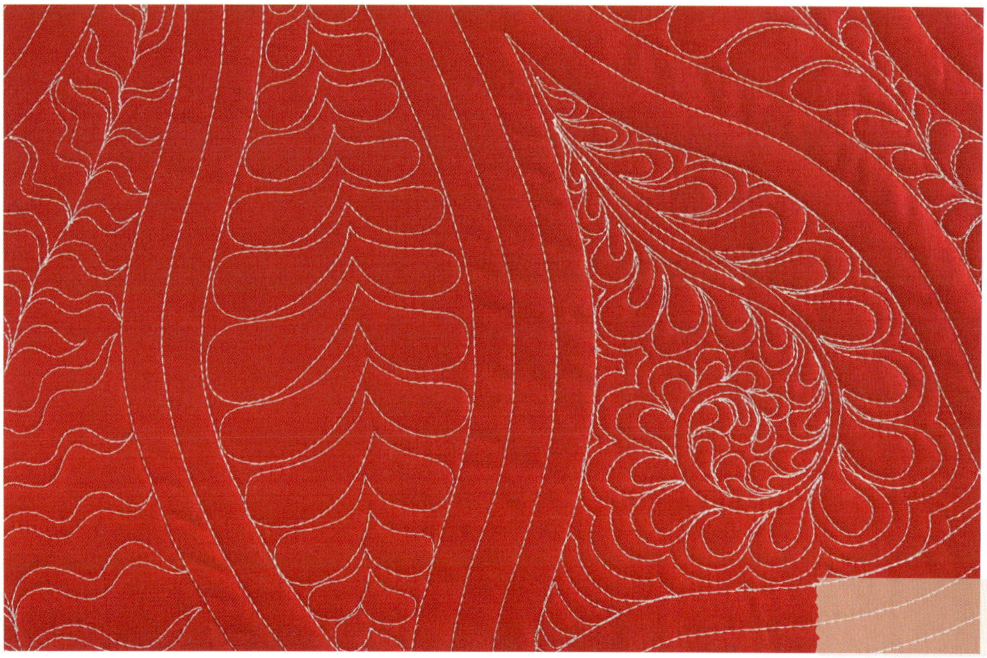

KAPITEL 3

# Freihandquilten

Ich liebe meinen Obertransportfuß und die verschiedenen Möglichkeiten, mit ihm zu quilten, doch manchmal wünsche ich mir mehr Kurven, Schlaufen, unerwartete Windungen. Dann wechsle ich zum Freihandfuß, versenke den Transporteur, und los geht's – auf zu neuen Abenteuern!

## GRUNDAUSSTATTUNG DER NÄHMASCHINE

Alle Grundlagen bezüglich Vorbereitung und Heften gelten auch für das Freihandquilten: Das Quilt-Sandwich muss flach und fest verbunden sein. Auch die Grundausstattung der Maschine unterscheidet sich nur in einem entscheidenden Punkt: Sie müssen den Nähfuß wechseln und den Transporteur absenken (siehe Handbuch Ihrer Maschine – bei manchen Modellen wird der Transporteur abgedeckt, bei anderen mit einem Hebel oder Knopf versenkt).

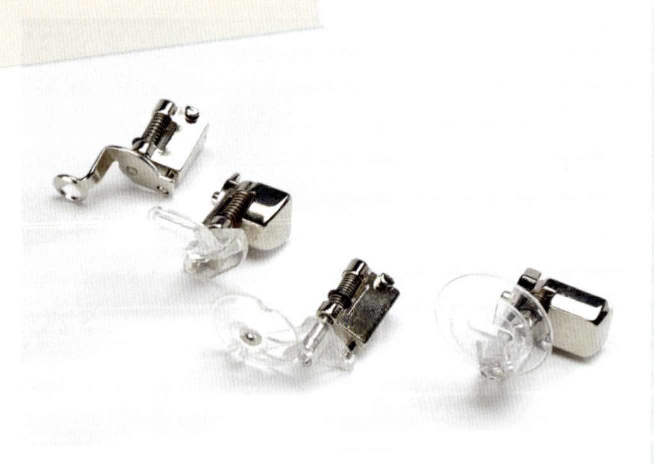

Informieren Sie sich im Fachhandel über die Möglichkeiten für Ihr Nähmaschinenmodell.

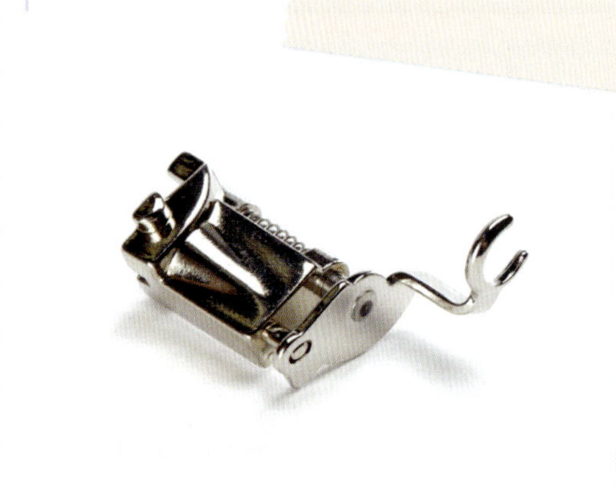

Ein offener, versetzt konstruierter Nähfuß sorgt für optimale Sicht beim Freihandquilten.

### Freihand-Nähfüße für Ihre Nähmaschine

Informieren Sie sich bei Ihrem Fachhändler über Varianten von Freihand-Nähfüßen zu Ihrem Nähmaschinenmodell. Manchmal tragen solche Nähfüße auch die Bezeichnung Stick- oder Stopffuß. Meist sind sie mit einer Feder ausgestattet, die den Fuß beim Nähen auf und ab hüpfen lässt. Der Fuß muss unbedingt fest an der Maschine montiert werden, damit er korrekt arbeitet und nicht mitten im Quiltmuster herunterfällt.

Ich mag am liebsten einen Nähfuß, der beim Nähen optimale Sicht gewährt; meist verwende ich daher einen Fuß mit hufeisenförmiger Spitze aus Metall. Da die Spitze versetzt angebracht ist, kann man den Stoff dahinter gut sehen. Vorn ist sie offen, damit ich sehe, wohin ich nähe, und sie ist sogar breit genug für schmale Zickzackstiche.

Allerdings können beim offenen Nähfuß die Zinken bei der Arbeit an einem bestickten Quilt hängen bleiben. Dann würde ich zu einem geschlossenen Fuß wechseln, auch wenn dabei die Sicht nicht ganz so gut ist und man nur im Geradstich nähen kann. Auch zum Quilten eines bemalten Quilts, bei dem die Farbe das Nähen erschwert, habe ich einen geschlossenen Fuß benutzt. Dieser drückt das Quilt-Sandwich fester herunter, sodass Stiche nicht übersprungen werden.

Eine Alternative ist ein Kunststoff-Klarsichtfuß. Er hat eine große Öffnung, ist jedoch geschlossen und bleibt nicht hängen. Mich blendet er, doch manche kommen mit ihm am besten zurecht.

Bei einer sehr bauschigen Füllung ist ein Echoquiltfuß hilfreich: Das Stichbild wird sauberer; Falten werden vermieden. Eine große Grundfläche aus Kunststoff drückt den Nähbereich flach herunter; sie ist oft mit Markierungen versehen, die das Echoquilten zusätzlich erleichtern.

Probieren Sie aus, welcher Nähfuß für Sie und Ihre Art von Quilts am besten geeignet ist.

### Geradstichplatte

Beim Freihandquilten bewegt die Nadel sich praktisch immer gerade auf und ab. Auch hier erhält man mit der Geradstichplatte ein wesentlich klareres Stichbild. Wenn Sie zwischendurch im Zickzackstich freihandquilten wollen, müssen Sie zur normalen Stichplatte wechseln.

## Zusatzausstattung für das Freihandquilten

Im Handel ist viel Sonderzubehör und Schnickschnack für das Freihandquilten erhältlich.
Ich nähe am liebsten auf einer guten, in einen Nähtisch eingebauten Nähmaschine mit meinen bevorzugten Nähfüßen, Garnen und Nadeln. Spezielles Zubehör verwende ich nicht – doch das steht Ihnen natürlich frei!

Viele Quilterinnen arbeiten gern mit Handschuhen. Es gibt Spezialhandschuhe mit gummierten Fingerspitzen und Handflächen, die das Führen des Quilts durch die Maschine erleichtern sollen. Mit einer Silikonmatte (z. B. SewSlip), die unter den Quilt auf die Nähfläche der Maschine gelegt wird, rutscht der Quilt besser.

Verschiedene Ringe und Rahmen, in denen das Quilt-Sandwich befestigt wird, können bei Problemen mit Arthritis oder schmerzenden Händen hilfreich sein. Oft wird das Führen eines Rahmens (Freihandquilthilfe) als gelenkschonender empfunden als das Führen des Quilts selbst.

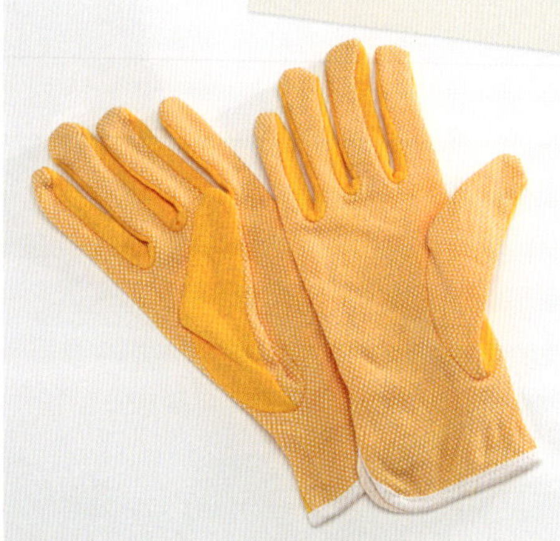

**Quilthandschuhe können das Greifen und Verschieben der Quilts erleichtern.**

Am besten probieren Sie die Hilfsmittel selbst aus. Vielleicht finden Sie einen Händler, bei dem Sie das Zubehör vor dem Kauf testen können. Es ist teilweise recht kostspielig, und so wissen Sie wenigstens, dass die Investition sich lohnt.

Eine geniale Möglichkeit, um Quiltzubehör zu testen, ist eine „Zubehör-Party" mit Ihren Freundinnen. Dazu bringt jede sämtliches Zubehör zum Maschinenquilten mit, das sie jemals gekauft hat, und alle dürfen es ausprobieren. Was die eine unmöglich findet, ist vielleicht für eine andere genau richtig! Dann können Sie verkaufen oder tauschen.

## KEINE ANGST VOR DEM FREIHANDQUILTEN

Ein neues Abenteuer wie das Freihandquilten kann einem ein bisschen Angst machen, doch ich vergleiche es gern mit dem Autofahrenlernen.

In England kann man mit siebzehn Jahren eine Fahrerlaubnis bekommen. Von meinen Eltern bekam ich Fahrstunden zum 17. Geburtstag, und so erschien die Fahrlehrerin in ihrem Fahrschulwagen vor unserem Haus. Nach kurzer Erklärung der drei Fußpedale sowie der verschiedenen Knöpfe und Hebel des Schaltwagens holperten wir los.

Ich nahm viele Fahrstunden, übte mit meinem Vater und bestand die Fahrprüfung beim ersten Versuch. Damit galt ich als fahrtauglich, viel mehr aber auch nicht. ich hatte in den darauffolgenden Jahren nur wenig Gelegenheit zum Autofahren.

Erst elf Jahre später bekam ich ein eigenes Auto. Zuerst war ich immer noch wie eine Anfängerin, und es war anstrengend! Wenig später fuhr ich jedoch auch Langstrecken, fand mich in fremden Städten zurecht und genoss es sogar.

Etwa 90 % aller erwachsenen US-Bürger besitzen eine Fahrerlaubnis. Das sind eine Menge Leute, die gelernt haben, etwas potenziell Gefährliches und Schwieriges zu tun! Dennoch begegnen mir viele angehende Freihandquilterinnen, die aufgegeben haben, weil nicht gleich ihre ersten Versuche gelungen waren. Ich bin davon überzeugt, dass mit festem Willen und viel Übung mindestens 90 % aller Quilterinnen das Freihandquilten lernen und Spaß daran haben können!

# FREIHANDQUILTEN – ERSTE SCHRITTE

Das einfachste Muster, das man mit dem Obertransport nähen kann, ist eine gerade Linie. Beim Obertransportquilten wird Ihre Arbeit von Transporteur und Obertransport durch die Maschine bewegt, und auf dem Quilt-Top entsteht ein schönes, gleichmäßiges Stichbild. Mit montiertem Freihand-Nähfuß und abgesenktem Transporteur müssen Sie das Quilt-Sandwich hingegen selbst durch die Maschine schieben! Wenn Sie das Fußpedal drücken, bewegt sich die Nadel auf und ab – Länge und Richtung der Stiche bestimmen Sie jedoch allein.

Ich male all meine Muster zuerst frei auf Papier. Das gleiche motorische Gedächtnis, das für das Erlernen des Schreibens, Fahrradfahrens oder eines Musikinstruments zuständig ist, macht es möglich, dass Sie wunderschöne, gleichmäßige Muster quilten. Wenn Sie zuerst aufmalen („doodeln"), dann nähen, entstehen in Ihrem Gehirn Verknüpfungen, die Sie an der Nähmaschine leiten. Selbst wenn Sie beim Kritzeln den Stift bewegen und beim Nähen den Stoff, helfen die gemalten Entwürfe beim Nähen. Mit etwas Übung können Sie sich dann entspannen und Ihrem Instinkt vertrauen.

Wellenlinien

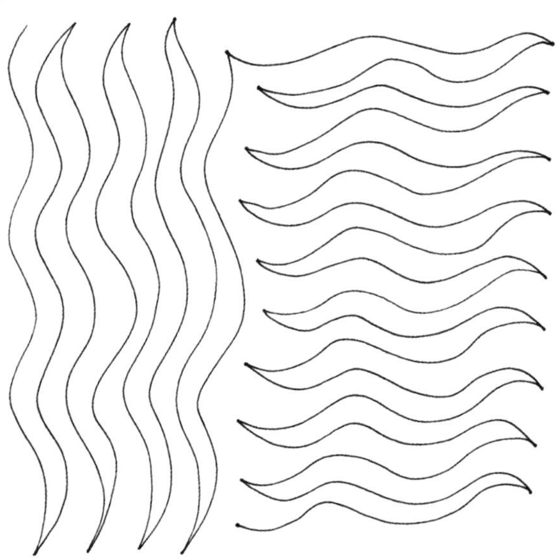

## Wellenlinien

Am einfachsten ist es, das Freihandquilten mit einer Wellenlinie zu beginnen. Mit dünnem Filzstift auf Zeichenpapier einige geschwungene Linien zeichnen. Dabei versuchen, den Stift auf dem Blatt auf und ab zu führen. Halten Sie inne, entsteht ein Farbfleck. Es kommt mehr darauf an, flüssige Linien zu zeichnen als ganz gleichmäßige Kurven. Wenn Sie so weit sind, die Linien fließen zu lassen, zeichnen Sie noch einige Linien von einer Seite zur anderen.

Nun probieren Sie das Ganze an der Nähmaschine. Üben Sie zunächst an einem kleinen gehefteten Probestück, bis Sie sich an das Tempo der Maschine und das Bewegen des Stoffes gewöhnt haben. Entfernen Sie dort, wo Sie nähen wollen, einige Sicherheitsnadeln.

Den Unterfaden heraufholen und mit dem Oberfaden in der linken Hand halten. Ich lege die Hände ringförmig um die Nadel auf, sodass der Stoff flach liegt und ganz leicht gespannt wird. Das klingt komplizierter, als es ist!

Die Naht mit vier bis fünf kleinen Stichen sichern. Dazu leicht das Fußpedal treten und den Quilt ganz langsam bewegen. Stets mit der Nadel in Tiefstellung enden. Ist die Naht so gesichert,

### TIPP

Um das Doodeln der Muster zu üben, können Sie die Abbildungen in diesem Buch verwenden: einfach auf 200 % vergrößert kopieren und die Linien nachfahren.

können Sie die Fadenanfänge abschneiden und mit den Wellenlinien beginnen.

Sobald Sie zu nähen beginnen, schieben Sie den Quilt von sich weg. Hören Sie auf das Geräusch der Maschine und beobachten Sie, wie rasch sich die Nadel hebt und senkt. Ziel ist ein gleichmäßiger mittelgroßer Stich bei gleichmäßigem mittlerem Tempo. Bei hohem Tempo müssen Sie auch den Quilt schnell bewegen. Finden Sie heraus, welche Geschwindigkeit für Sie am besten ist.

Quilten Sie die erste Linie und wechseln Sie dann die Richtung, indem Sie den Quilt einfach auf sich zubewegen. Für gleichmäßigen Abstand zwischen den Linien an der Kante des Nähfußes orientieren. Sie brauchen den Quilt nicht zu drehen! Das ist natürlich das Schöne am Freihandquilten. Sie können in jeder beliebigen Richtung arbeiten. Wenn Sie merken, dass Sie vor einem Richtungswechsel langsamer schieben, müssen Sie den Fuß vom Pedal nehmen und so die Maschine bremsen. Sonst entsteht sofort ein „Klecks" aus Nähgarn, genau wie der Tintenklecks, wenn man beim Doodeln den Stift zu lange auf einer Stelle hält.

Nähern Sie sich einer Sicherheitsnadel, müssen Sie anhalten und sie entfernen. Dabei muss die Nähnadel tief stehen! Zugleich können Sie die Hände umsetzen und einen neuen „Stickring" bilden. Auch die Fadenspannung auf der Rückseite überprüfen und nötigenfalls justieren (nach denselben Prinzipien wie beim Obertransportquilten).

Quilten Sie weiter Ihre Wellenlinien, immer auf und ab, bis Sie sich bereit fühlen, quer zu quilten. Das ist etwas kniffliger. Wahrscheinlich haben Sie noch nie versucht, von links nach rechts zu nähen! Manche Maschinen machen diese Bewegung besser mit als andere. Verliert Ihre Maschine plötzlich die Fadenspannung, nähen Sie langsamer, damit jeder Stich auch unter diesen erschwerten Bedingungen vollständig abgeschlossen werden kann.

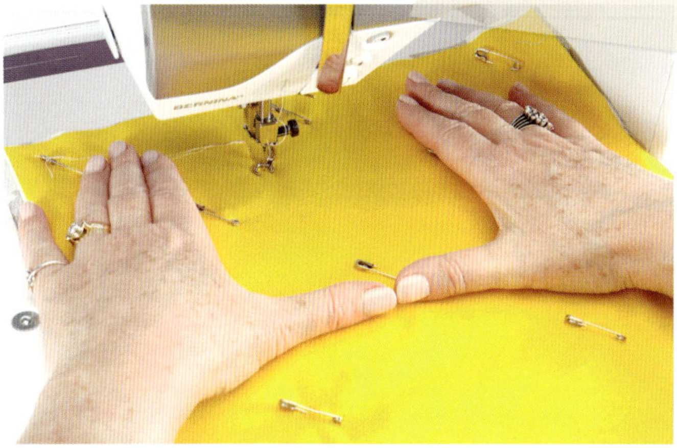

**Zu Beginn die Hände hinter den Sicherheitsnadeln ringförmig auflegen.**

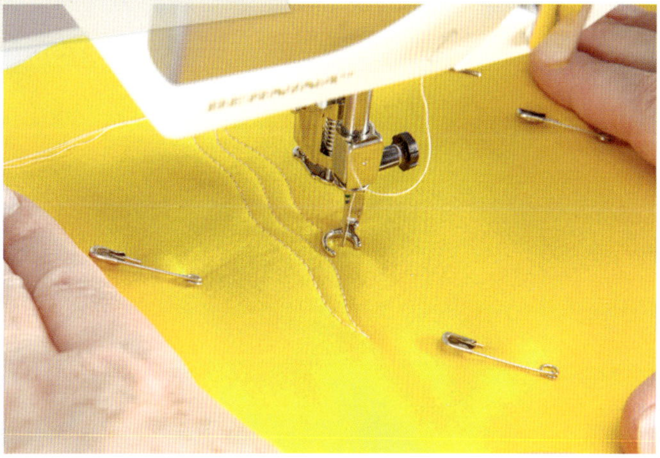

**Das Quilt-Sandwich beim Nähen gleichmäßig bewegen.**

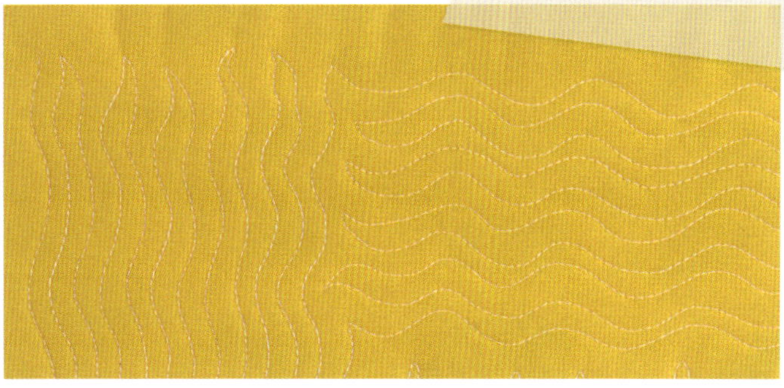

**Das Freihand-Abenteuer mit Wellenlinien beginnen.**

Ihr Name

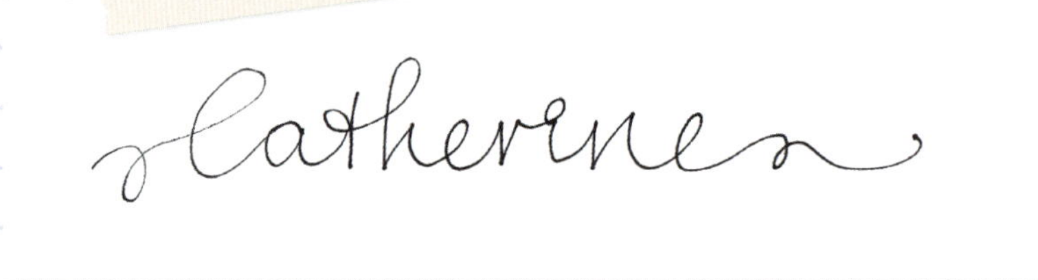


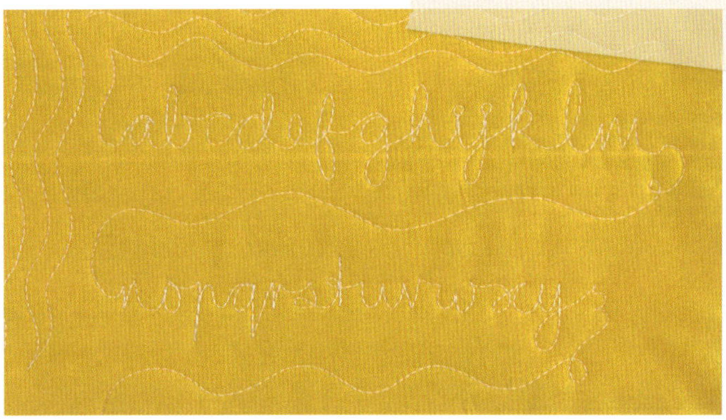


Das Alphabet

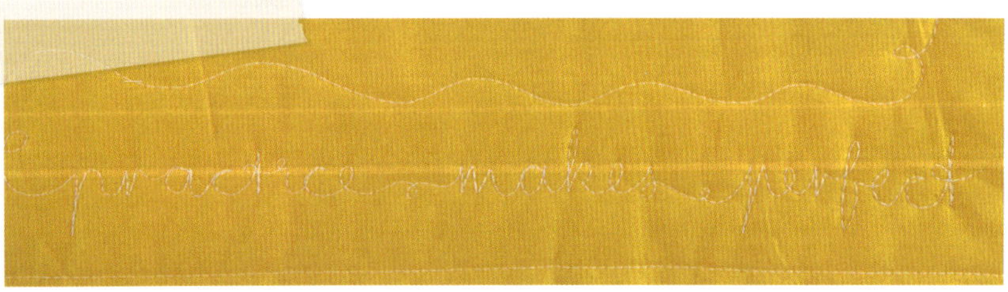


Probieren Sie, einen Satz zu sticken!

## Schreiben

Etwas schwieriger als die Wellenlinien ist die Übung, Ihren Namen zu schreiben. Das motorische Gedächtnis dazu haben Sie schon. Eventuell müssen Sie die Buchstaben etwas umgestalten, damit eine durchgehende Linie entsteht. Erscheint Ihnen das zu kompliziert, dürfen Sie auch die i-Punkte und t-Striche weglassen, zumindest anfangs!

Nach dem Schreiben Ihres Namens versuchen Sie Reihen von e oder l. In der Grundschule habe ich die Schreibschriftübungen geliebt, bei denen wir seitenweise nur einen oder wenige Buchstaben übten. Wecken Sie Ihr inneres Kind und quilten Sie ein paar Stücke mit Ihren Lieblingswörtern.

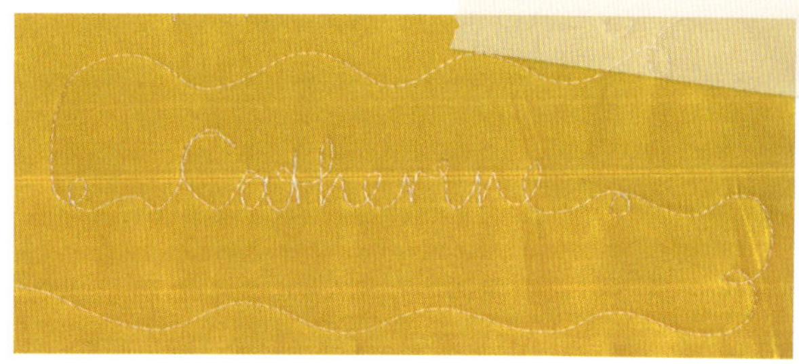


Schreiben Sie Ihren Namen.

## STIPPLING ODER MÄANDER – DER UNTERSCHIED

Beim Stippling liegen die Linien bis zu ¼ Inch (6 mm) weit auseinander. Ist der Abstand größer, spricht man von Mäandern. Wahrscheinlich haben Sie schon einmal einen großen Mäander gequiltet, falls Sie das Stippling-Motiv jemals für ein Allover-Quiltmuster verwendet haben!

## EINFACHE ROUTENPLÄNE

Ich stelle mir meine Quiltmuster wie Straßenkarten vor, auf denen ich vor dem Losfahren meine Strecke ausgearbeitet habe. Dies macht die Reise berechenbarer, und ich habe den Kopf freier, um mich beim Manövrieren des Quilts unter der Nadel auf meine Stiche zu konzentrieren.

### Stippling

Beim Stichwort Freihandquilten denken viele Quilterinnen als Erstes an Stippling: Es wird oft als Standard-Allovermuster verwendet. In meinen Augen ist diese Technik jedoch wirklich schwierig. Aber werfen wir trotzdem einen Blick darauf und schauen wir, wie wir Stippling in Ihr Design-Repertoire integrieren können.

Stippling wird meist als durchgehende Linie beschrieben, die sich an keinem Punkt kreuzt und im Abstand von maximal ¼ Inch zueinander verläuft. Die anschaulichste Beschreibung, die ich dazu je gehört habe, stammt von der Quiltmeisterin Diane Gaudynski: Sie betrachtet Stippling als Echoquilten mit angefügten „Fäustlingen" und „Kakteen".

Beginnen Sie mit einer Wellenlinie und fügen Sie hier und da einen Fäustling oder Kaktus ein. Darauf achten, zwischen den Formen Platz zu lassen. Als Nächstes diese Linie echoquilten, dabei weitere Formen anfügen. Stets so fortfahren.

### Mäander

Mäander sind im Wesentlichen das Gleiche wie „Stipples", nur größer. Ich folge dem gleichen Wegverlauf und achte darauf, ruhig und gleichmäßig zu nähen. Es kann passieren, dass man auf der vertrauten Straße beschleunigt und die Hände den Quilt schneller schieben, als die Maschine folgen kann. Dies führt zu verlängerten Stichen – kein schönes Bild!

Ebenso, wie jeder bei gleichen Lernmethoden seine eigene Handschrift entwickelt, werden Sie auch Ihren eigenen Stippling-Stil haben. Die Linie muss nur verschlungen und durchgehend sein – hier macht Übung den Meister.

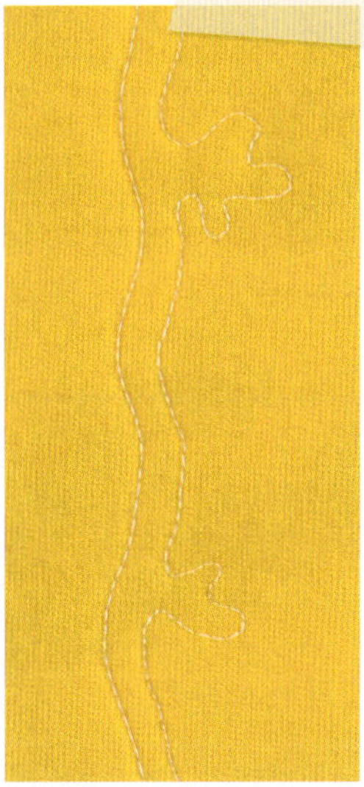

Fäustlinge und Kakteen sind Vorübungen für das Stippling.

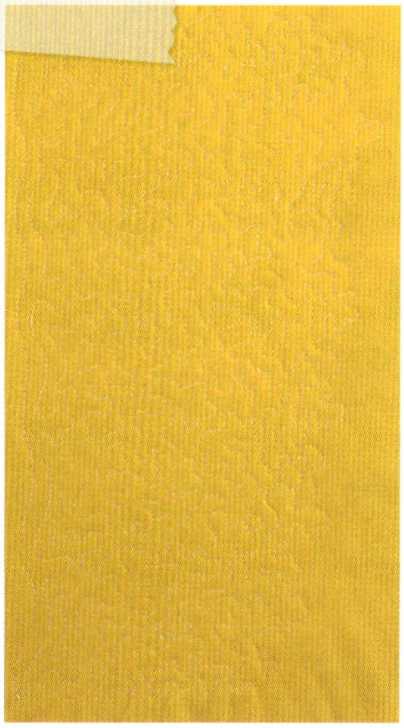

Stippling

Stippling

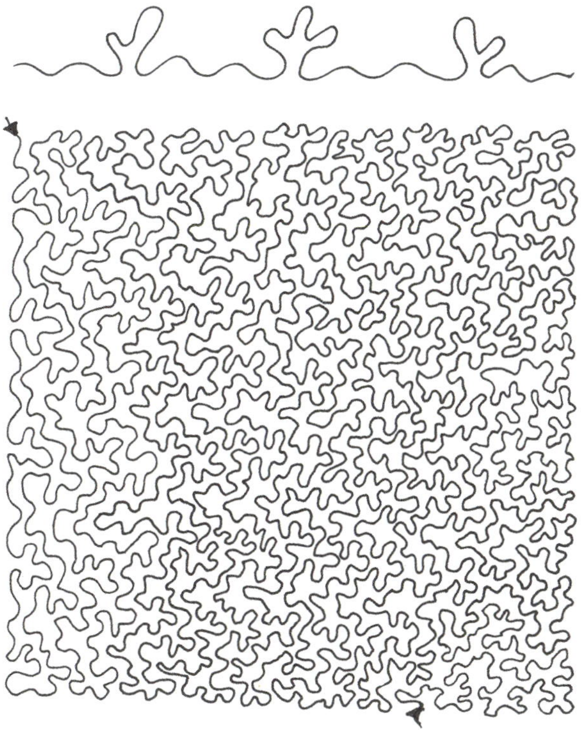

Mäander mit Schlaufen

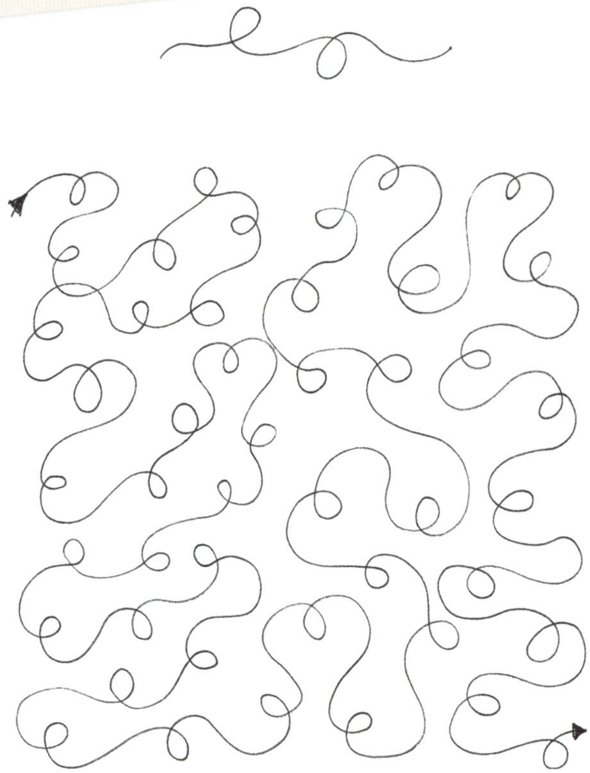

## Schlaufen und Schnörkel

Es war ein guter Tag, als ich als Schulanfängerin von der Druckschrift zur verbundenen Schreibschrift überging! Schnörkel waren in meiner englischen Mädchenschule jedoch verpönt. Als meine Familie in die USA zog, war eine meiner Töchter ganz begeistert, dass eine verschnörkelte Schreibschrift hier ausdrücklich erwünscht war.

Wenn Sie mit dem Stippling Probleme hatten, kommen Sie vielleicht besser damit zurecht, in Ihre Quiltlinien ein paar Schlaufen und Schnörkel einzubauen. Das ist so ähnlich wie schreiben.

Beginnen Sie mit einem Doodle, bei dem Sie sich lauter e und o vorstellen. Ich füge gern abwechselnd beidseits meiner Linie Schlaufen an, damit sie nicht aussieht wie ein Korkenzieher. Manchmal sitzen auch zwei e nebeneinander – ich möchte nur keine ganze Reihe von e haben. Ist der Abstand zwischen den Linien einmal größer als beabsichtigt, einfach zurücknähen und noch eine Linie einfügen – kein Problem!

Noch schöner als eine Quiltlinie mit Schlaufen sind zwei Linien. Ich füge entlang meiner Linie oft noch eine zweite hinzu, sodass es aussieht wie ein Band. Das Muster wirkt dadurch harmonischer. Sie bestimmen, auf welcher Seite der ersten Sie die zweite Linie quilten. Durch Seitenwechsel entsteht ein schöner 3D-Effekt.

## Motive in der Quiltlinie

Wenn Sie das Quilten von Schlaufenlinien beherrschen, können Sie versuchen, kleine Motive in das Muster einzubauen. Für den Anfang eignen sich Blumen, Herzen oder Sterne – und wie immer ist es hilfreich, diese vorher zu doodeln.

Blumen gibt es in vielen Formen und Größen. Doodeln Sie so lange, bis die Form Ihnen gefällt.

Seitwärts finde ich Herzen schwieriger zu zeichnen. Es brauchte viel Übung, bis ich sie in allen Richtungen quilten konnte!

Ich „hänge" auch fünfzackige Sterne an meine Schlaufenlinie. Wenn Sie die Größe variieren, passen die Sterne in jede Lücke.

Mäander mit Schlaufen

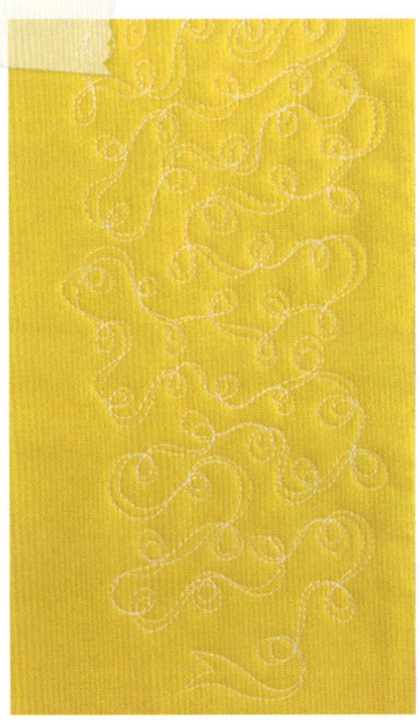

Die doppelte Linie ergibt ein Band.

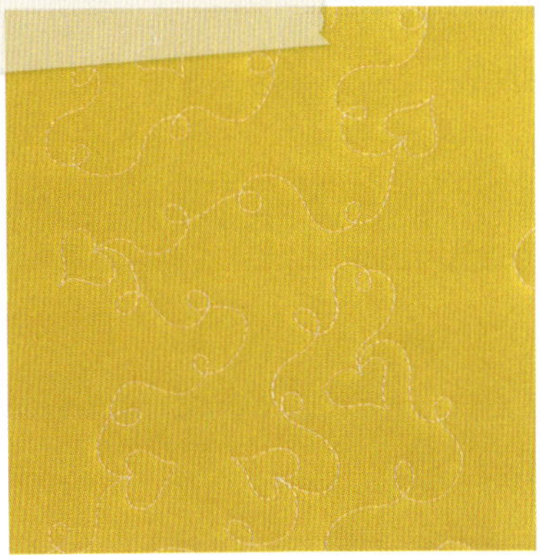

Mäander mit Schlaufen und Herzen

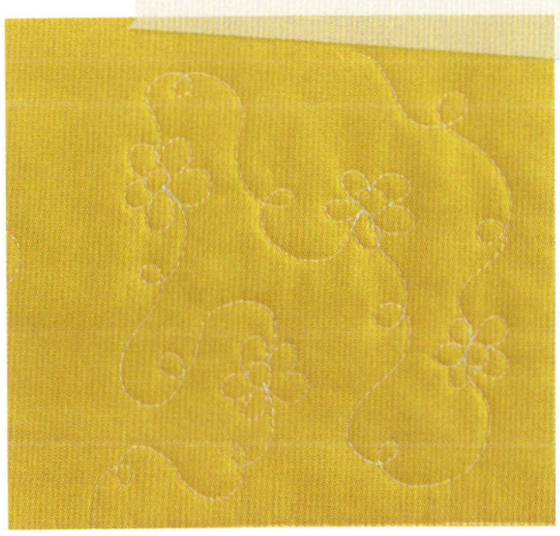

Mäander mit Schlaufen und Blumen

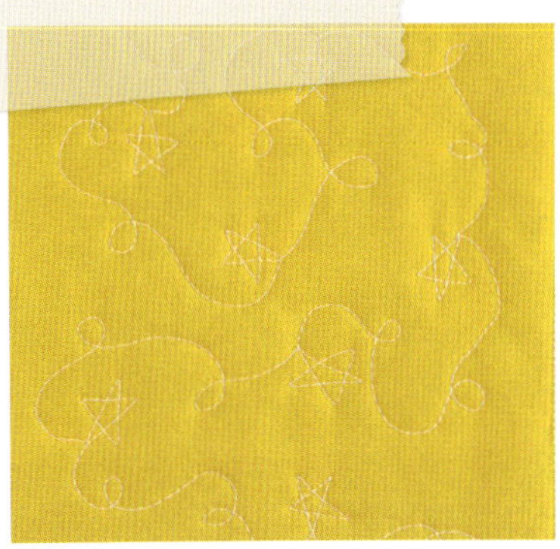

Mäander mit Schlaufen und Sternen

*Band*

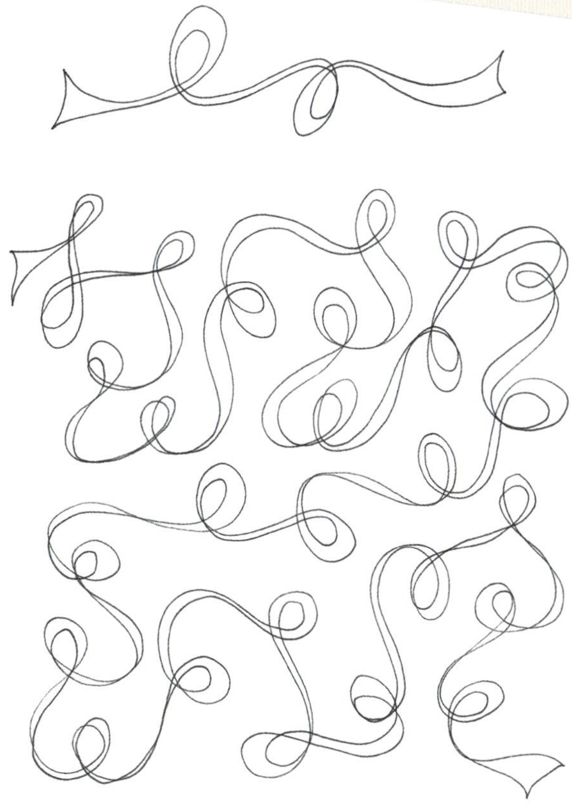

*Mäander mit Schlaufen und Sternen*

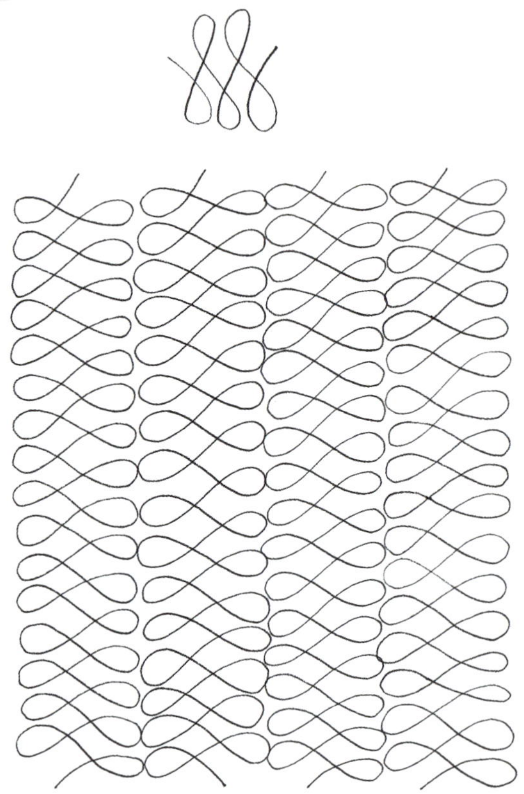

## Sprungfedern (Achterschleifen)

Sprungfedern habe ich mein Achtermuster genannt, da es mich irgendwie genau daran erinnerte. Für einen modernen Quilt können Sie auch ein Allover-Muster aus Achterreihen quilten. Bei der Arbeit darauf achten, dass die beiden Seiten gleich breit werden. Für gleich lange Stiche, auch in den Kurven, ein langsames, gleichmäßiges Tempo beibehalten. Je nach Konstruktion Ihres Quilt-Tops benötigen Sie eventuell einige Hilfslinien, damit das Muster gerade wird. Blauer Malerkrepp ist eine Möglichkeit, doch wenn Ihnen die Klebkraft für einen großen Quilt nicht ausreicht, können Sie auch einen ölfreien Kreidestift verwenden, der sich nach dem Quilten einfach abklopfen lässt.

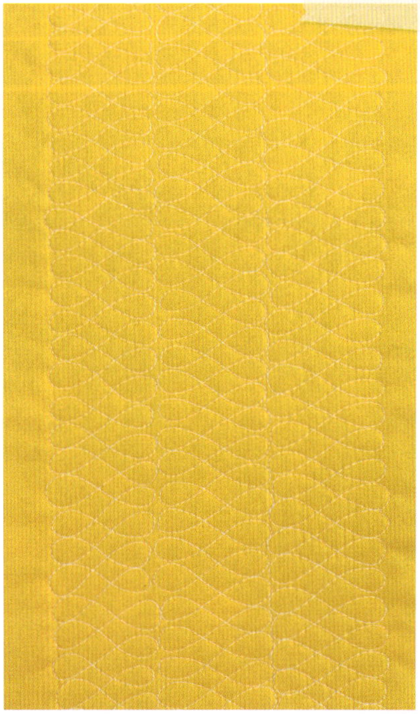

Achterschleifen

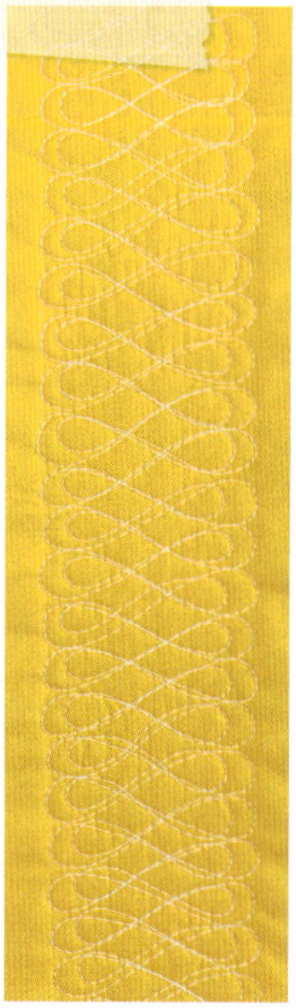

Band mit Achterschleifen

## Eckige Mäander

Manchmal passt ein eckiger, geradliniger Look besser zu einem Quilt. Mich sprechen Kurven mehr an als gerade Linien, doch meine eckigen Mäander habe ich geübt. Sorgfältig genäht verleihen sie Ihrem Quilt einen modernen Touch und wirken maskuliner als die zuvor geübten Schleifen. Vermeiden Sie, an den Ecken langsamer oder an den Geraden schneller zu werden. Wenn Sie an einer Ecke anhalten, unbedingt den Fuß vom Pedal nehmen!

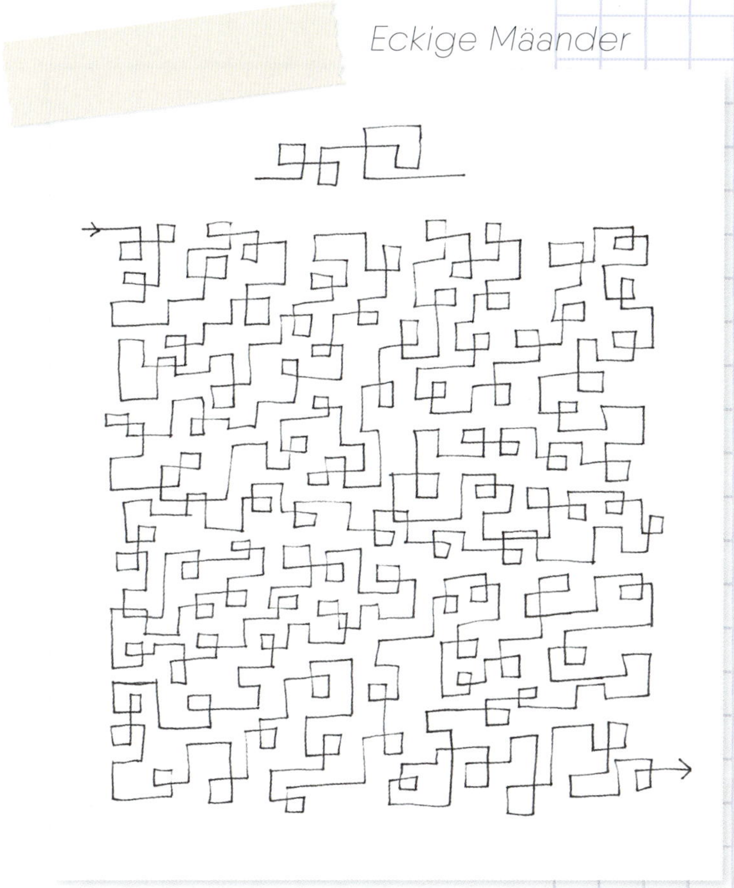


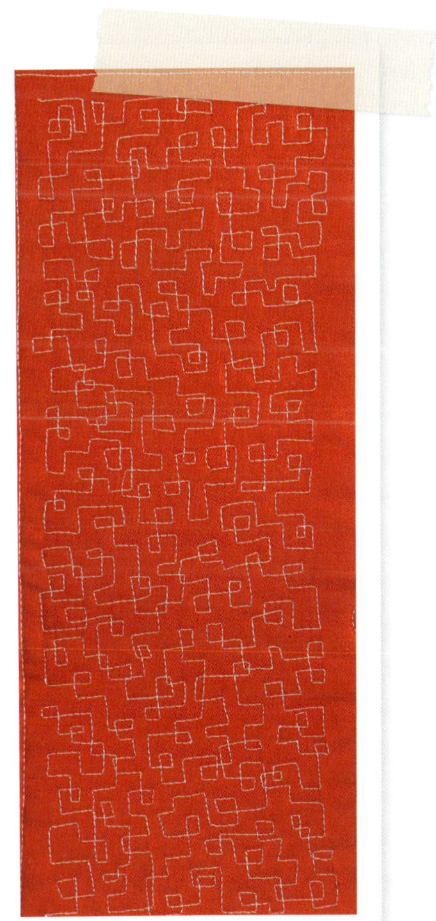

Eckige Mäander

# ÜBUNGEN ZUM FREIHANDQUILTEN

Mithilfe eines geeigneten bedruckten Stoffes auf der Rückseite Ihres Quilts können Sie ideal das Freihandquilten üben. Dazu wird von der Rückseite gequiltet; das Druckmuster dient als Vorlage.

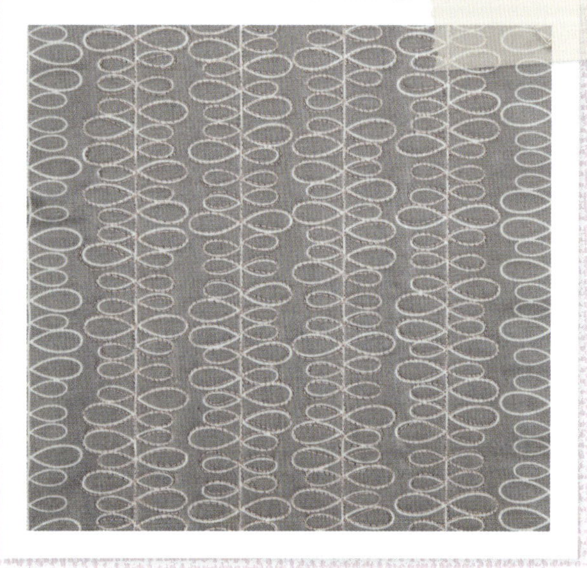

Rückseitenstoff mit einfachem Muster wählen, das zum Freihandquilten inspiriert, und von der Rückseite quilten.

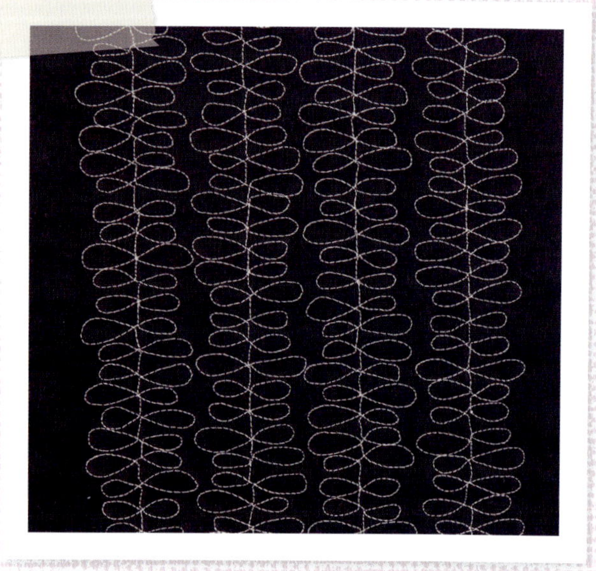

Vorderseite

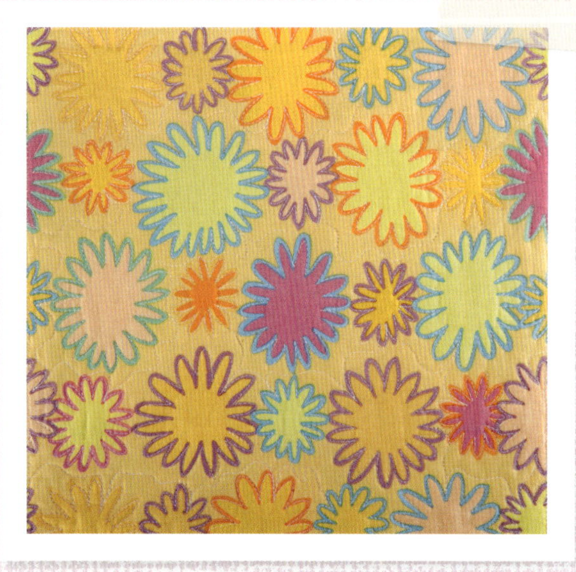

Auch ein geblümter Stoff eignet sich für die Rückseite und wird von dieser aus gequiltet.

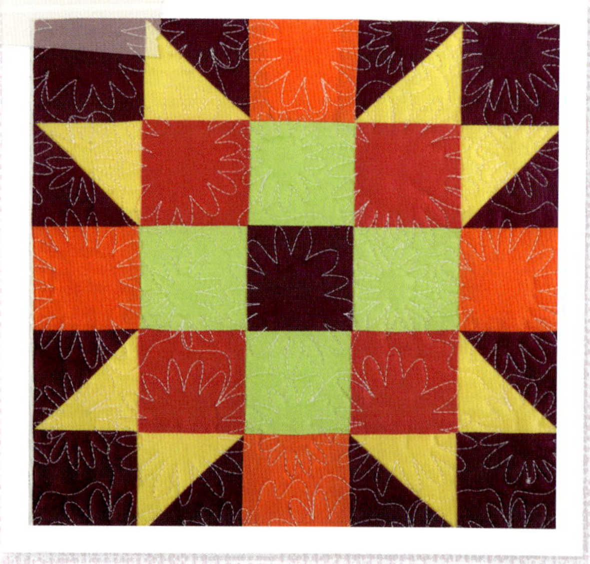

Vorderseite

# MALERISCHE ABSTECHER: UNGEWÖHNLICHE MUSTER UND FORMEN

Manchmal ist der direkte Weg zum Ziel der beste, doch mir hat es schon immer gefallen, Gegenden abseits der ausgetretenen Pfade zu erkunden. Ein Allover-Muster aus weiten Mäandern ist sicherlich funktional, aber nicht besonders schön. Wir haben bereits einige Details zur Verzierung unserer Linien angefügt. Hier sind noch mehr! Ich finde es hilfreich, jedes Muster mit einer bekannten Form zu assoziieren. Dies vereinfacht das Doodeln und später auch das Nähen.

## Muscheln

Da ich in England aufgewachsen bin, war ich nie sehr weit weg vom Meer. Dieses Muster erinnert mich an die Muscheln, die wir bei Ebbe an den Felsen kleben sahen. Manche Leute erinnert die Form an Knoblauchzehen. Beginnen Sie mit einer kleinen Tropfenform, die Sie noch zweimal nach außen vergrößern. Variieren Sie Form und Größe des Musters – so wird es einfacher, Ihre Fläche auszufüllen.

Das Muster wird wie folgt gezeichnet: Die Linie verläuft an der Seite der Muschel hinauf. Sitzen Sie in einer Ecke fest, führen Sie die Linie einfach entlang der zuvor gezeichneten Formen, bis Sie wieder dort sind, wo Sie hinwollen. Möglichst stets drei Bogen zeichnen, doch wenn einmal ein vierter dazwischen ist, fällt dies später nicht auf.

*Muscheln*

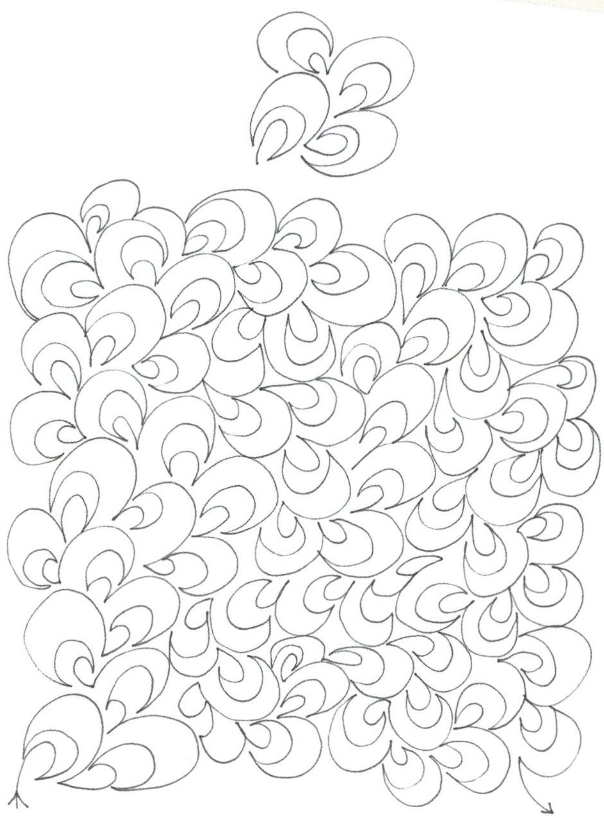

Muscheln

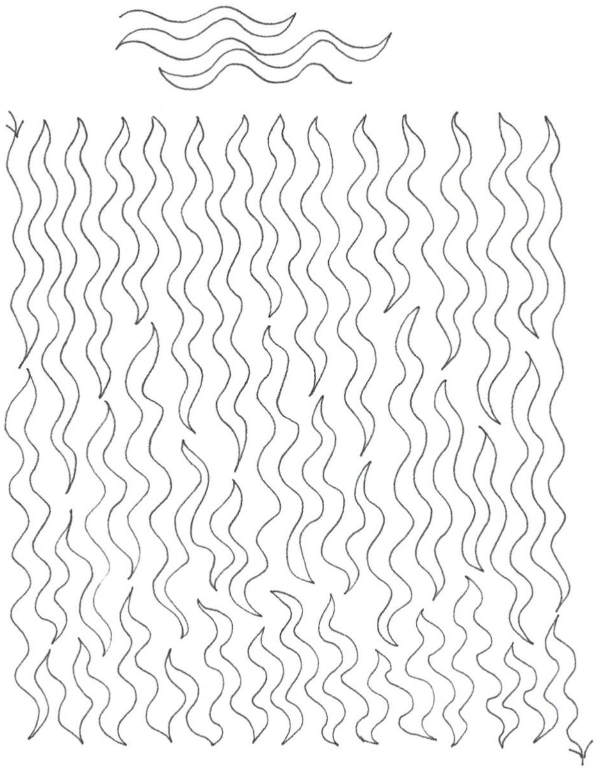

## Flammen und Wellen

Mit diesem Muster kehren wir zu unserer ersten geschwungenen Linie zurück. Wird es senkrecht gequiltet, sieht es aus wie Flammen und wirkt sehr dynamisch. Waagrecht erinnert es an Wellen und wirkt ruhiger.

Meist ist es einfacher, den Quilt so zu legen, dass Sie ihn zum Quilten vor- und zurückschieben, nicht seitwärts. Ich quilte stets nur einen kleinen Bereich und lasse am Rand Lücken, die ich beim Quilten der angrenzenden Partien schließe. Handhaben Sie dies, wie es für Sie praktikabel ist.

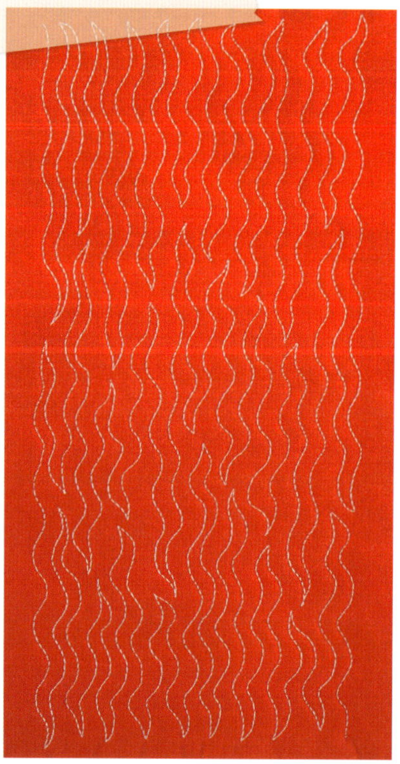

Senkrechte Wellenlinien erinnern an Flammen und wirken sehr dynamisch.

## Schneckenspuren

Dieses Muster nenne ich Schneckenspuren, weil die Linie, die in die Mitte und wieder heraus verläuft, mich an die Spirale eines Schneckenhauses erinnert. Das Muster muss jedoch keineswegs rund sein. Eine meiner Varianten erinnert an ein Tablett mit Zimtschnecken. Ich finde es einfacher, ungleichmäßige Formen zu quilten, die sich leicht aneinanderfügen lassen. Denken Sie daran, Platz zu lassen, um aus der Mitte wieder herauszukommen! Das Muster lässt viel Spielraum zur eigenen Gestaltung.

*Schneckenspuren*

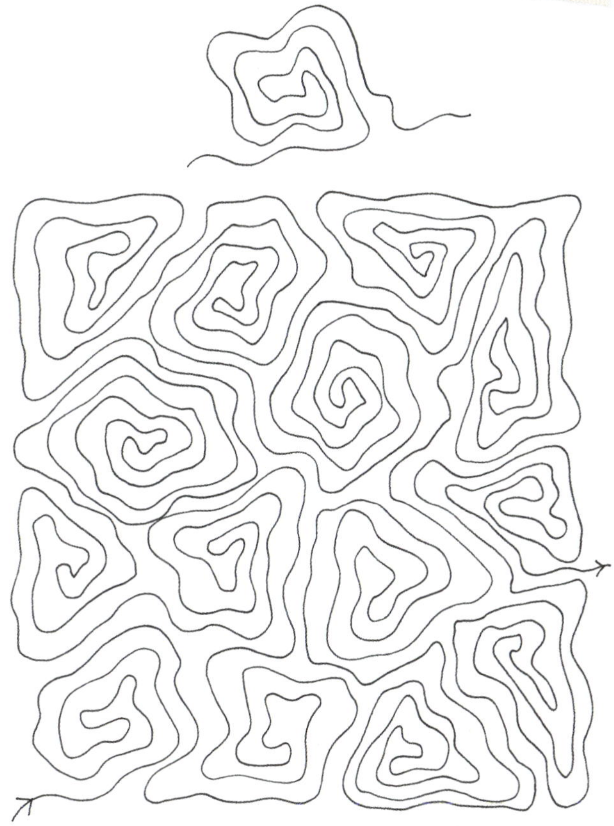

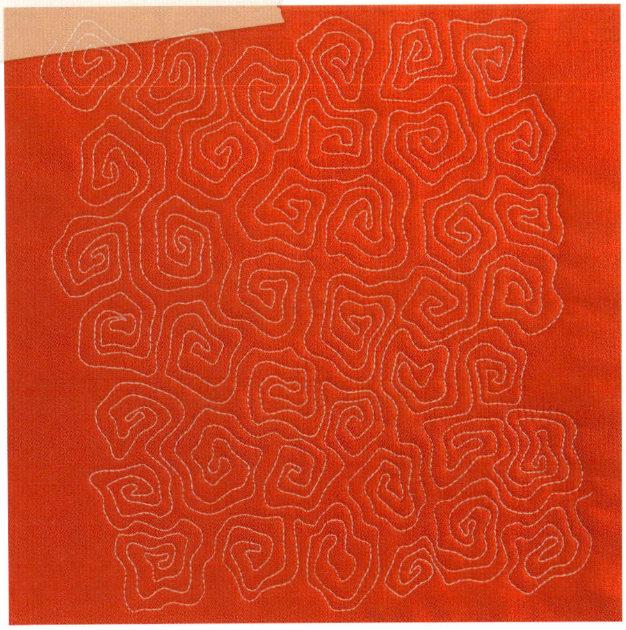

Schneckenspuren

*Blumen*

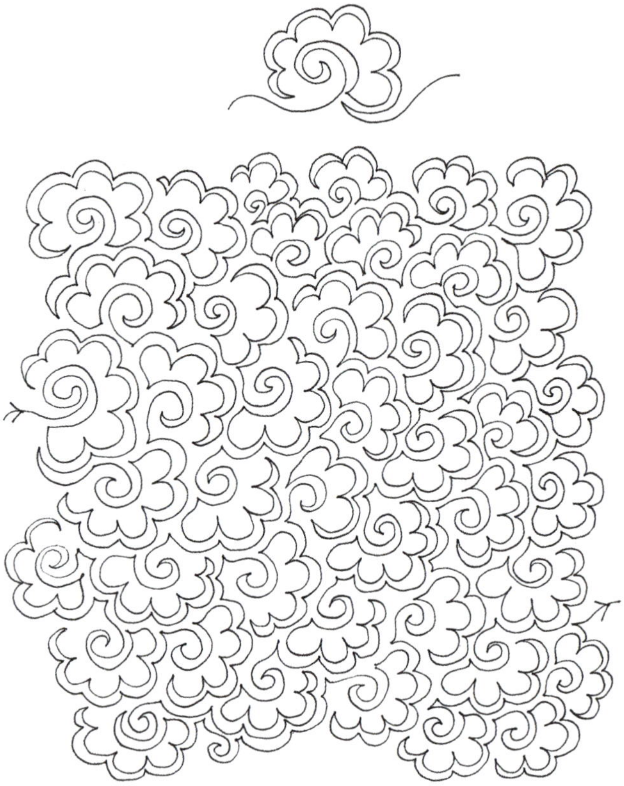

## Blumen

Viele Quilts bieten sich für ein Allover-Blumenmuster geradezu an. Beim Quilten stelle ich mir ein Schneckenhaus mit Blütenblättern vor. Sie können ganz nach Ihrem Geschmack Blätter und Verzierungen hinzufügen.

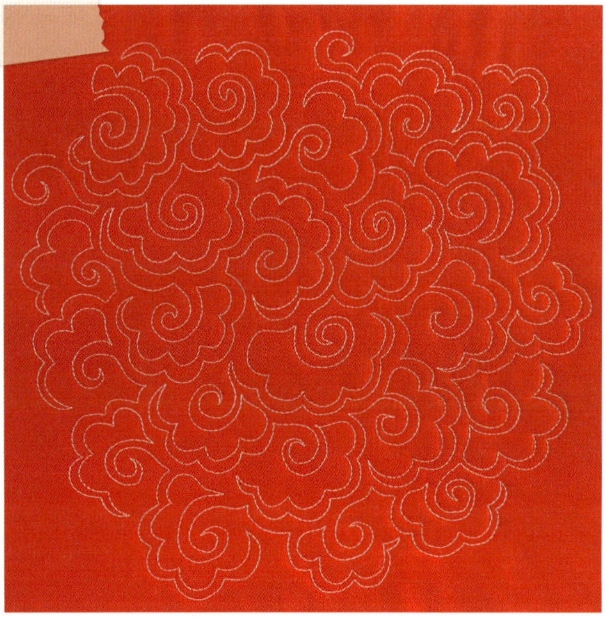

Blumen

## UNTERSCHIEDLICHE GARNSTÄRKEN

Durch unterschiedliche Garnstärken kann ein und dasselbe Quiltmuster ganz unterschiedlich wirken.

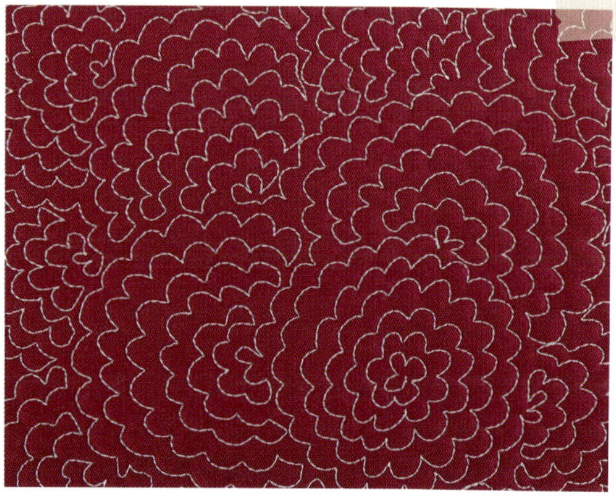

**Nähprobe im Chrysanthemenstich mit 3-fädigem Nähgarn in Stärke 50**

## Chrysanthemen

Mein Chrysanthemenmuster verleiht einem Quilt sehr viel Struktur. Beginnen Sie in der Mitte der ersten Blume und zeichnen Sie Runden aus Blütenblättern. Ist die erste Blume fertig, fügen Sie kleine Knospen an, um den gesamten zu quiltenden Bereich auszufüllen. Bewegen Sie sich zu einem neuen Bereich des Quilts, indem Sie einfach an eine bereits vorhandene Blume weitere Blütenblätter anfügen.

*Chrysanthemen*

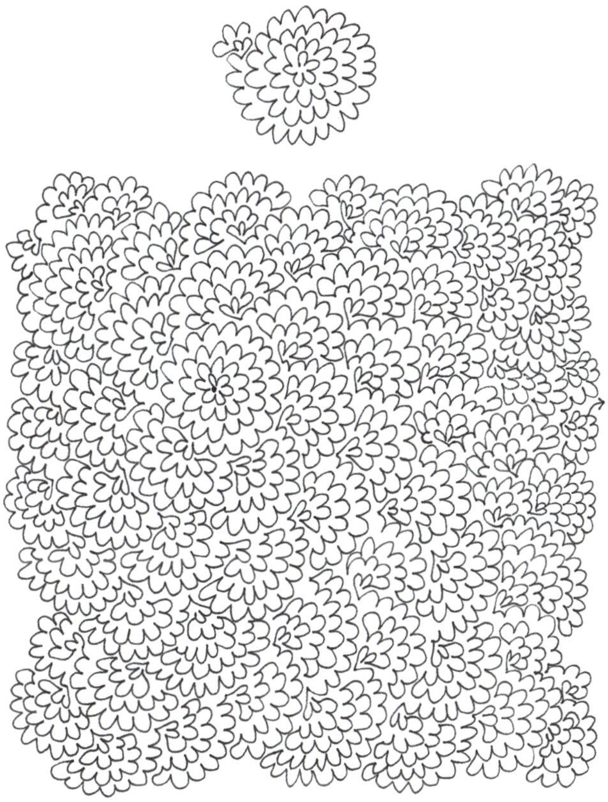

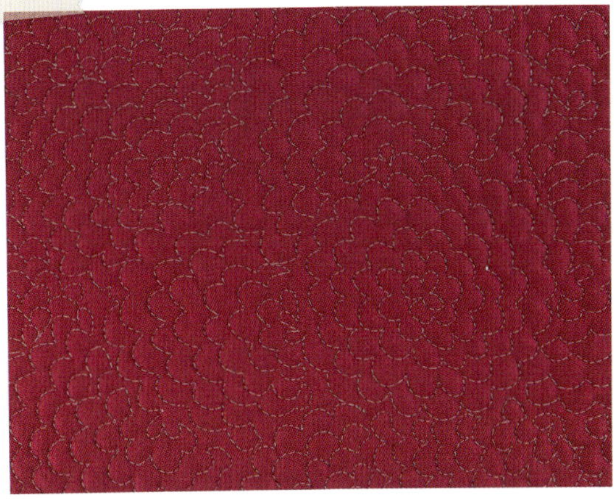

Rückseite der Nähprobe im Chrysanthemenstich. Die Textur wurde mit Polyesternähgarn in Stärke 80 erzeugt.

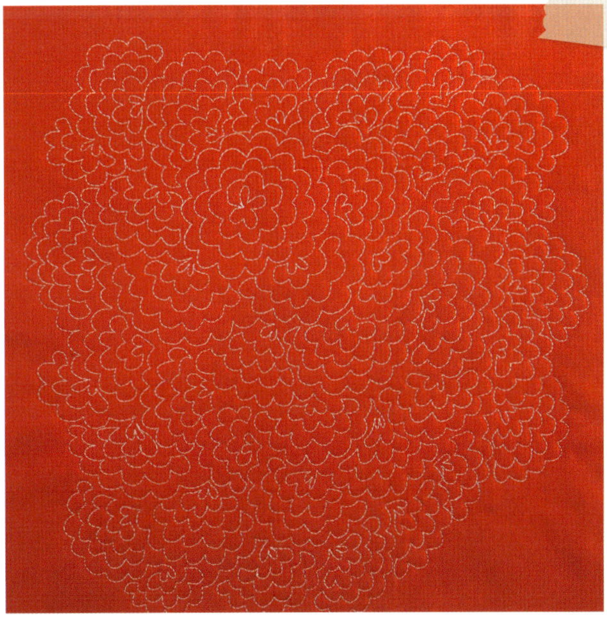

Chrysanthemen

*Kieselsteine*

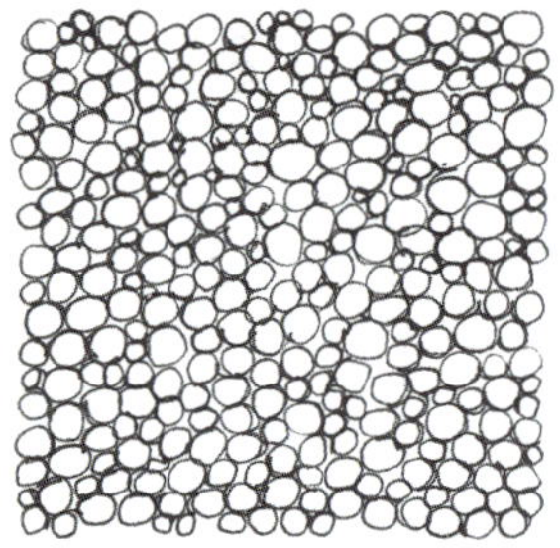

*Große Kiesel*

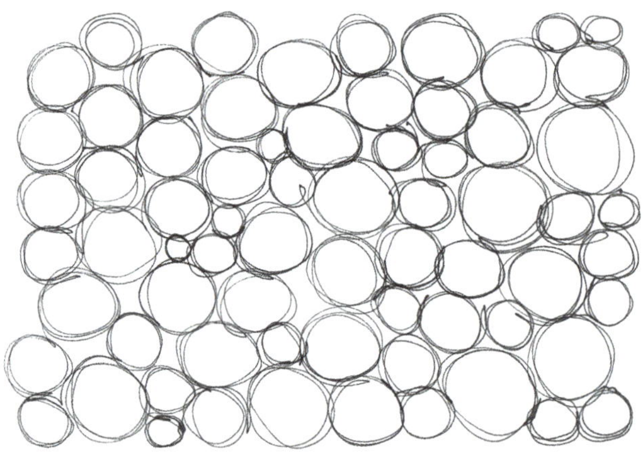

## Kieselsteine

Diese kleinen Kreise sind ein sehr beliebtes Muster. Für mich sehen sie aus wie Kieselsteine, da diese ebenfalls nicht kreisrund sind! Beachten Sie, dass jeder neue Stein aus der Seite des vorigen entspringt und Sie dazu teils über die bereits bestehende Naht nähen müssen. Für kleine Kiesel müssen Sie feines Nähgarn verwenden, damit auf dem Quilt-Top keine unschönen Garnwülste entstehen.

Große Kiesel verleihen dem Quiltmuster Tiefe. Nach der ersten Runde nähe ich den Umriss noch zweimal skizzenhaft nach. So wird die ursprüngliche Linie leicht „verwischt" und wirkt viel interessanter.

### TIPP

Die kleinen Kiesel ergeben eine ähnliche Struktur wie das Chrysanthemenmuster, jedoch gehen die Chrysanthemen viel schneller!

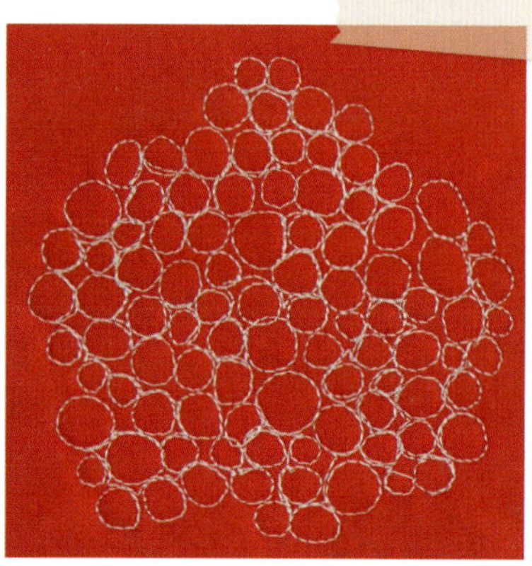

Kieselsteine

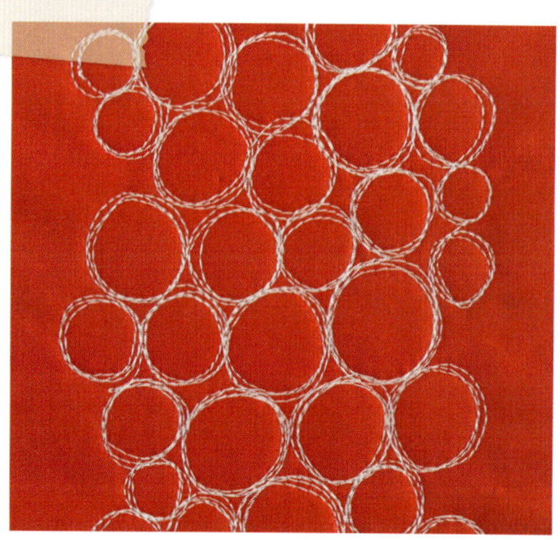

Große Kiesel

## Puzzleteile

Ein schnelles einfaches Quiltmuster für einen Kinderquilt sind Puzzleteile. Das Muster wird in beide Richtungen von Rand zu Rand gearbeitet. In diesem Fall markiere ich mein Quilt-Top, meist mit leicht entfernbarem Kreidestift. In eine Wellenlinie wird bei jedem Puzzlequadrat eine offene Schlaufe eingefügt. Üben Sie, die Schlaufen beidseits der Linie zu nähen. Wahrscheinlich fällt Ihnen eine Seite leichter als die andere. Denken Sie daran: Puzzleteile sollen unregelmäßig sein!

## E & W

Bei diesem Muster denke ich an die Buchstaben E und W. Manchmal schleicht sich auch eine Extralinie hinein. Gehen Sie blockweise vor, bis Sie den gesamten Quilt bearbeitet haben. Unbedingt vorher doodeln und üben, damit Sie an den vielen Ecken nicht klecksen.

Das Muster lässt sich vielfältig variieren: Die Formen können runder oder eckiger sein, je nachdem, wie es zu Ihrem Quilt passt.

*Puzzleteile*

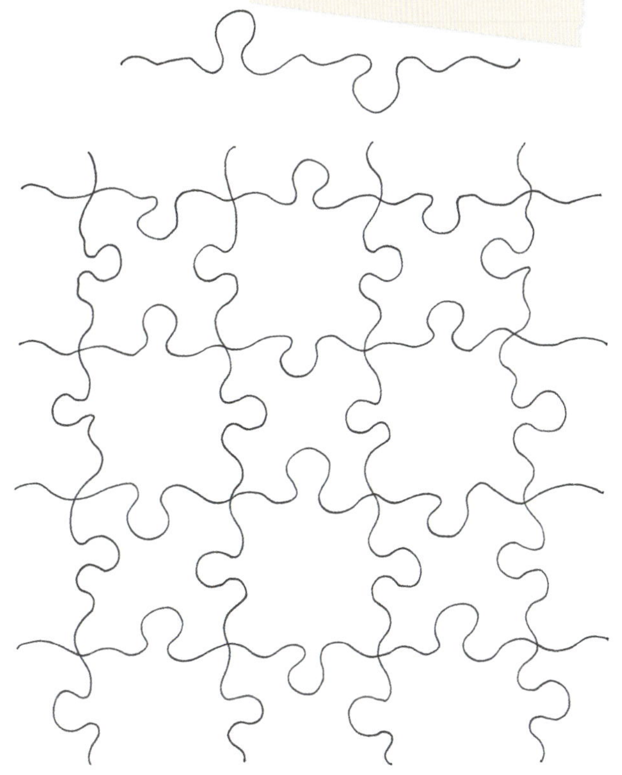

*E & W*

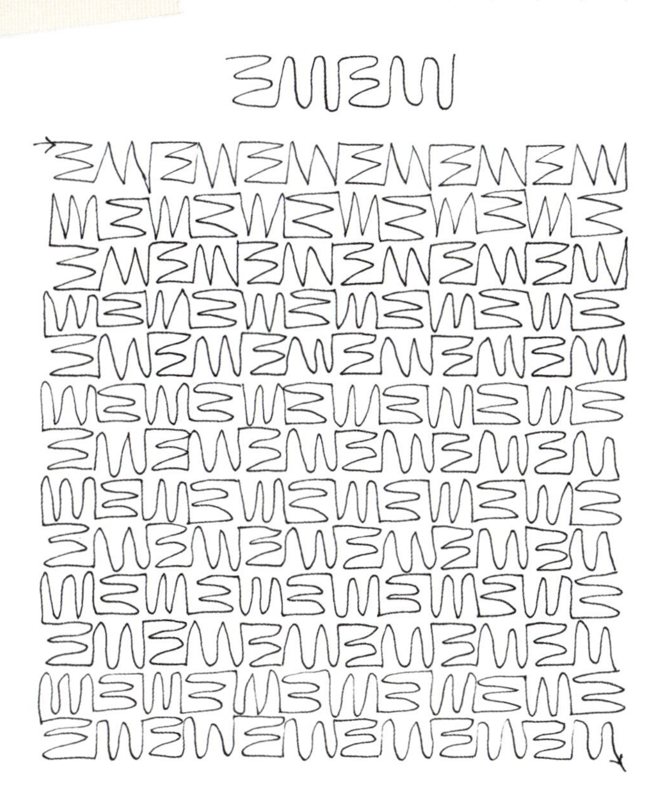

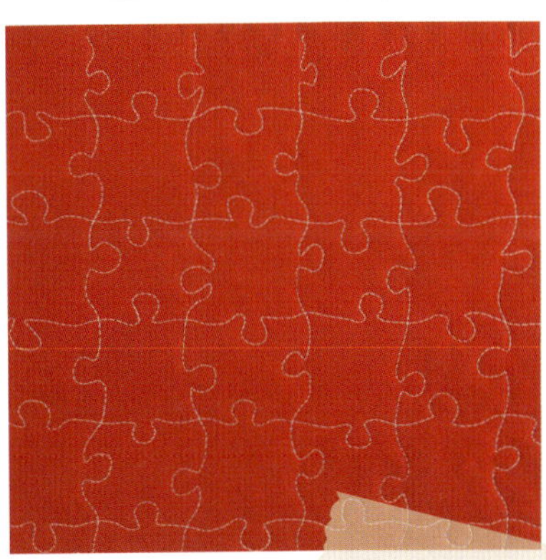

Puzzleteile

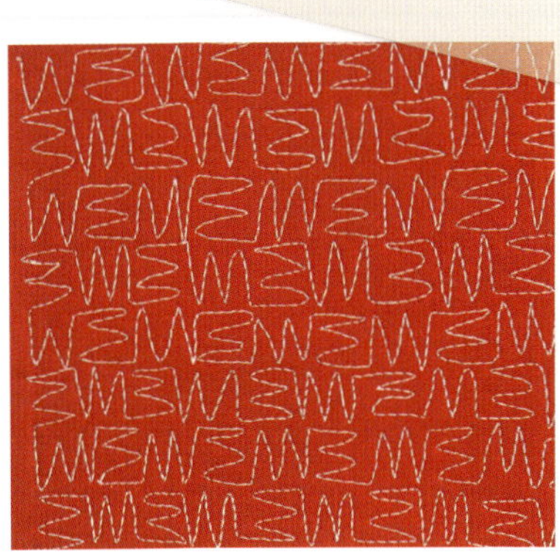

E & W

## WEITERE DETAILS

Als ich mir beim Maschinenquilten allmählich mehr zutraute, wuchs mein Musterrepertoire. Ich überlegte mir, dass zum Ausprobieren neuer Muster der Rand eines großen Quilts geeigneter wäre. Dabei könnte der Großteil des gehefteten Quilts seitlich auf dem Nähtisch aufliegen und wäre nicht in dem engen Raum rechts der Nadel eingequetscht. In der mittleren Partie könnte ich große Mäander quilten, am Rand dann etwas Interessanteres.

Seit ich öfter im modernen Stil arbeite, haben meine Quilts häufig keinen traditionellen Rand. Manchmal sehe ich einen Bereich für ein interessantes Freihand-Quiltmuster vor, bevor ich den Rest in einem geradlinigen Allover-Muster quilte. Oft quilte ich auch einfach mit dem Obertransportfuß breite Wellenlinien (Echoquilting) und setze den Linienverlauf hier und da neu an. So entstehen zwischen den Linien Lücken, die ich mit einem der folgenden Muster ausfüllen kann.

Die folgenden Muster eignen sich für Bordüren oder randähnliche Partien.

## Schmale Bordüren

Schmale Bordüren sind für mich zwischen ½ und 1 Inch (1–2,5 cm) breit. Wenn Sie gern kleine Formen quilten, werden Sie diese schmalen Bordüren lieben!

### Meereswirbel

Ein wunderschönes Wirbelmuster. Den exakten Verlauf muss ich stets an einem Probesandwich üben, bevor ich mich an meinen sorgfältig genähten Quilt wage.

### Mäander

Eine eckige Variante der Meereswirbel. Unbedingt genug Platz lassen, um jedes Motiv vollständig ausführen zu können.

### Ranke

Ein Hauch von Garten für einen floralen Quilt. Probieren Sie das Muster zusammen mit Allover-Blumen.

### E & W

Diese Reihe aus dem E & W-Motiv können Sie beliebig an Ihren Stil anpassen.

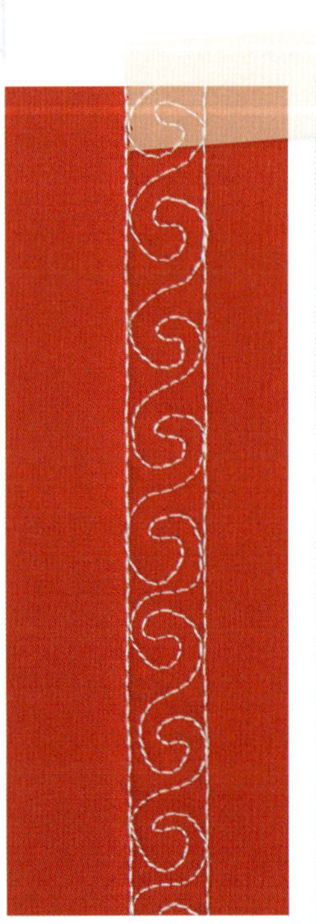

Meereswirbel

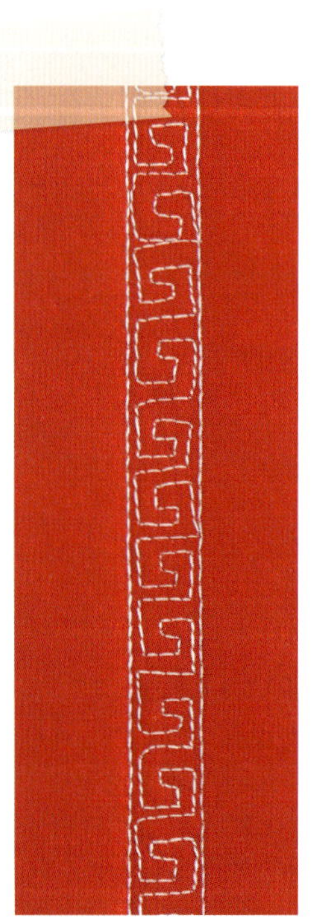

Mäander

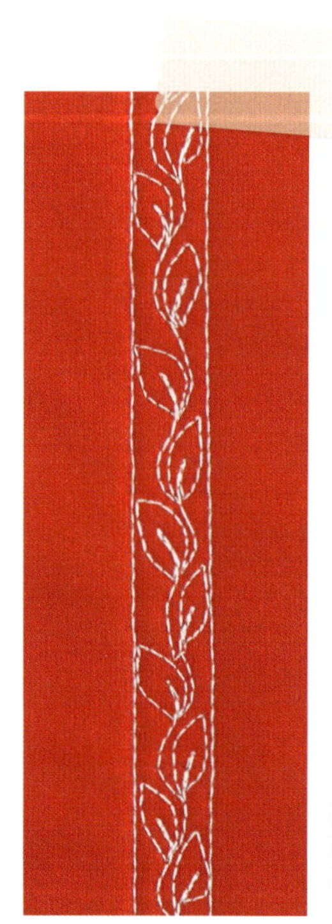

Ranke

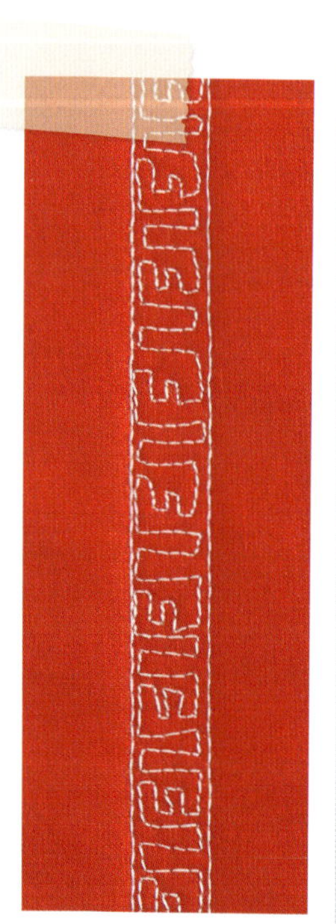

E & W

Meereswirbel

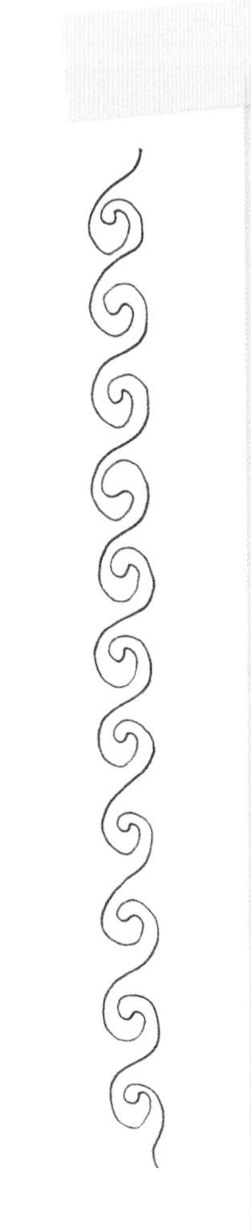

Mäander

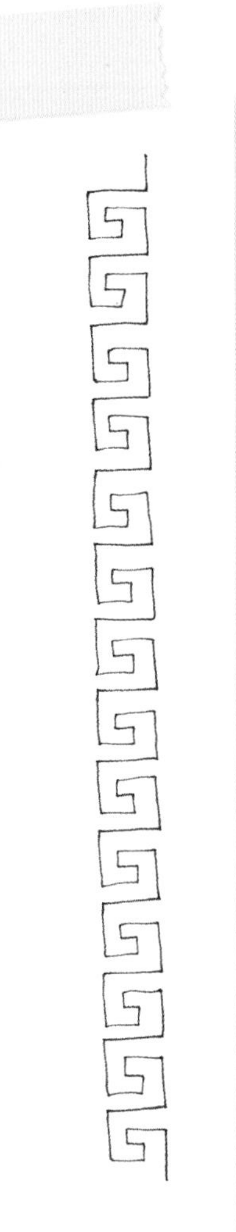

Ranke

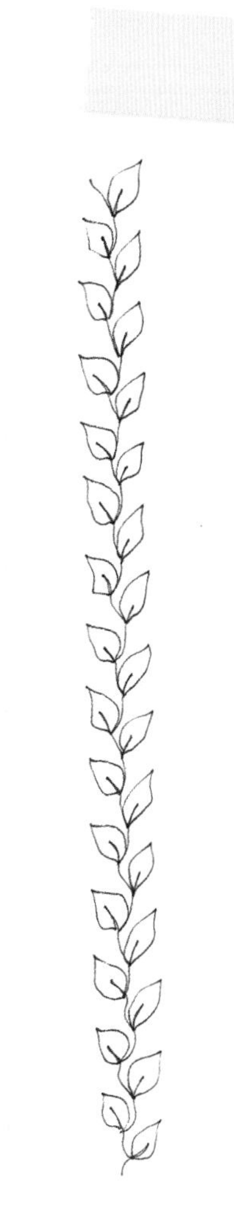

E & W

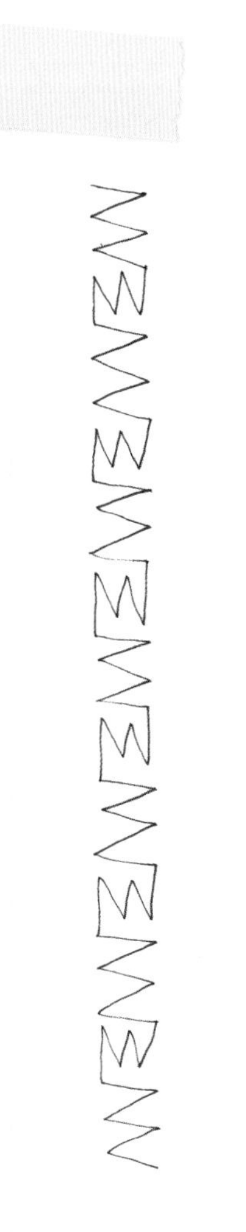

Ribbon Candy

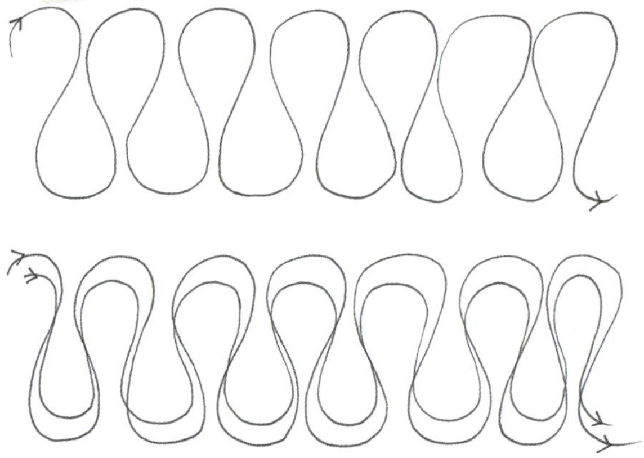

Ribbon Candy an einer Ecke

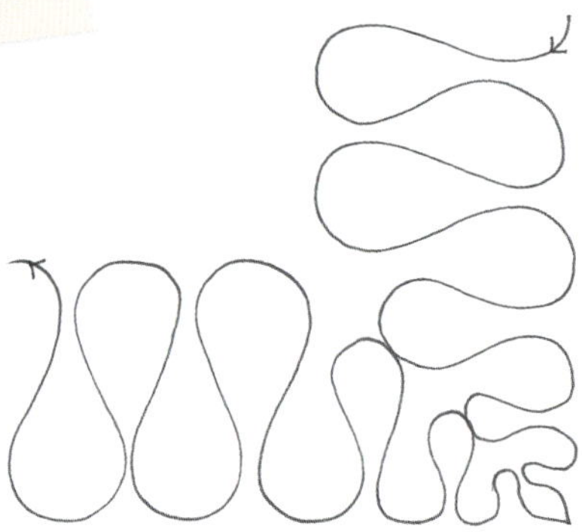

## Breite Bordüren

Breite Bordüren sind mindestens 1 Inch (2,5 cm) breit. Nach oben ist keine Grenze gesetzt. Wenn Sie bei großen Motiven, bei denen Sie die Maschine über den breiten Rand rattern lassen, Probleme mit der Stichlänge haben, versuchen Sie einmal, die Bordüre durch einige gerade Quiltlinien zu begrenzen. Dies hat den zusätzlichen Vorteil, dass besondere Aufmerksamkeit auf Ihr hübsches Randmuster gelenkt wird.

### Ribbon Candy

Das Ribbon-Candy-Muster ist bei modernen Quilterinnen sehr beliebt. Es ähnelt ein wenig den bereits vorgestellten Achterschleifen, doch die Linien kreuzen sich nicht. Damit die Schwünge beidseits gleich werden, zur Übung unbedingt vorher doodeln. Eine zweite Linie verleiht mehr Tiefe und Struktur.

Wenn Sie um Ecken navigieren müssen, ist es hilfreich, die Linien vorzuzeichnen, damit das Muster einigermaßen symmetrisch wird.

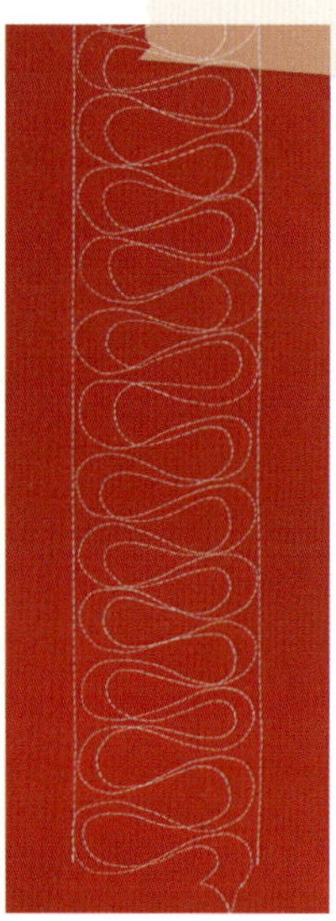

Ribbon Candy

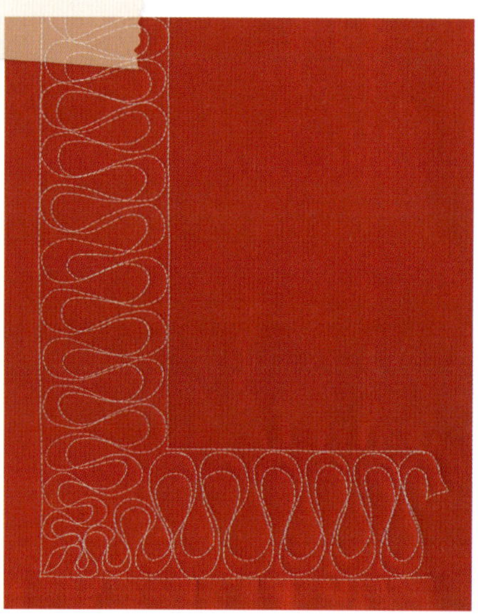

Ribbon Candy an einer Ecke

**Muschelvariante**

Dieses Muster entsteht, wenn man bei jeder neuen Muschel die Richtung wechselt. Es war eines der ersten Randmuster, die ich beherrschte. Wenn Sie das Allover-Muschel-Muster bereits gut im Griff haben, ist diese Bordüre genau richtig für Sie.

**Kiesel und Linien**

Das Kieselmuster ist bei allen beliebt, doch es dauert lange, bis man auch nur eine kleine Partie fertig hat! Probieren Sie diese Variante: Nur in der Mitte des vorgesehenen Bereichs Kreise quilten, dann die Linien anfügen. Für die kurzen Linien den Freihandfuß verwenden, damit Sie den Quilt an den Ecken des Musters nicht wenden müssen. Die Linien sehen auch dann gut aus, wenn sie nicht perfekt sind, doch mit etwas Übung gelingen sie besser!

Muscheln

Kiesel und Linien

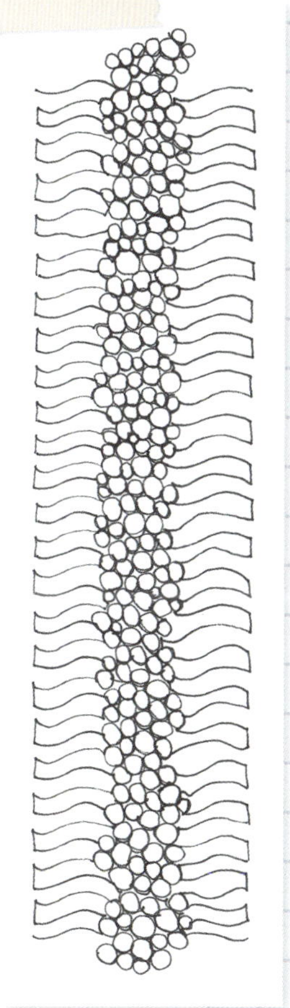

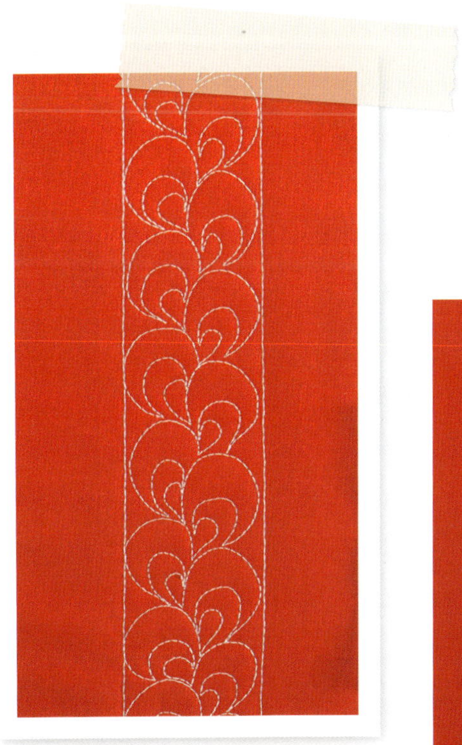

Muschelvariante als Bordüre

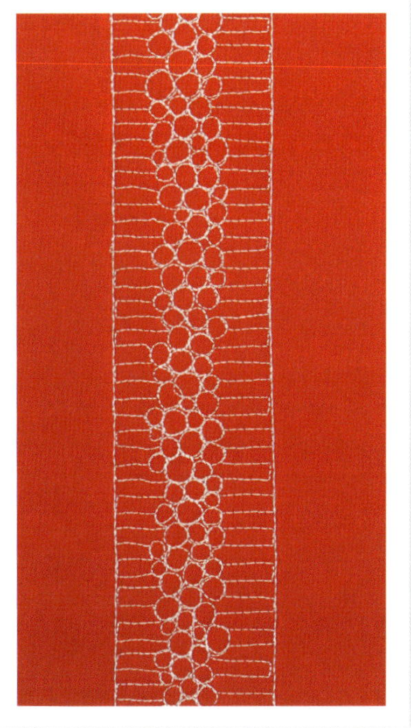

Kiesel und Linien als Bordüre

## Federn und Farne

Für Puristen sind Federn und Farne vielleicht nicht unbedingt modern, doch das soll mich nicht besonders stören, denn gut gearbeitete Federn und Farne eignen sich als hübsches Stilelement an vielen Quiltarten!

### Einfache Feder mit Kiel

Beginnen Sie mit dieser Feder, damit Sie ein Gefühl für diese Art des Quiltens bekommen. Es gibt zahlreiche Varianten, doch mein Favorit ist die schlichte, schnörkellose Feder. Jede meiner Federn wird anders – das macht sie nur noch interessanter.

### Verzierung der einfachen Feder

Wenn Ihre einfachen Federn fertig sind, können Sie sie verzieren. Wie aufwendig die Verzierung wird, hängt von der Größe der Feder ab und davon, wie dicht Sie gern quilten.

Eine Echolinie rings um den äußeren Rand betont hübsch die Kontur, bevor Sie das Innere mit einem Ihrer bevorzugten Füllmuster ausfüllen.

*Einfache Feder*

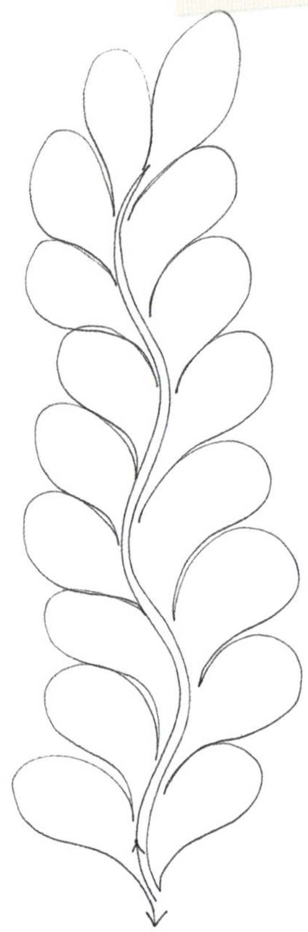

*Verzierte Feder*

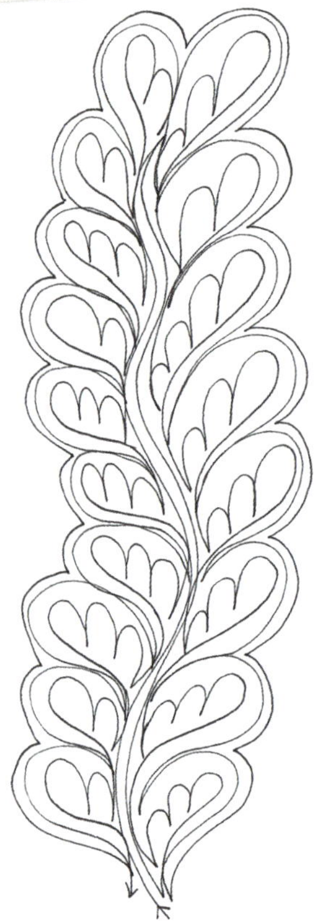

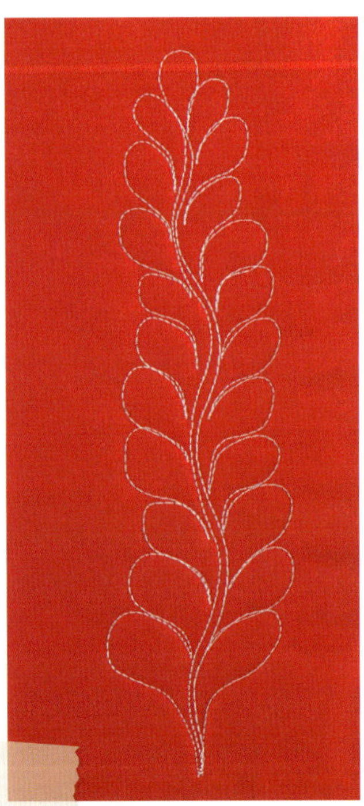

Einfache Feder

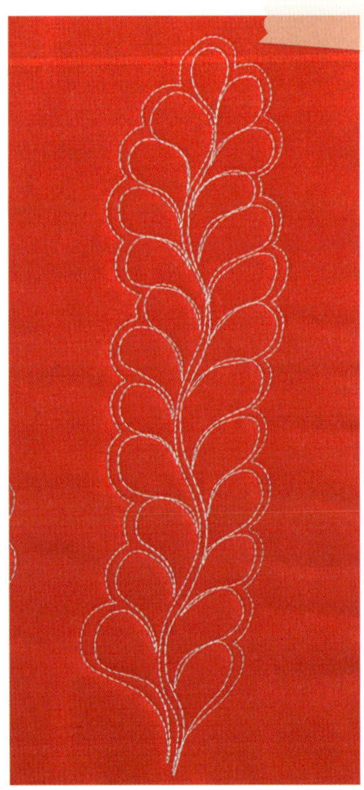

Einfache Feder mit Echoquilting-Kontur

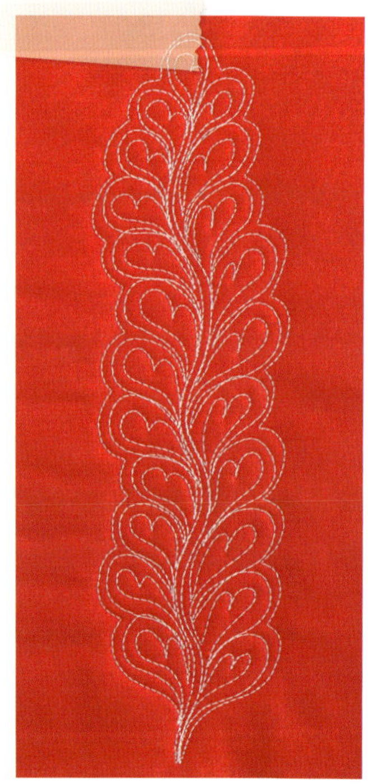

Verzierte Feder

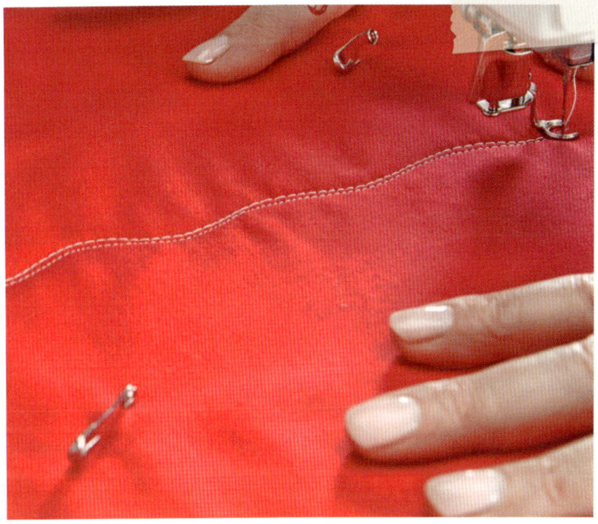

**1** Mit dem geschwungenen Kiel in der Mitte beginnen und ihn durch Echoquilten zurück zum Ausgangspunkt verdoppeln.

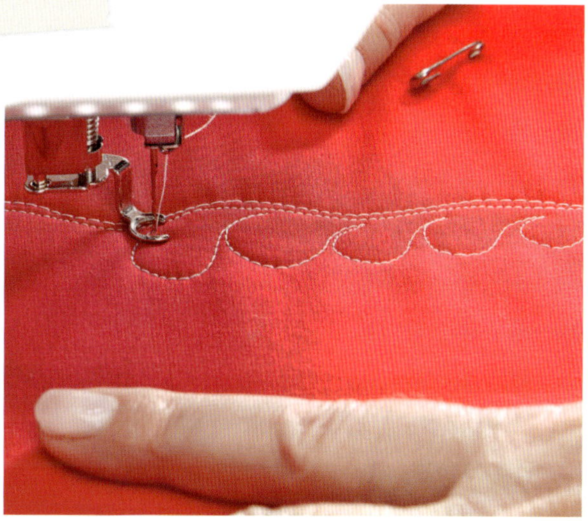

**2** Die seitlichen Formen anfügen. Ich betrachte sie als halbe Herzen: So entsteht eine schöne fließende Linie. Um die Spitze herum und an der Gegenseite herunter fortfahren.

Wenn Ihnen eine Richtung schwerer fällt, steppen Sie in dieser jeweils den Kiel und in der einfacheren Richtung die halben Herzen.

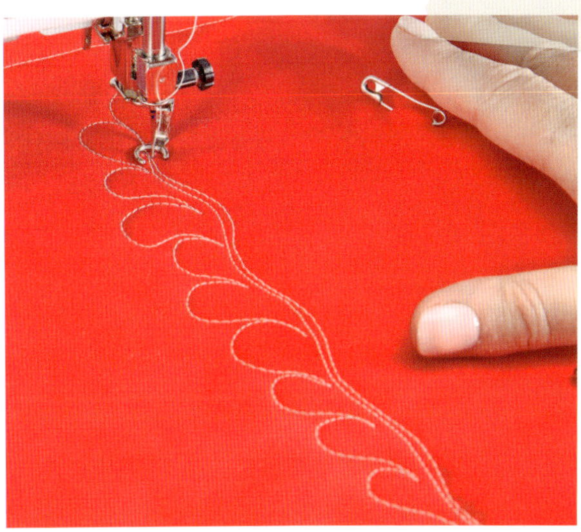

**3** Nun die zweite Kielseite bis zur Spitze steppen, die oberste Schlaufe anfügen und an der Seite in halben Herzen zurück nach unten nähen.

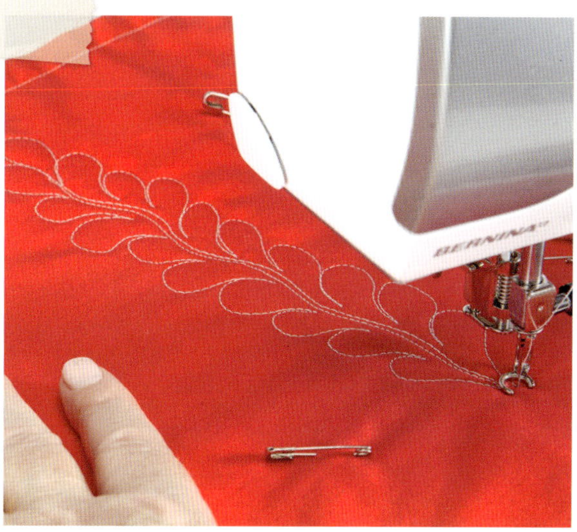

**4** Ein Routenplan ist sicherlich hilfreich!

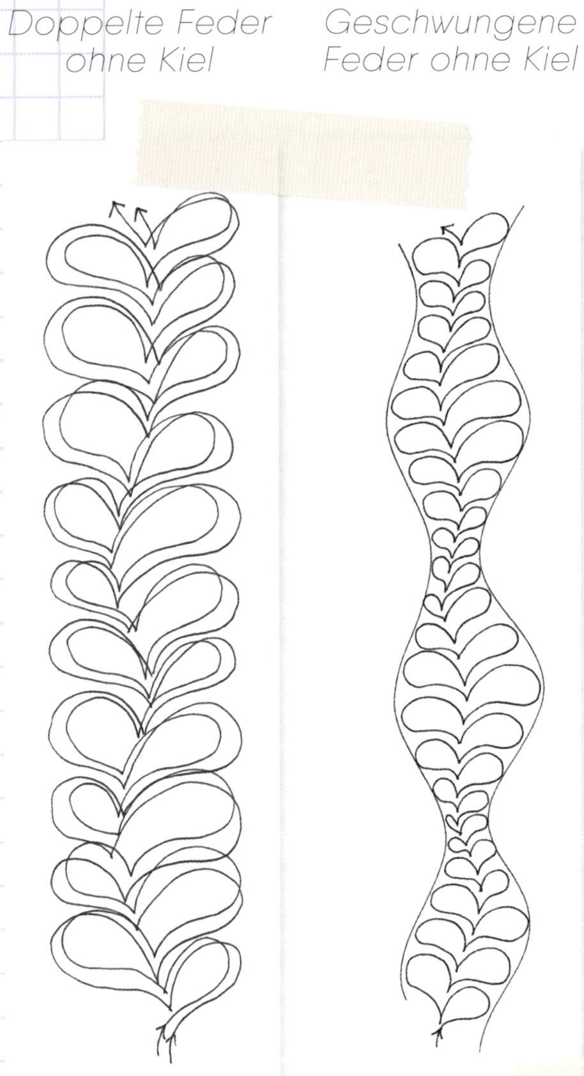


### Federn ohne Kiel

Diese Federn wirken sehr modern. Sie benötigen nur wenig Raum, verleihen Ihrem Quilt-Top jedoch interessante Akzente. Meist quilte ich sie in Partien, die ringsum durch bereits gequiltete Linien oder Muster begrenzt werden.

Eine Kreidelinie ist oft hilfreich, um mir die Mitte meines Musters anzuzeigen. Ich mag eine organisch geschwungene Mitte. Dann beginne ich an einem Ende und quilte meine Feder.

Quilten Sie eine Feder ohne Kiel in nur einer Linie. Eine zweite Linie setzt interessante Akzente, vor allem wenn Sie eine andere Farbe oder Garnstärke verwenden.

Da kein Kiel genäht wird, entsteht entlang der Mitte auch keine Verdickung durch das Nähgarn. Das Design wirkt offen und luftig. Oft zeichne ich zwei Wellenlinien auf Papier und mache Doodle-Übungen in dem unregelmäßigen Raum dazwischen. So bin ich bei Nähbeginn schon daran gewöhnt, alle möglichen Formen auszufüllen, und ich kann mich auf ein gleichmäßiges Stichbild konzentrieren, statt über den Verlauf meiner Quiltlinie zu grübeln.

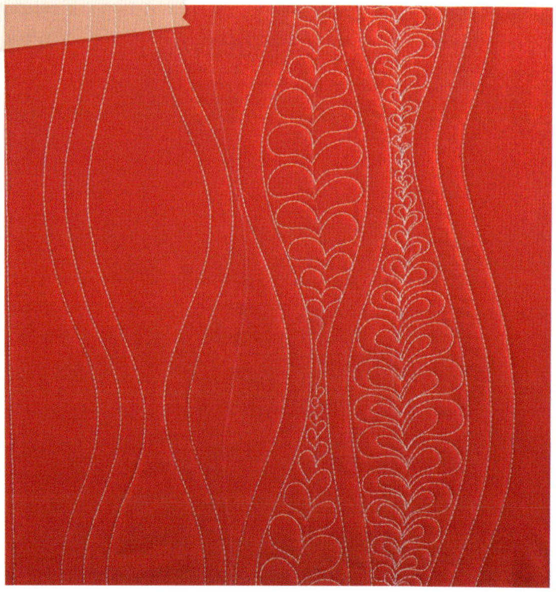

**Mit dem Obertransport genähte geschwungene Linien. Eine Kreidelinie deutet die Mitte der kiellosen Federn an, mit denen die Zwischenräume gefüllt werden. Doppelte Linien wirken noch interessanter.**

**Feder-Bordüren**

Federn ergeben sehr schöne Bordüren. Bei Federn mit Kiel steppe ich zuerst die Kiele rings um den gesamten Quilt und verdopple sie in einer weiteren Runde. In der dritten Runde folgen die Schnörkel der einen Seite, in der vierten Runde die der anderen. Fertig! Es können noch Verzierungen und Füllelemente zugefügt werden.

Um zu entscheiden, wie Sie die Ecken ausarbeiten möchten, müssen Sie diese vorher üben. Entwickeln Sie zunächst auf Papier eine für Sie praktikable Methode, sodass Sie beim Nähen nicht von den Ecken überrascht werden. Solange sie sauber gearbeitet sind, müssen die vier Ecken nicht genau identisch sein.

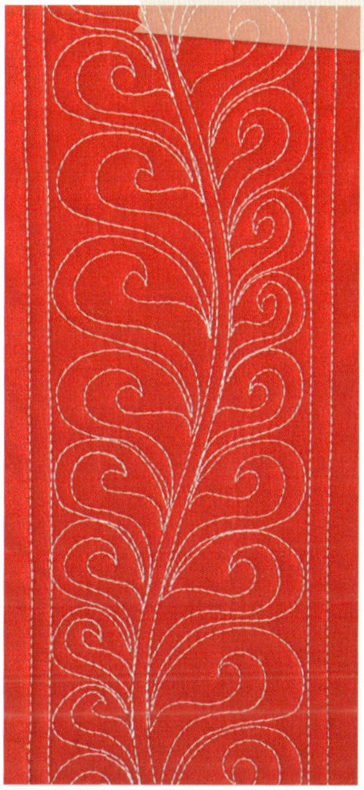

Feder-Bordüre

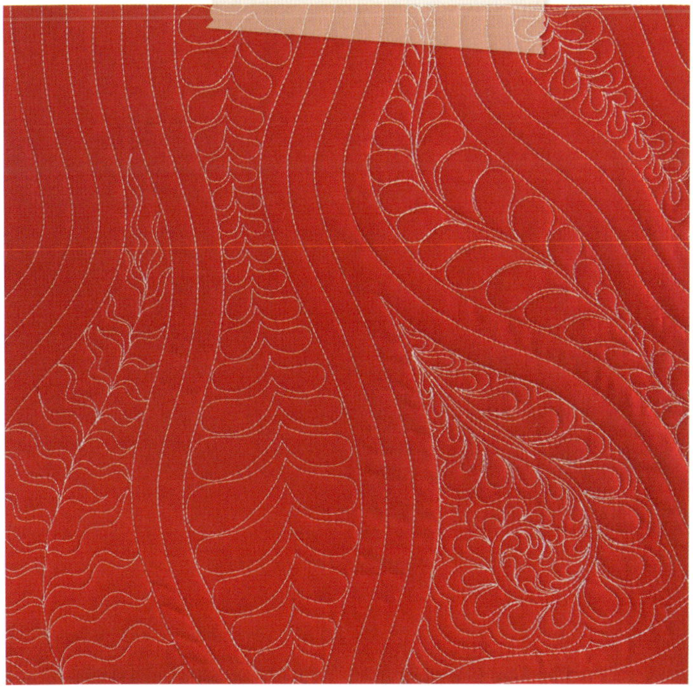

Fantasievolle Federn

Farne

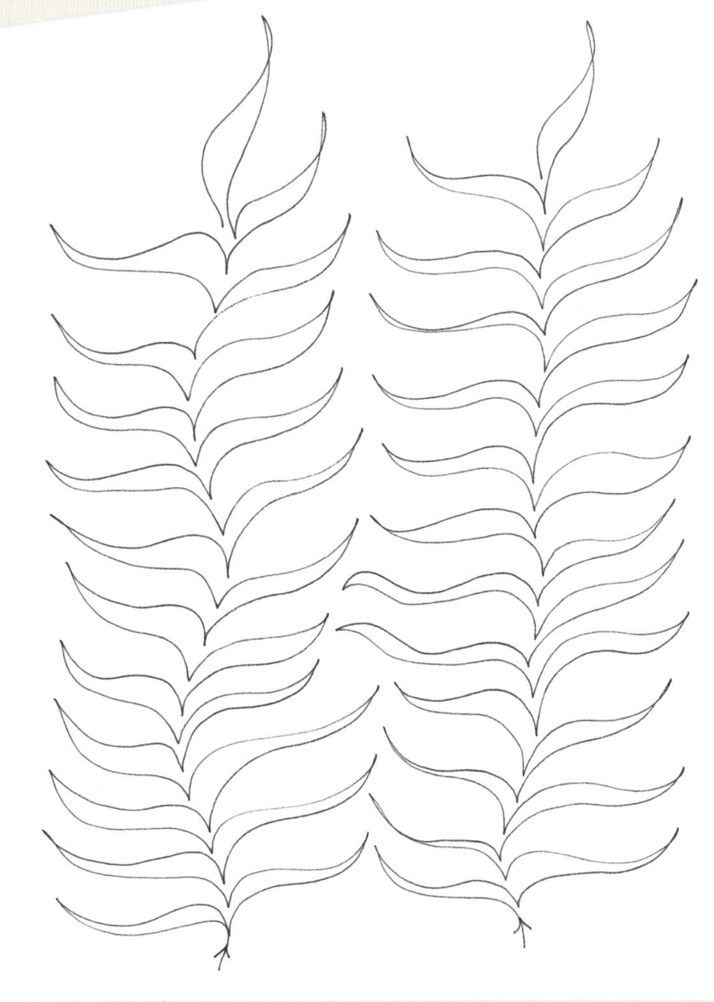

## Farne

Farne sind eine spitzere, anmutigere Variante der Feder ohne Kiel. Eine Kreidelinie hilft sehr dabei, sie in der gewünschten Richtung zu quilten. Achtung: An den Spitzen nicht langsamer werden oder anhalten, damit keine Verdickungen entstehen.

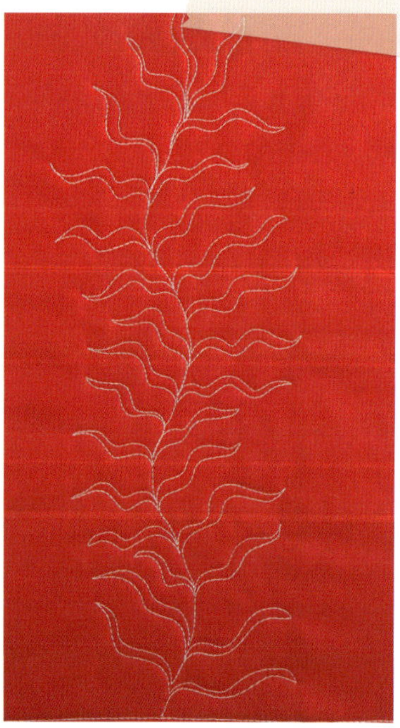

Der Farn ist eine Variante der Feder ohne Kiel und wird mithilfe einer vorgezeichneten Mittellinie gearbeitet.

# DEN RICHTIGEN GROOVE FINDEN

Es heißt ja immer, Übung macht den Meister, doch für mich gilt eher, dass etwas nicht meisterhaft aussehen muss, um schön zu sein. Zweifellos verbessert man sich jedoch durch Übung gemäß dem Motto:

***Gut, besser, am besten,***
***höre nicht auf,***
***bis das Gute besser ist***
***und das Bessere am besten!***

Am besten suchen Sie sich einige für Sie passende und geeignete Motive und üben diese, um sich an den Rhythmus Ihrer Nähmaschine zu gewöhnen, ein gleichmäßiges Stichbild zu entwickeln und saubere Ecken zu nähen. Nun können Sie Ihr Mustervokabular nach und nach erweitern, bis es Ihnen relativ leicht fällt, ein gesehenes Muster nachzuarbeiten. Und tatsächlich: Je mehr man übt, desto einfacher wird es!

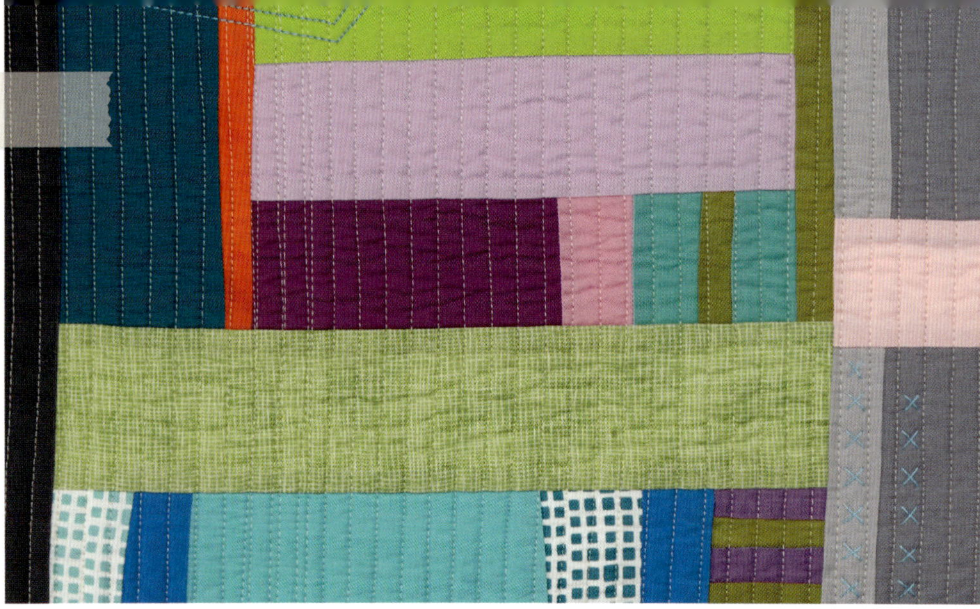

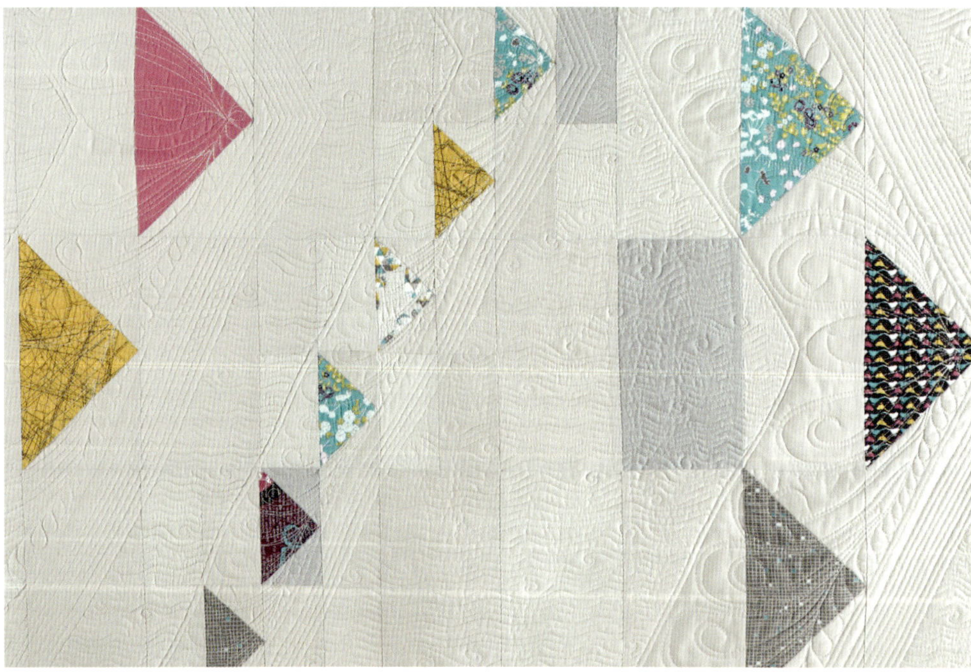

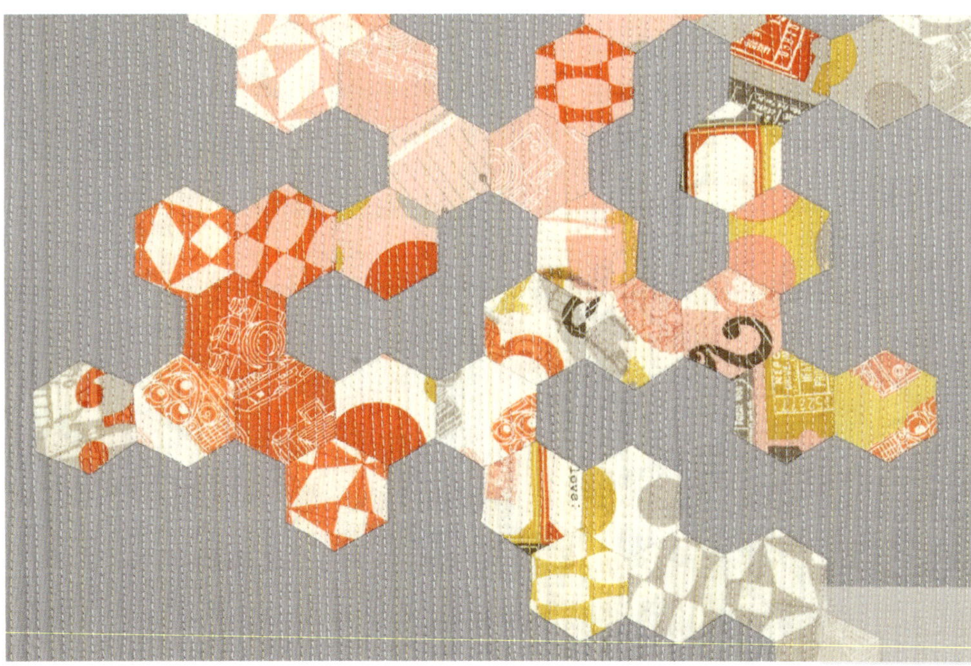

KAPITEL 4

# BEISPIELE
## EINE QUILT-GALERIE

Damit Sie eine Vorstellung von dem gedanklichen Prozess bekommen, der zur Entscheidung für ein Quiltmuster führt, hier einige meiner Arbeiten samt Erläuterungen zu meiner Vorgehensweise.

Wie gesagt habe ich schon vor Fertigstellung des Patchworks eine genaue Vorstellung davon, wie ich später quilten werde. So weiß ich genau, wie ich anfangen muss, und kann zügig weiterarbeiten. Manchmal klappt das allerdings nicht – dann skizziere ich vielleicht ein paar Muster oder ein grobes Grundgerüst, bis ich mich endgültig entschieden habe. Die Erfahrung hat mich gelehrt, erst dann zu nähen, wenn ich weiß, was ich will. Es ist viel schwieriger, Quiltstiche aufzutrennen, als sie zu nähen!

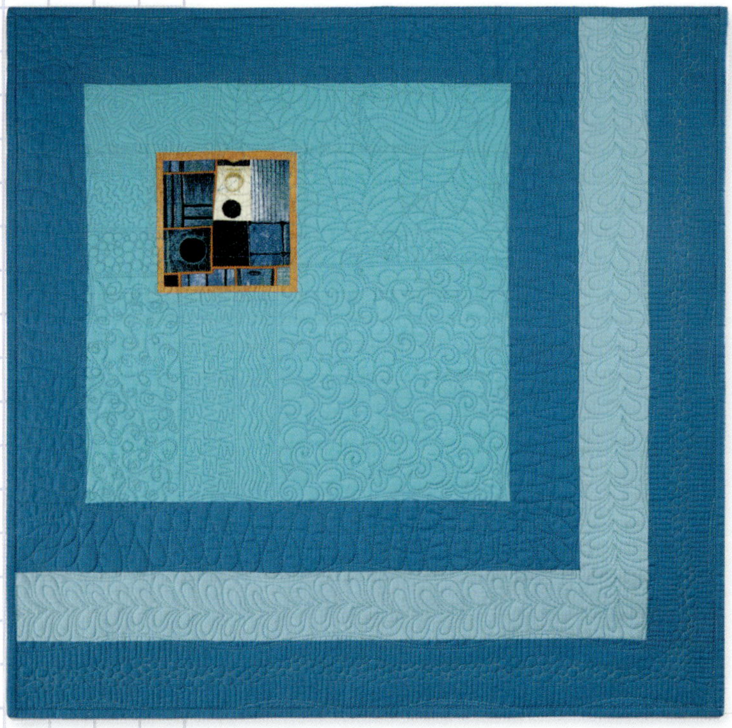

# Freihand-Musterquilt als Wandbehang

**TECHNIKEN:** Obertransportquilten (geschwungene Linien), Freihandquilten (Sampler mit verschiedenen Mustern)

Die verschiedenen Partien habe ich durch geschwungene Linien abgegrenzt, die ich mit aktiviertem Obertransport gearbeitet habe. In jeder Partie habe ich ein anderes Muster gequiltet, sodass ein Sampler aus meinen liebsten Freihandmustern entstand.

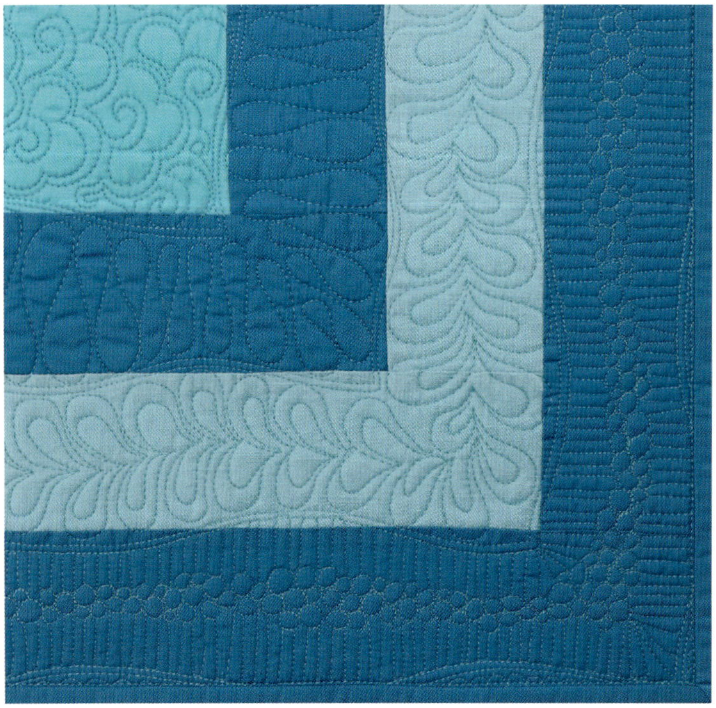

# Tischläufer „Zweig“

**TECHNIKEN:** Echoquilten mit dem Obertransport; spitze Ecken

Rings um den Zweig habe ich im Nahtschatten gequiltet und die einzelnen Ästchen bis zum Rand des Quilts verlängert. Die Zwischenräume wurden mit Linien in Echoquilt-Technik ausgefüllt. Ecken und Spitzen wurden dabei präzise gearbeitet (mit einem auf der Stelle genähten Sicherungsstich an den Drehpunkten).

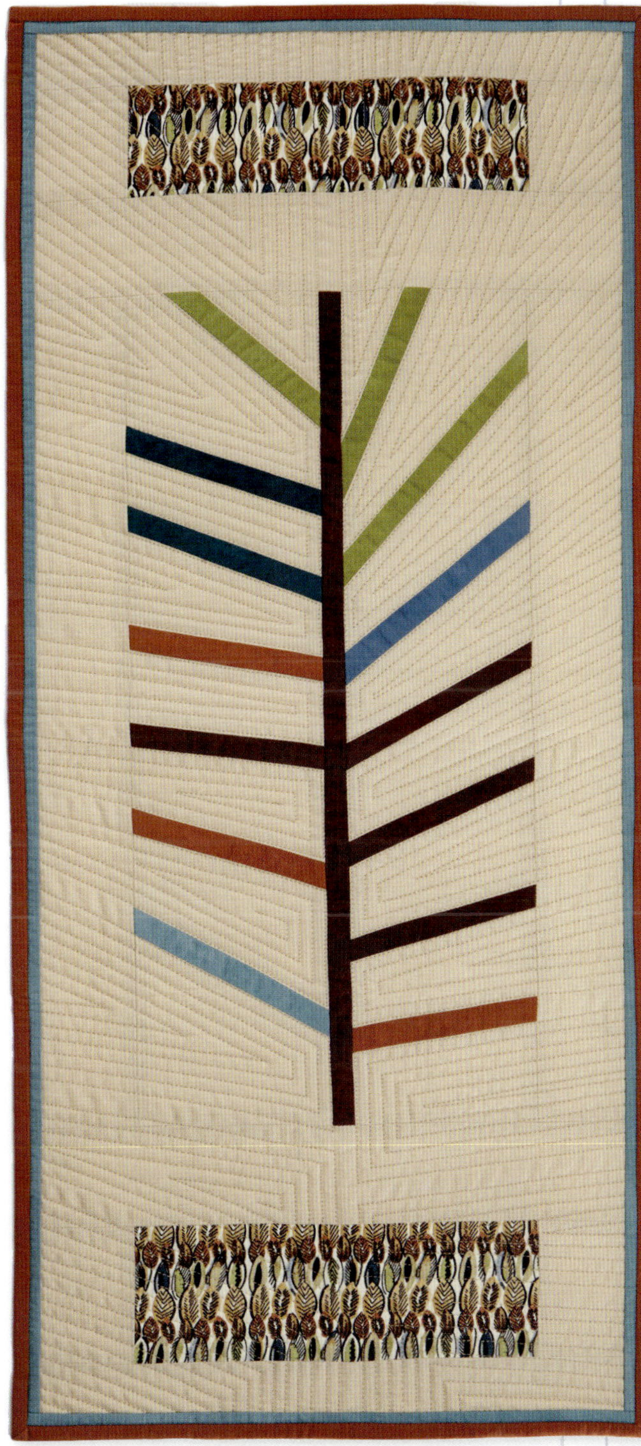

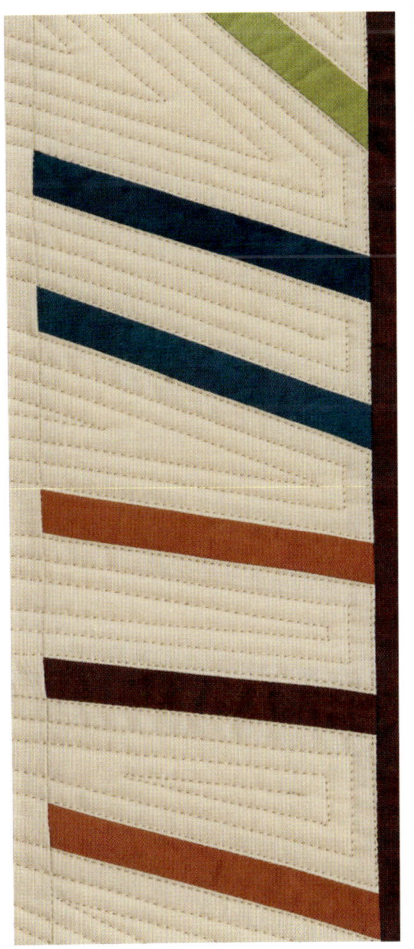

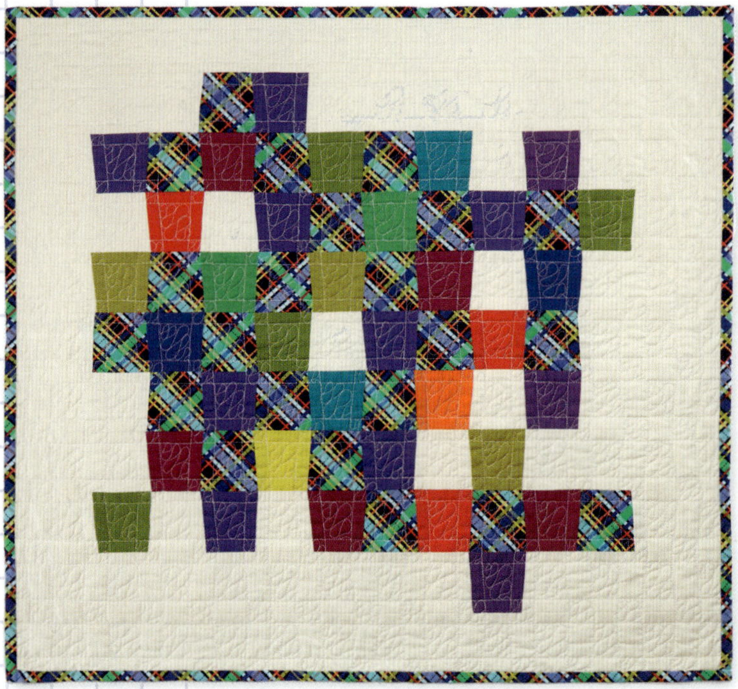

# Purzelnde Tumbler

**TECHNIKEN:** Obertransportquilten (Gitter und Echoquilten), Freihandquilten (Ribbon-Candy-Motiv)

Zuerst habe ich mit dem Obertransport ein Gitter gearbeitet und jede Gitterlinie auf beiden Seiten echogequiltet. Mit dem Stopffuß habe ich dann in diagonaler Richtung gequiltet und dabei bestimmte Lücken im Gittermuster mit dem Ribbon-Candy-Motiv ausgefüllt. Eine sehr gute Übung, um die Motivgröße zu variieren, damit eine kontinuierliche Linie beibehalten wird. *(Anleitung Seite 113)*

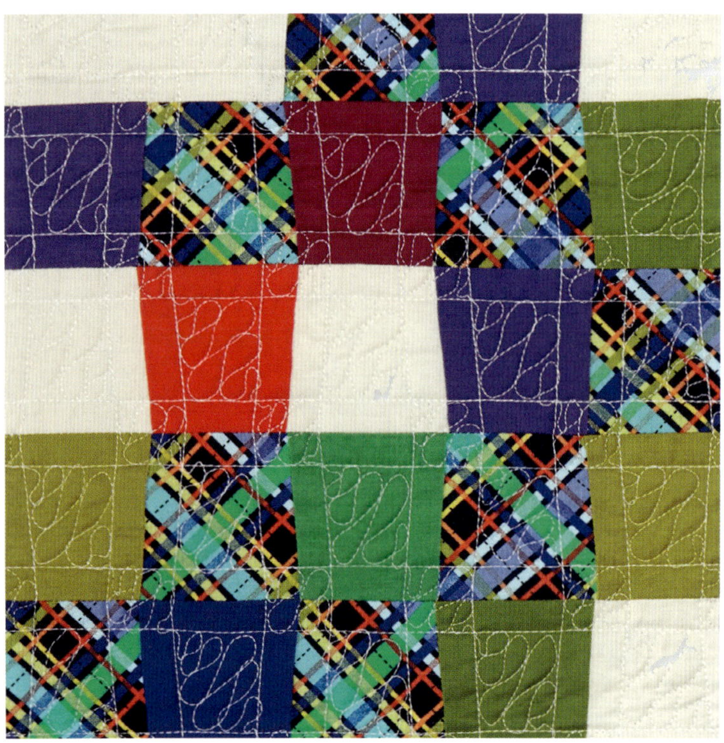

# Quilt „Bunte Quadrate“

**TECHNIKEN:** Obertransportquilten (Quilten im Nahtschatten und diagonales Gitter), Freihandquilten (Stippling und Federn)

Zuerst habe ich durch Quilten im Nahtschatten alle Patchworknähte stabilisiert, dann das diagonale Gitter in der mittleren Partie gequiltet. Durch Ausfüllen einiger der dreieckigen Formen mit einem kleinen Stippling-Muster entstand das Sanduhr-Motiv; dabei habe ich darauf geachtet, mich so über den Quilt zu bewegen, dass ich eine durchgehende Linie beibehalten konnte und möglichst wenig anhalten und neu ansetzen musste. Zum Schluss habe ich den Rand in mehreren Runden mit einem ausgeschmückten Federmotiv gequiltet – mit jeder weiteren Runde wurde das Muster vollständiger.

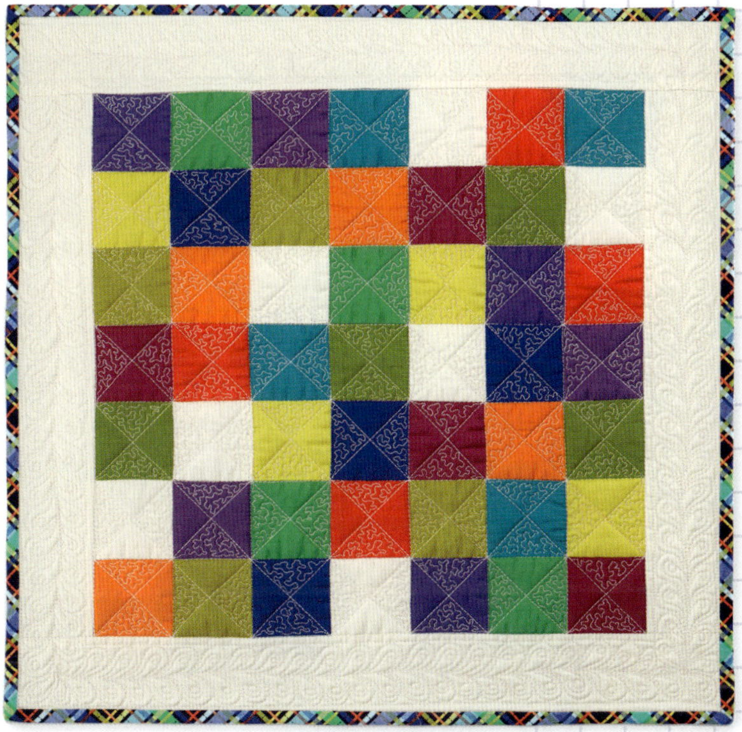

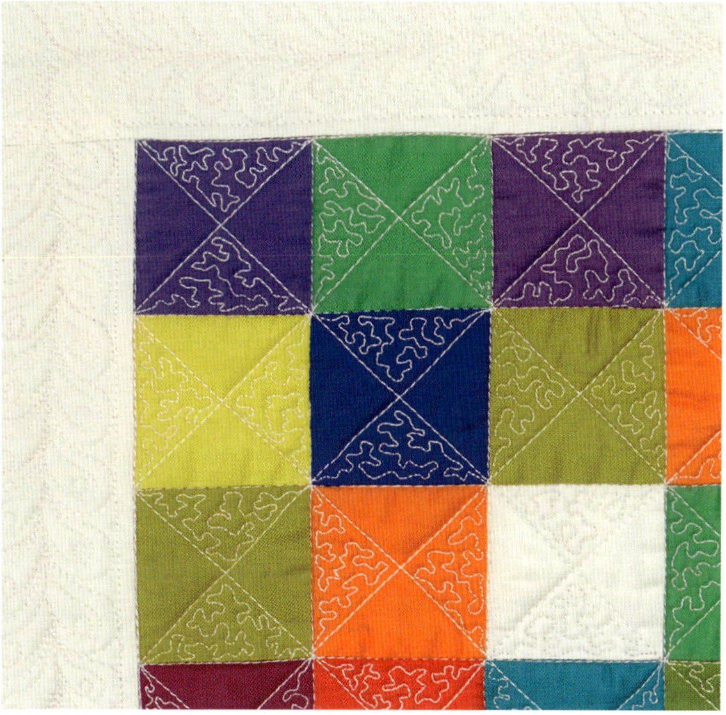

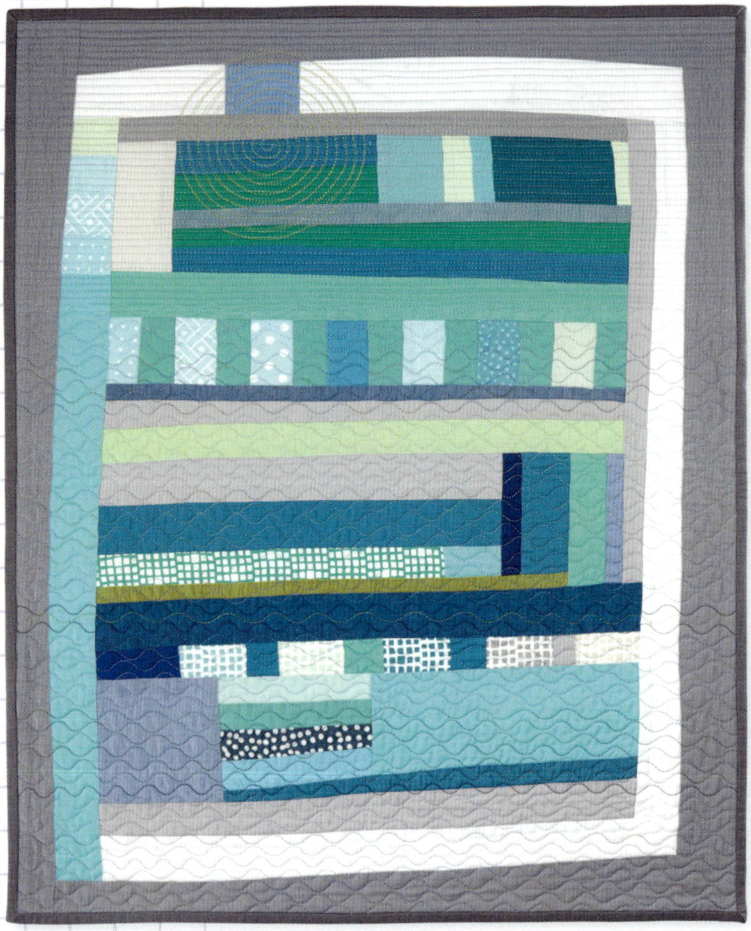

# Blick über die Wellen

**TECHNIKEN:** Obertransportquilten (gerade Linien, Serpentinenstich, Spiralen)

Um den Horizont zwischen Meer und Himmel zu verdeutlichen, habe ich mich auf wenige quer über den Quilt gearbeitete Muster beschränkt: den Serpentinenstich in den unteren beiden Dritteln und gerade Linien im oberen Drittel bis zum oberen Rand. Für das Meer habe ich Nähgarn in verschiedenen Farben und Stärken verwendet und absichtlich die Abstände zwischen den Wellenlinien variiert. Eine mit gelbem Nähgarn in Stärke 50 genähte Spirale sollte die Sonne darstellen – da sie noch zu blass war, habe ich zur Verstärkung knapp über der ersten eine zweite Linie gequiltet.

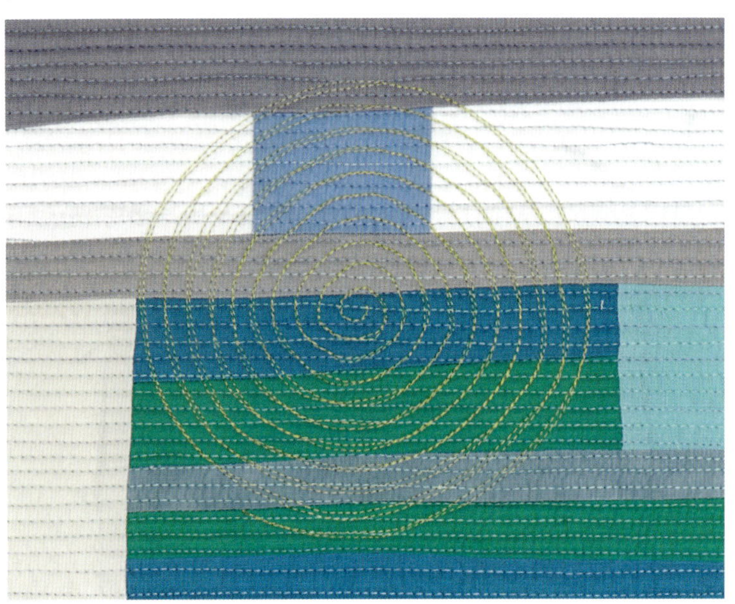

## Fröhlicher Reste-Impro-Quilt

**TECHNIKEN:** Obertransportquilten (Linien und Vielecke), Handquilten

Impro-Quilten ist immer ein Vergnügen. Für die Grundstruktur habe ich längs gerade Linien gequiltet, und zwar in zwei etwas schräg zueinander versetzten Partien, sodass sie sich hier und da überschneiden. Den Umriss des Vielecks habe ich mit Malerkrepp abgeklebt und die Figur dann von außen nach innen gequiltet. In der unteren rechten Ecke habe ich mit Nähgarn in Stärke 12 ein paar Motive von Hand gequiltet.

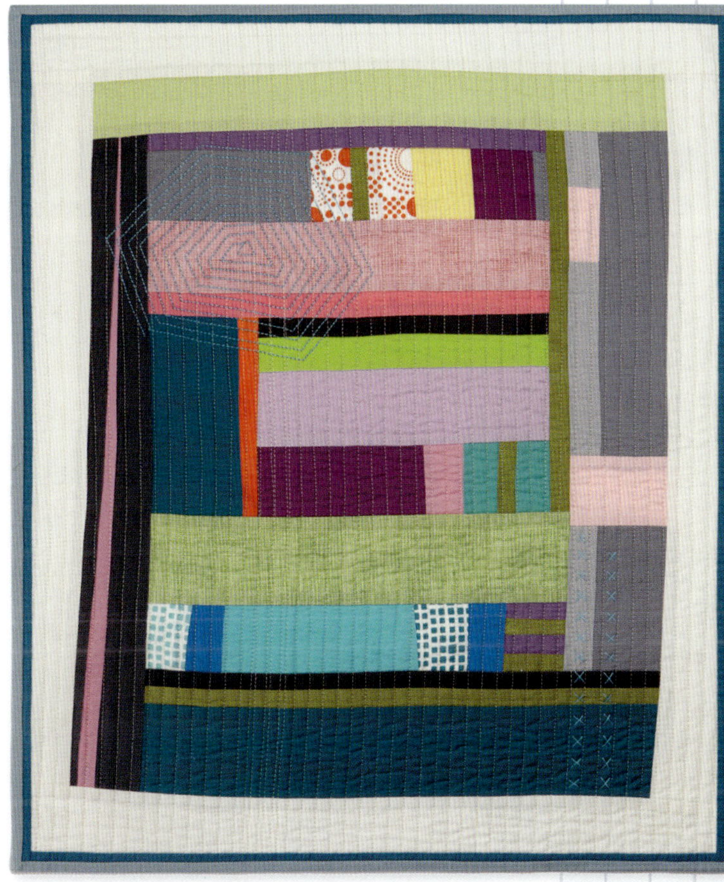

## Mehr als dreiundzwanzig Sechsecke

**TECHNIKEN:** Obertransportquilten (Matchstick-Quilting)

Um diesem kleinen „Hexie-Quilt" Struktur zu verleihen, war Matchstick-Quilting über die gesamte Fläche genau das Richtige. Mit Nähgarn in Stärke 50 ist der Handstichcharakter des Musters gut zu erkennen.

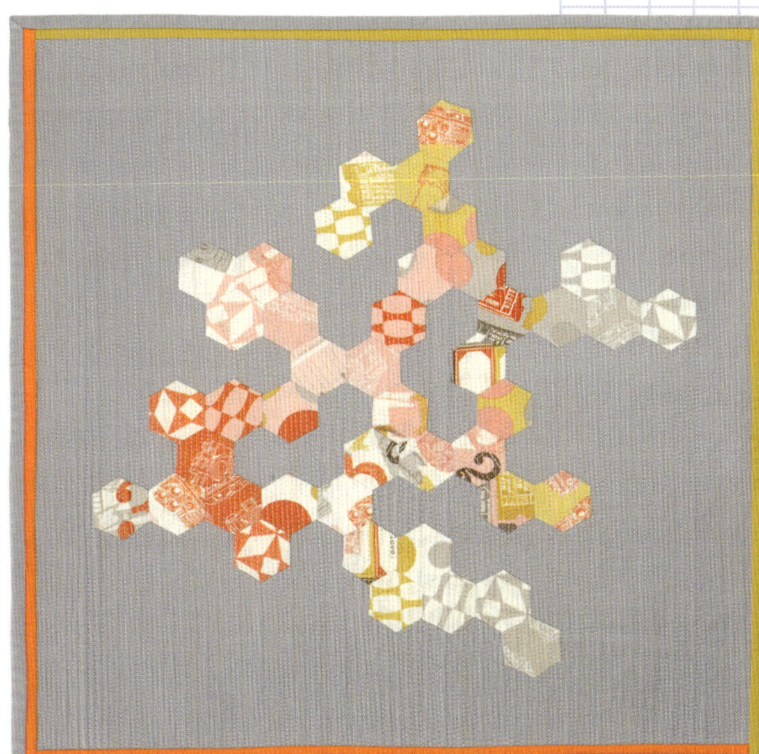

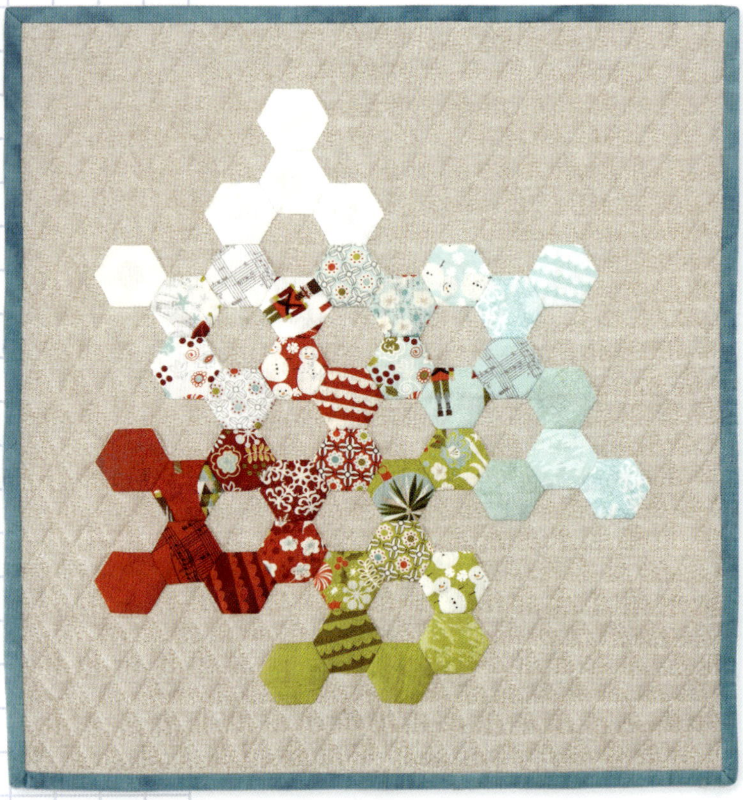

# Weihnachtliche Sechsecke

**TECHNIKEN:** Obertransportquilten (Gitter), Freihandquilten (Scribble-Technik)

Beim Quilten dieses Mini-Modells wollte ich etwas Neues ausprobieren. Unter dem handgenähten Quilt-Top befindet sich eine Lage Wollvlies, darunter eine Lage Baumwollvlies. Das geradlinige Gitter habe ich mit dem Obertransportfuß so gequiltet, dass zugleich die Außenkanten der Sechsecke fixiert wurden. Dabei habe ich es vermieden, an den Sechsecken anzuhalten und neu anzusetzen. Mit dem Stopffuß und versenktem Transporteur habe ich dann verschiedene Segmente in Scribble-Technik ausgefüllt. Durch das Wollvlies erhält der fertige Quilt eine wunderschöne Fülle.

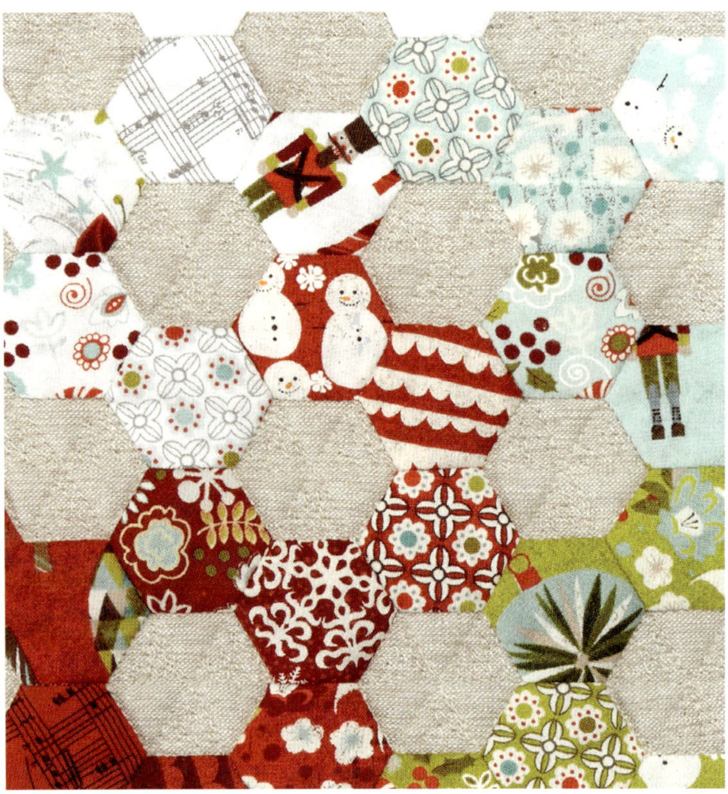

# Querfeldein

**TECHNIKEN:** Obertransportquilten (geschwungene Linien), Freihandquilten (Blumenmuster)

Mit Longarm-Maschinen ist es schwierig, diagonal über ein Quilt-Top zu quilten, doch an einer normalen Nähmaschine ist das kein Problem. Ich habe diagonal über meinen Log-Cabin-Quilt willkürlich Gruppen paralleler geschwungener Linien gequiltet und die Lücken dazwischen mit einem Blumenmotiv ausgefüllt. Bei diesem Muster muss man aufpassen, dass keine Falten entstehen, denn in den Lücken liegt der Stoff im schrägen Fadenlauf und dehnt sich daher. Legen Sie vorsichtshalber die Hände ringförmig auf den Stoff, damit das Quilt-Top glatt bleibt. *(Anleitung Seite 117)*

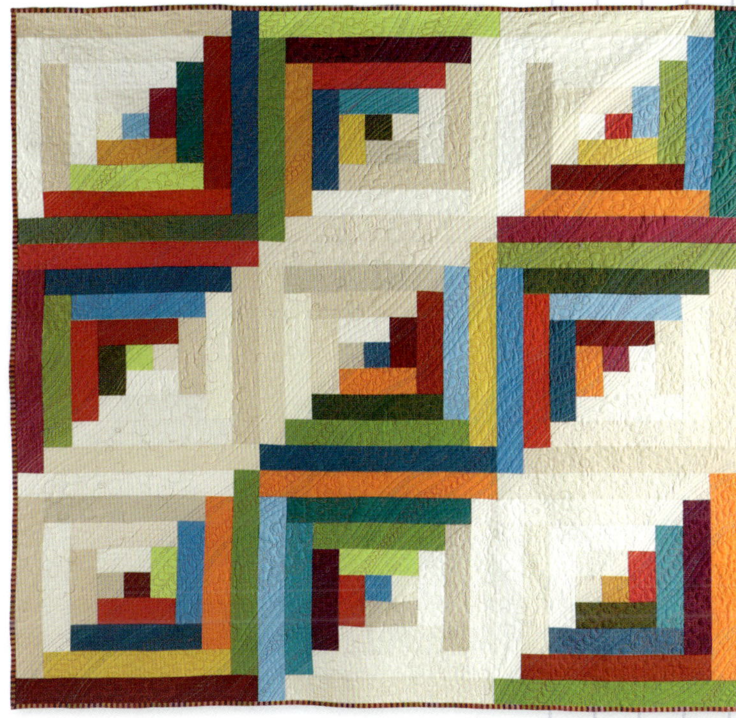

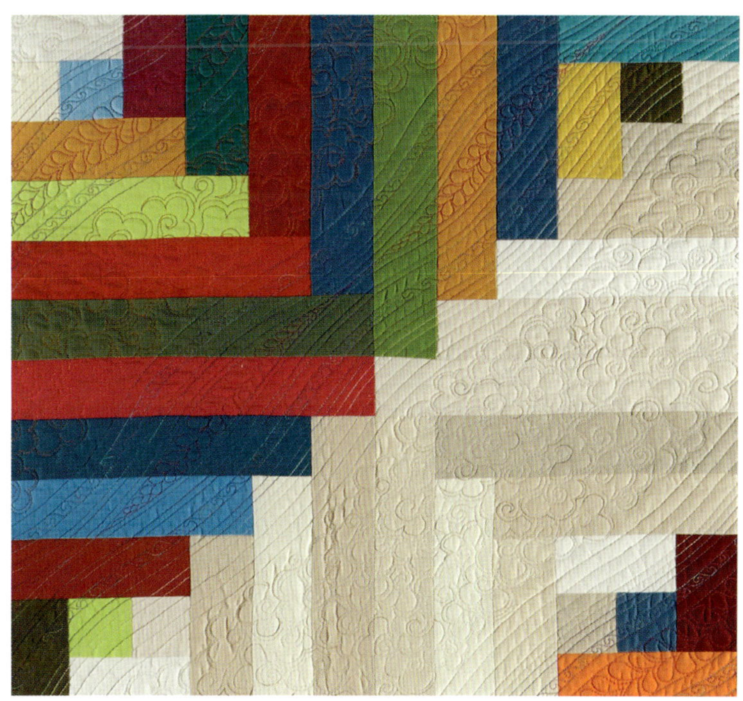

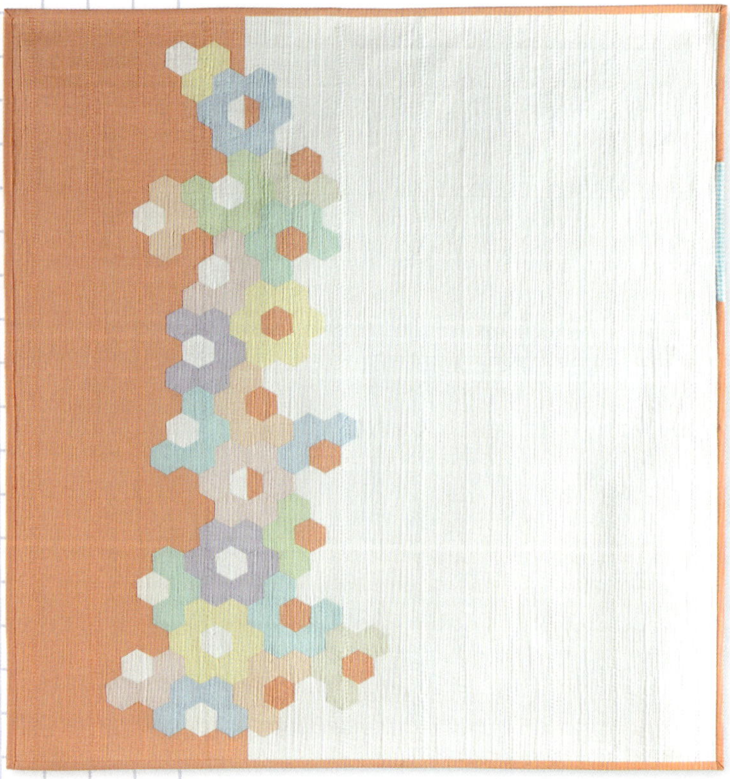

# Nach dem Aprilregen

**TECHNIKEN:** Obertransportquilten (unregelmäßiges Matchstick-Quilting), Handquilting

Die Sechsecke wurden von Hand zusammengenäht und auf das zweifarbige Quilt-Top appliziert. Für das unregelmäßige Matchstick-Quilting, das die gesamte Fläche bedeckt, wurde pastellfarbenes Nähgarn der Stärke 50 verwendet. Die Lücken habe ich mit breiten Handstichen in gleichfarbigem Nähgarn der Stärke 12 gefüllt.

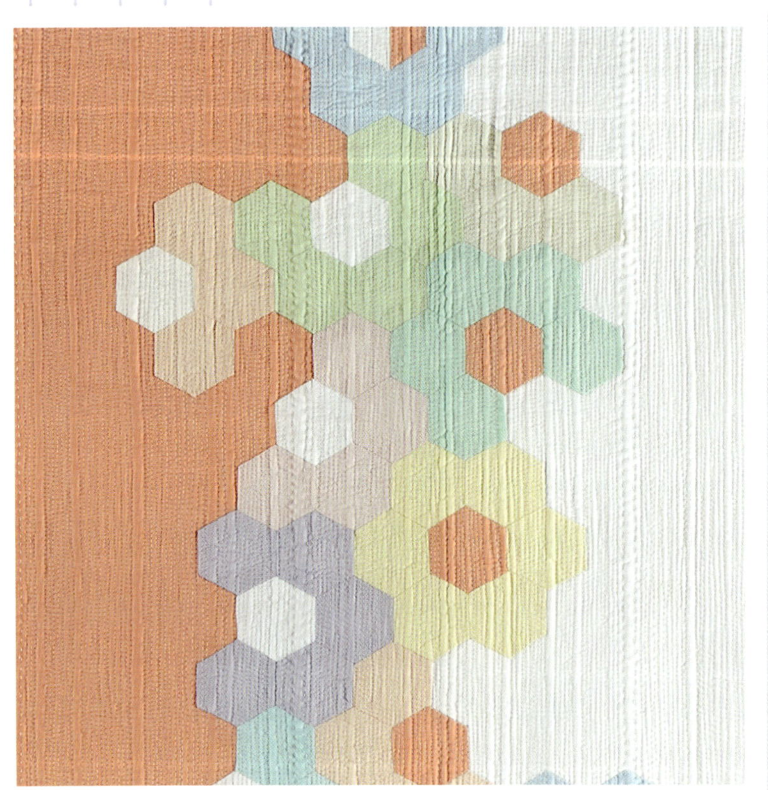

# Die Auserwählten

**TECHNIKEN:** Obertransportquilten (gerade Linien und Serpentinenstich), Freihandquilten (Schreibschrift)

Die Crazy-Quilt-Kreise mit den unregelmäßigen Rändern wurden auf das Quilt-Top appliziert. Die türkisblauen Partien mit den Kreisen habe ich einfach im Serpentinenstich gequiltet, die senfgelbe Partie in geraden Linien, dazwischen in Freihand-Schreibschrift mehrmals das Wort „chosen“ („auserwählt“).

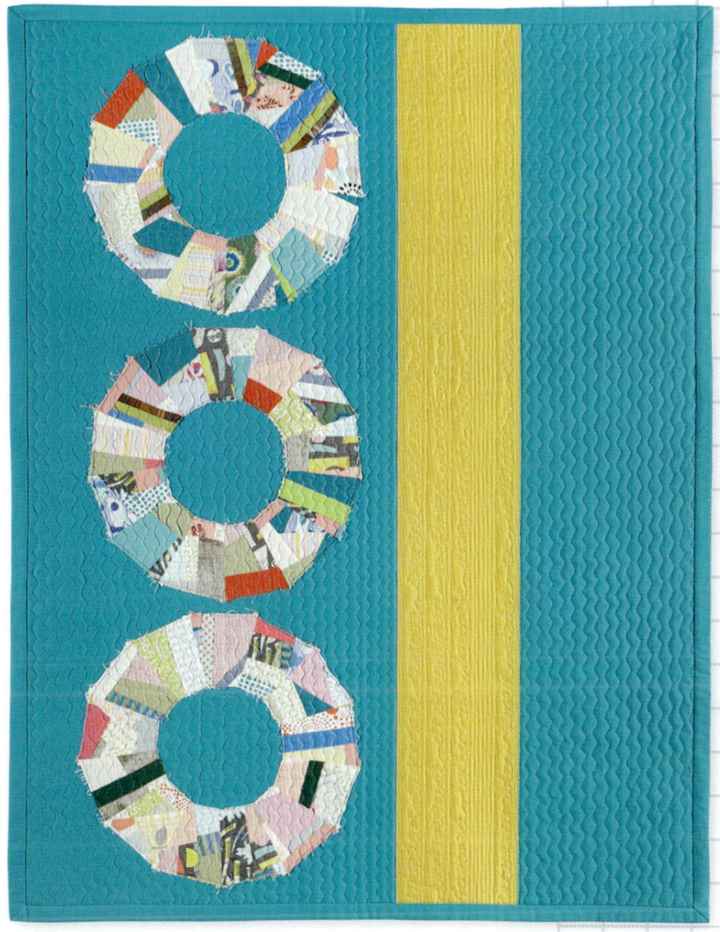

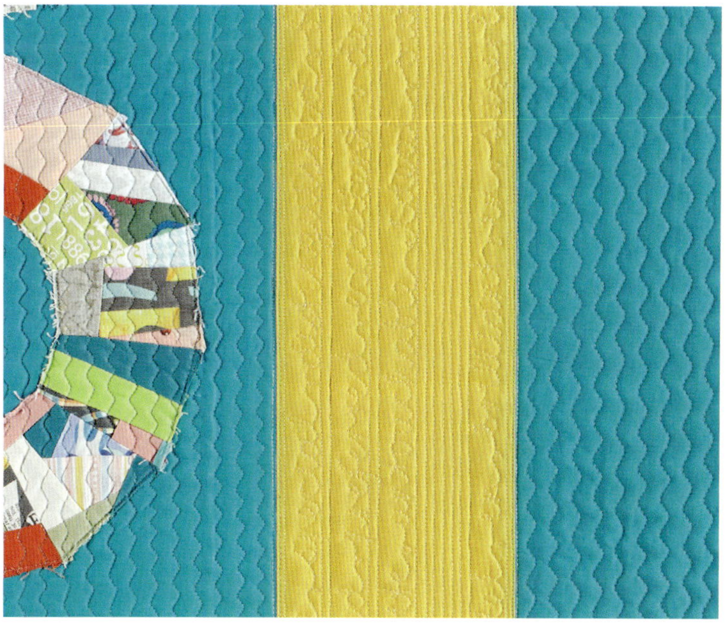

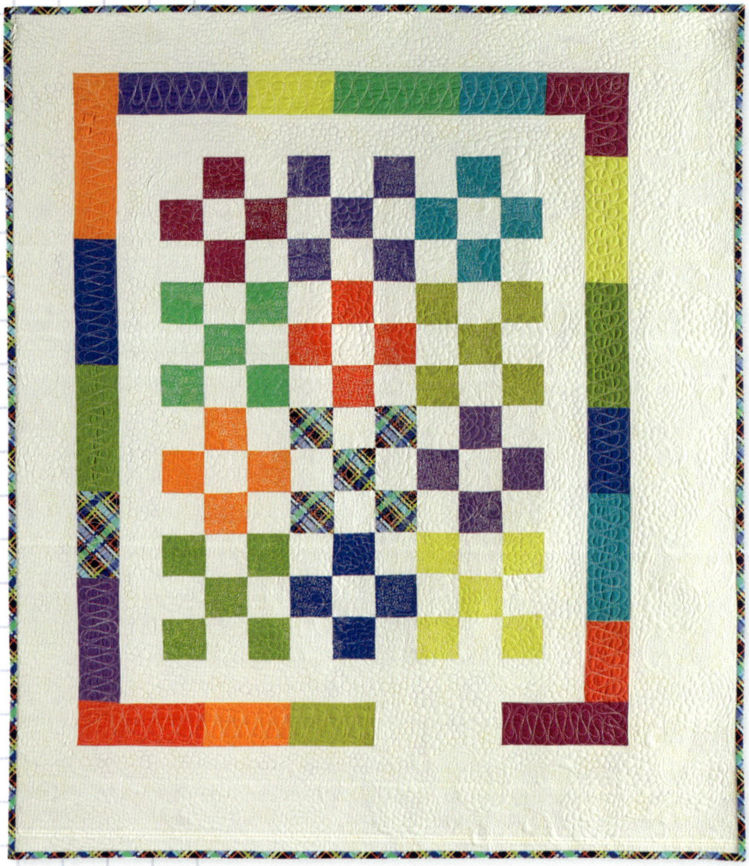

# Bunte 9-Patches

**TECHNIKEN:** Obertransportquilten (geschwungene Linien), Freihandquilten (Ribbon-Candy-Muster, Chrysanthemen, Band mit Schlaufen, Kieselsteine)

Mit dem Obertransportfuß habe ich Wellenlinien zur Abgrenzung des Randes gequiltet, orientiert an dem gestückelten, an einer Stelle offenen bunten Rand im Quilt-Top. Mit dem Freihandfuß habe ich diese Partie im Ribbon-Candy-Muster gequiltet. Für den übrigen Quilt habe ich einen Mix aus Quiltmustern verwendet: Chrysanthemen, ein Band mit Schlaufen und Kieselsteine. Ein Multicolor-Nähgarn in Pastellfarben verleiht dem fertigen Quilt dabei zusätzliche Tiefe.

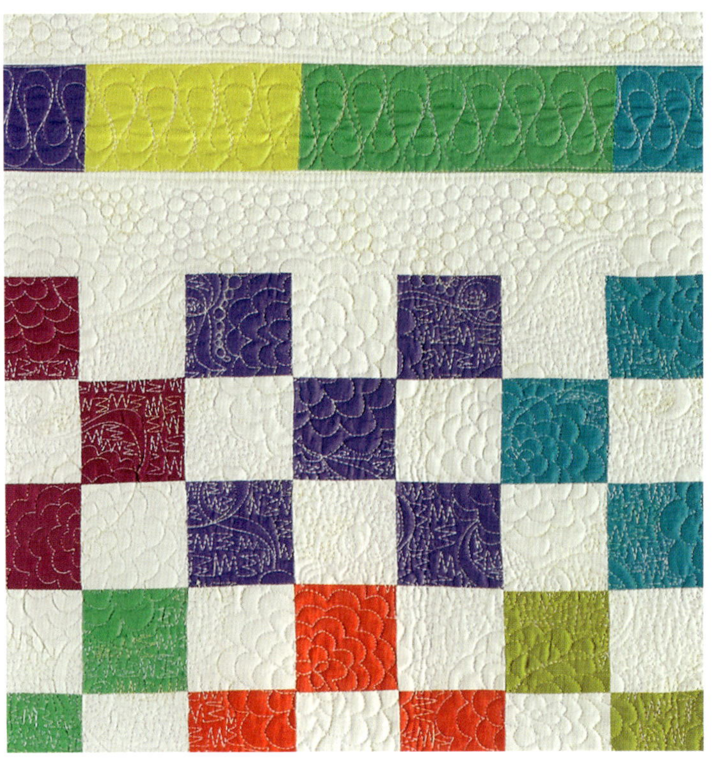

# Ich fliege davon

**TECHNIKEN:** Obertransportquilten (geschwungene Linien), Freihandquilten (Federn und Wellen-/Flammenvariation)

Zu diesem Quilt wurde ich durch über mir ziehende Schwärme von Gänsen inspiriert – daher schienen mir Federn das passende Quiltmuster zu sein. Zuerst quiltete ich mit dem Obertransport Wellenlinien, um den Quilt zu stabilisieren und verschiedene Bereiche abzugrenzen. Dann fügte ich auf den Flying-Geese-Blöcken („fliegende Gänse") asymmetrische Federn hinzu und füllte die übrigen Partien mit einer Wellen-/Flammenvariante aus, hier und da versehen mit einem zusätzlichen kleinen Schnörkel.

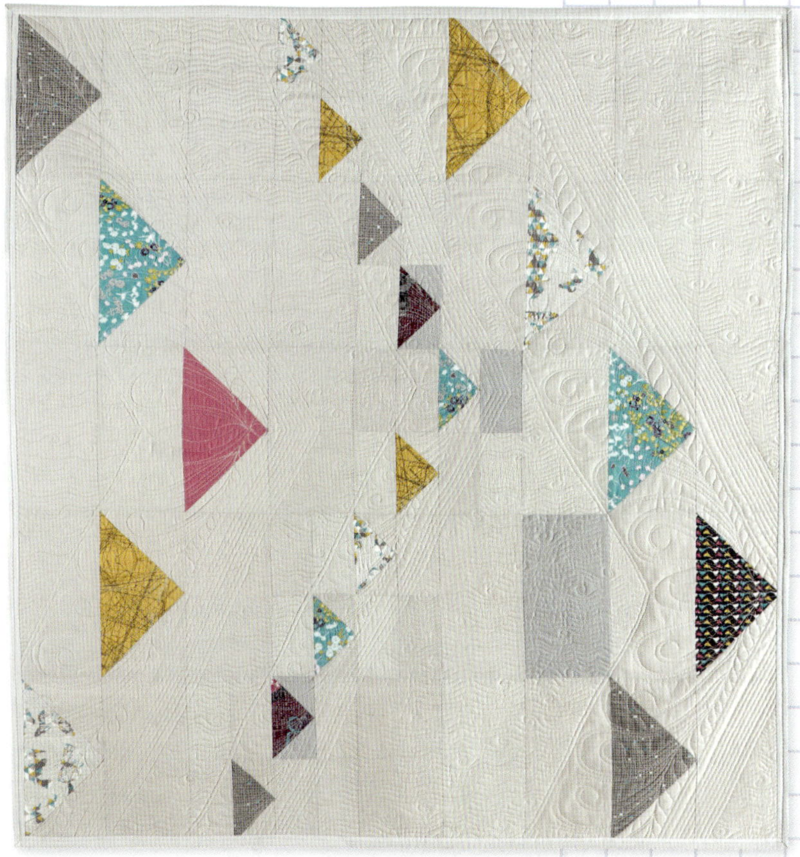

# Moderne Freundschaft

**TECHNIKEN:** Freihandquilten (Schreibschrift)

Dieser Quilt ist eine moderne Version des Freundschaftsthemas. In Freihandschreibschrift habe ich dazu die Namen all meiner Facebook-Freunde gequiltet, und zwar in konzentrischen Quadraten von außen bis zum Mittelpunkt. Es hat riesig Spaß gemacht, einen Namen nach dem anderen hinzuzufügen und dabei an all die Menschen zu denken.

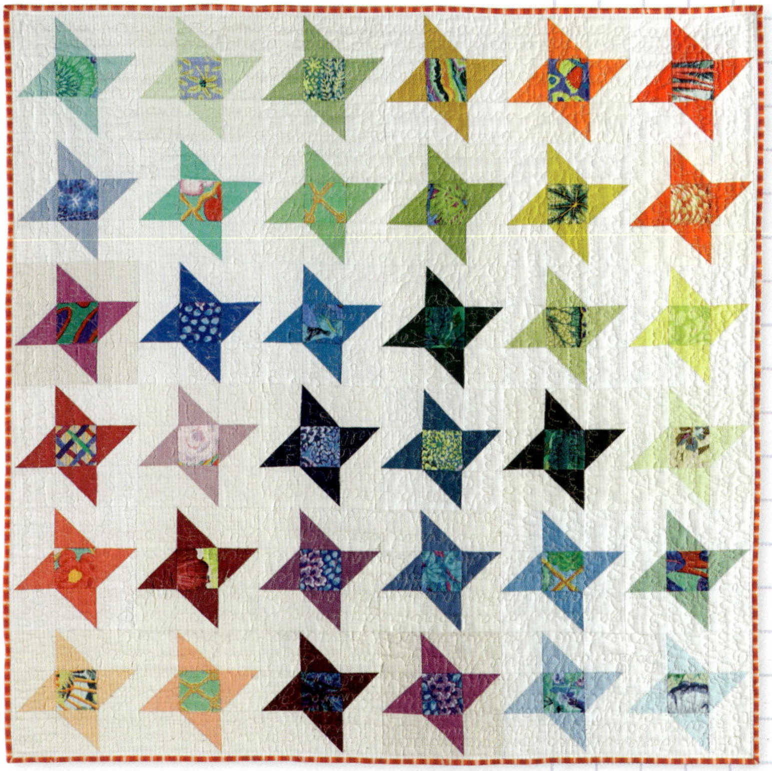

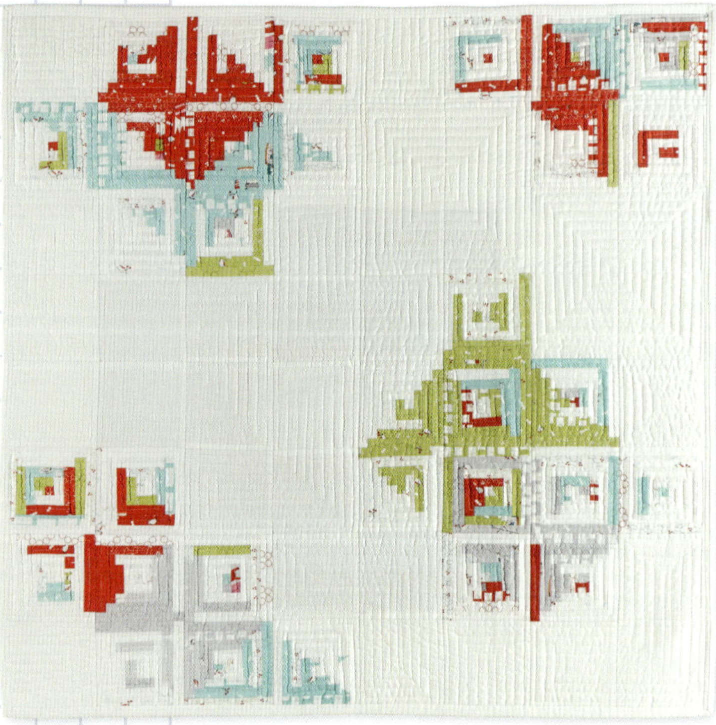

# Der lange Winter

**TECHNIKEN:** Obertransportquilten (eckige Spiralen)

Erkunden und entdecken, so könnte man meine Erfahrungen bei diesem Log-Cabin-Quilt umschreiben. Während der Arbeit an den vielen eckigen Spiralen entdeckte ich, dass ein Extrastich am Drehpunkt Wunder wirkt, um schöne, präzise Ecken zu quilten. Durch die verschiedenen Größen der Spiralen wirkt die große helle Fläche viel interessanter.

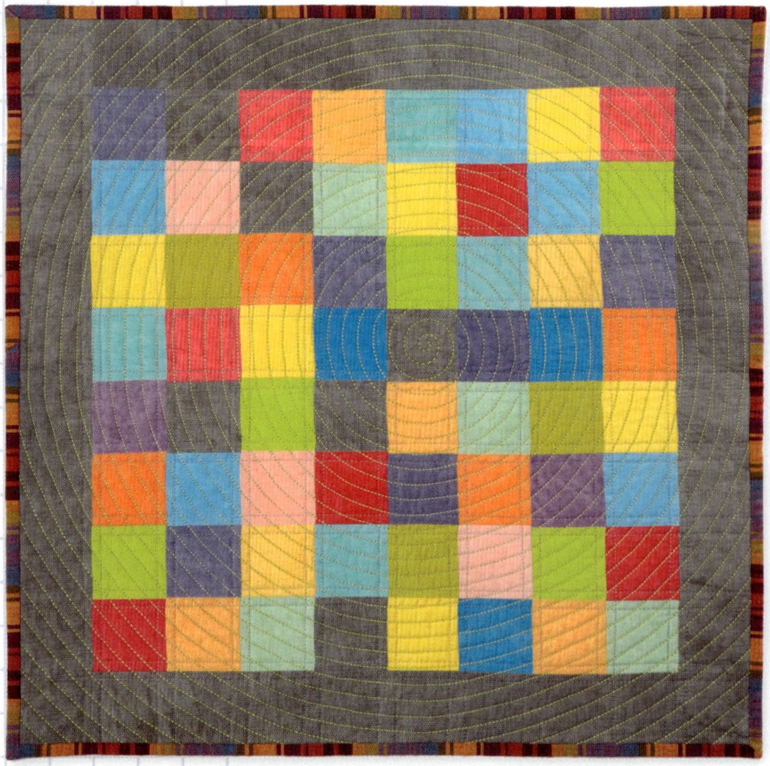

# Mitteldecke „Cherrywood Squares“

**TECHNIKEN:** Obertransportquilten (Gitter und Spirale)

Beidseits der Nahtlinien habe ich in unauffälligem grauem Nähgarn ein Gitter gequiltet, das in den Hintergrund rückt. Mit einem offenen Applikationsfuß und Nähgarn der Stärke 12 habe ich dann die dominierende Spirale gearbeitet, und zwar absichtlich etwas versetzt zur Mitte, damit sie noch besser zur Geltung kommt. Das Modell wurde aus Stoffen von Cherrywood Hand Dyed Fabrics angefertigt.

# Cherrywood-Tischläufer

**TECHNIKEN:** Obertransportquilten (geschwungene Linien, Serpentinenstich und Gitter)

In Echoquilttechnik gearbeitete geschwungene Linien auf der einen Seite des Tischläufers kontrastieren mit einem einfachen Gitter in der anderen Hälfte. Über die geschwungenen Linien habe ich nochmals im Serpentinenstich gequiltet, damit dieses ausschließlich mit dem Obertransport gearbeitete Modell noch interessanter wirkt. Das Modell wurde aus Stoffen von Cherrywood Hand Dyed Fabrics angefertigt.

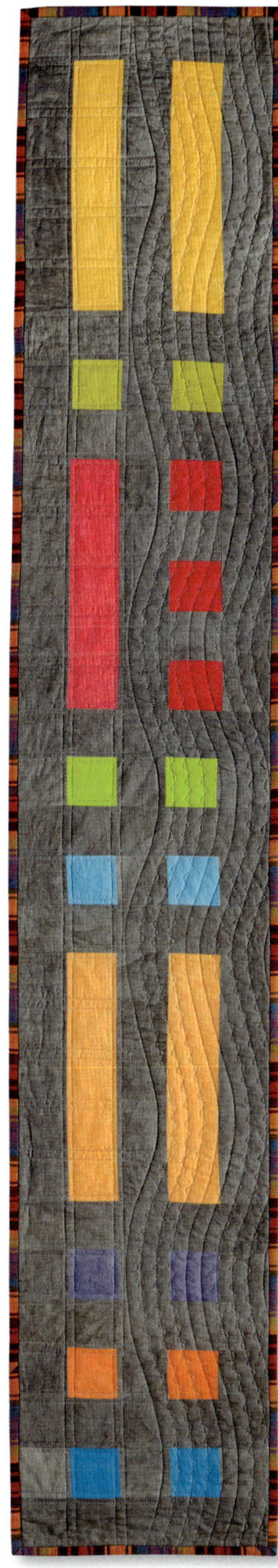

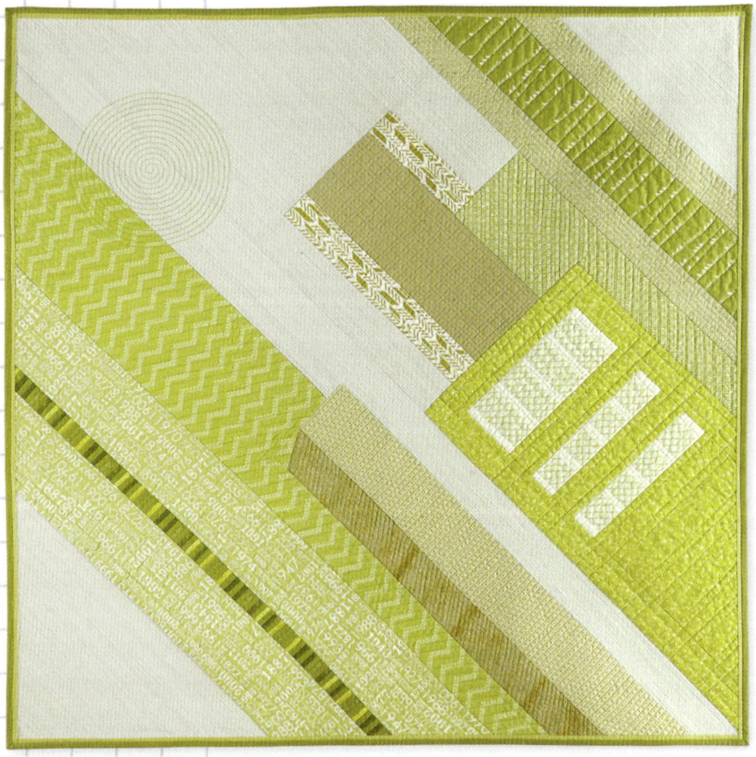

# Frühling in Chicago

**TECHNIKEN:** Obertransportquilten (Quilten im Nahtschatten, verschiedene Gitter, Matchstick-Quilting, Spirale, Handquilten)

Zu diesem originellen Design wurde ich durch eine Fotografie aus Downtown Chicago inspiriert. Zunächst habe ich alle Partien durch Quilten im Nahtschatten stabilisiert, anschließend die verschiedenen Gitter auf den „Gebäuden" gequiltet. Durch dichtes Matchstick-Quilting im Hintergrund rücken die Gebäude in den Vordergrund. Eine Spirale aus dickem Quiltgarn (Stärke 12) stellt, passend zum Frühlingsthema, die Sonne dar. Handstickerei aus demselben Garn deutet die Menschen hinter den Fenstern an.

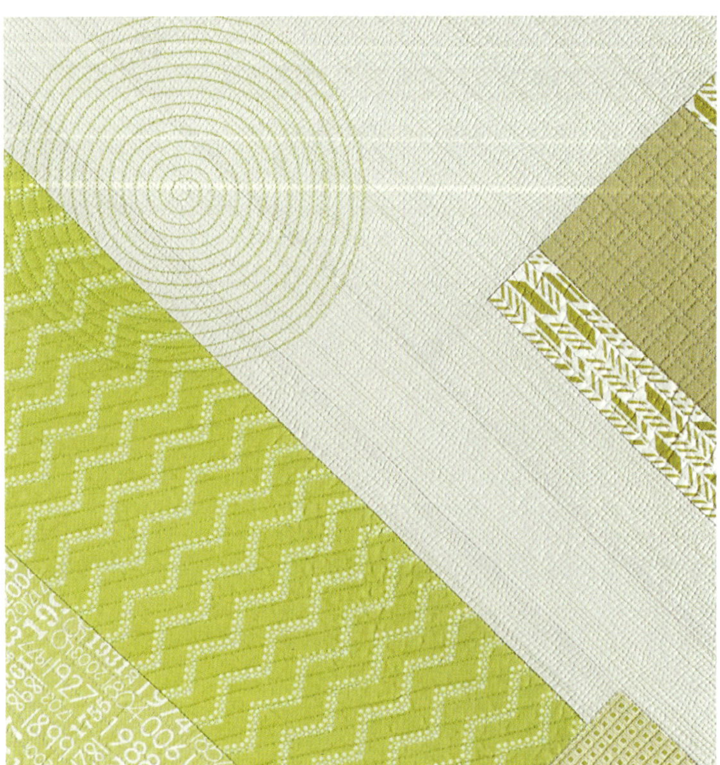

# Obertransport-Musterquilt als Tischläufer

**TECHNIKEN:** Obertransportquilten (gerade Linien, Serpentinenstich, Gitter und Spirale)

Bei diesem Sampler werden einfache gerade Linien und Partien im Serpentinenstich an einem Ende durch ein Gitter, am anderen durch eine Spirale ergänzt.

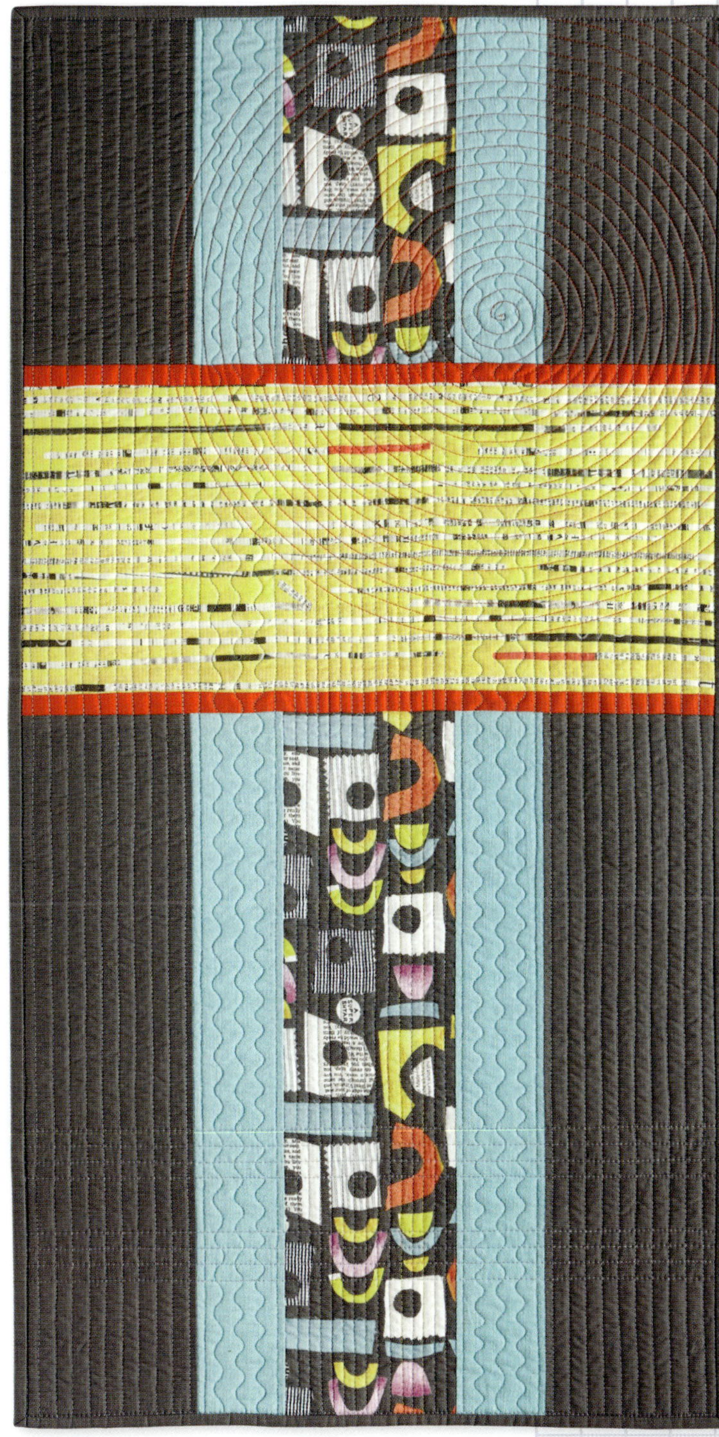

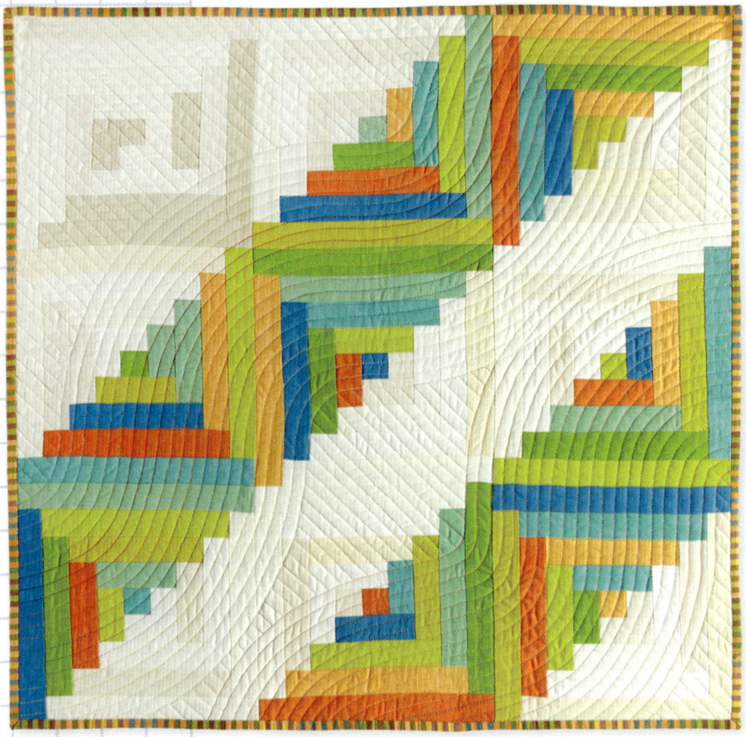

## Kleiner Log-Cabin-Quilt

**TECHNIKEN:** Obertransportquilten (geschwungene und gerade Linien)

Frische Farben und verschiedene neutrale Farbtöne wurden in diesem Quilt-Top konbiniert. Gequiltet habe ich in zwei breiten, diagonal verlaufenden Abschnitten aus parallel geschwungenen Linien, die sich teilweise überlappen und an anderen Stellen Lücken lassen. Diese Lücken habe ich mit parallelen Linien senkrecht zu den diagonalen Linien ausgefüllt.

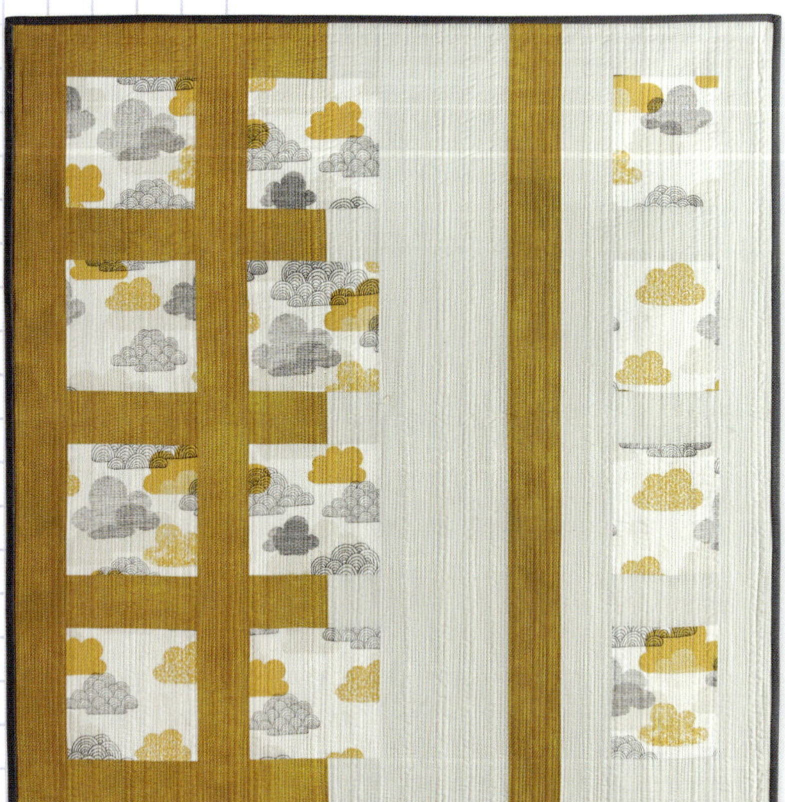

## Wolken in den Fenstern

**TECHNIKEN:** Obertransportquilten (Matchstick-Quilting)

Der Wolkenstoff hat mich zu diesem einfachen Quilt inspiriert. Matchstick-Quilting in grauem Nähgarn, Ton in Ton zum Stoff, verleiht dem Quilt Struktur und sieht interessant aus.

# Winterhimmel

**TECHNIKEN:** Obertransportquilten (Quilten im Nahtschatten, eckige Spiralen)

Zuerst habe ich alle „Zweige“ durch Quilten im Nahtschatten stabilisiert, dann die Partien des Himmels mit eckigen Spiralen ausgefüllt.

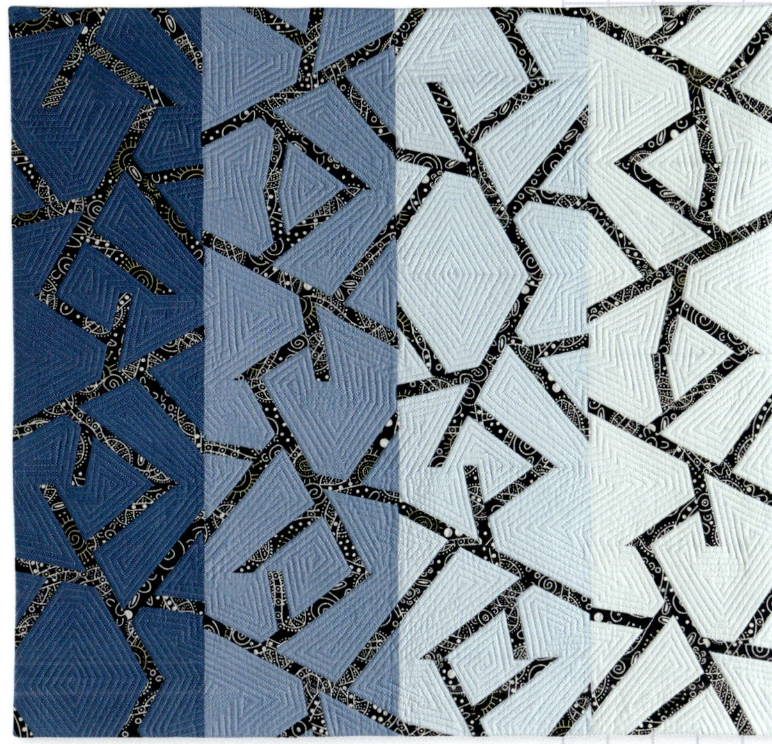

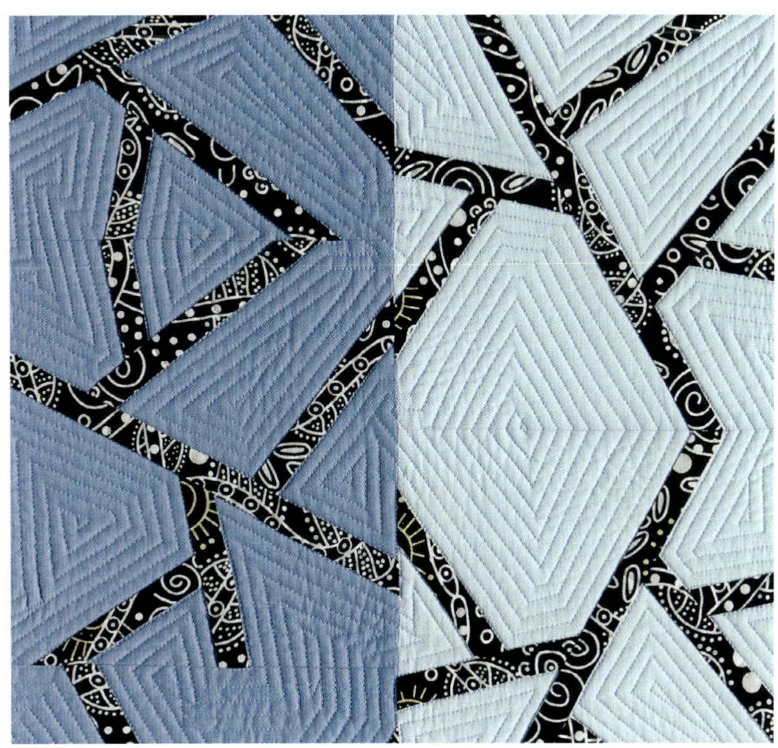

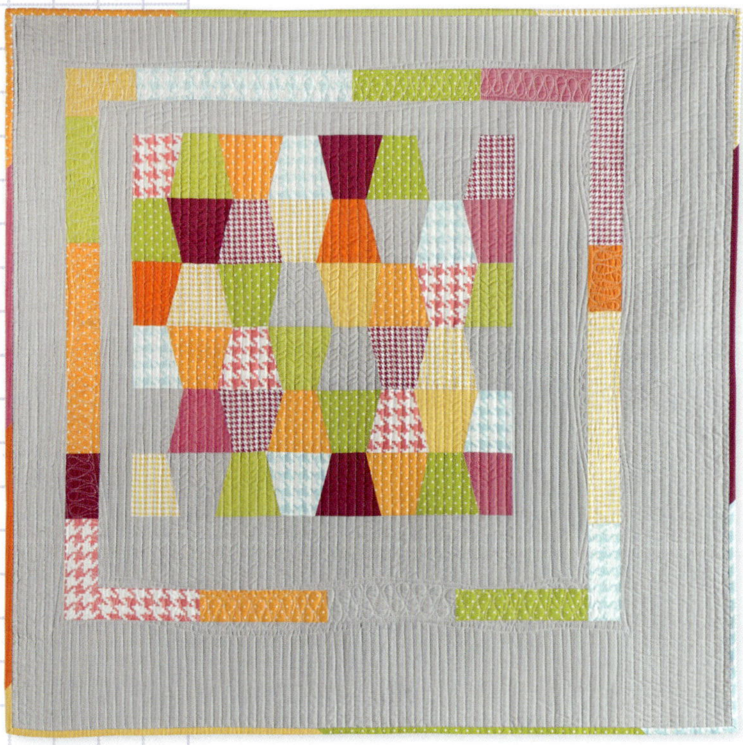

# Tumbler-Quilt

**TECHNIKEN:** Obertransportquilten (geschwungene und gerade Linien), Freihandquilten (Ribbon-Candy-Muster)

Zuerst habe ich den an einer Stelle offenen, asymmetrisch platzierten Rand beidseits mit einer doppelten geschwungenen Linie begrenzt (Echoquilting), anschließend die geraden Linien gequiltet. Wo die geraden Linien auf den Rand treffen, muss jedes Mal angehalten und neu angesetzt werden – hier ist besondere Sorgfalt erforderlich. Zum Schluss wurde die Randpartie im Ribbon-Candy-Muster freihandgequiltet.

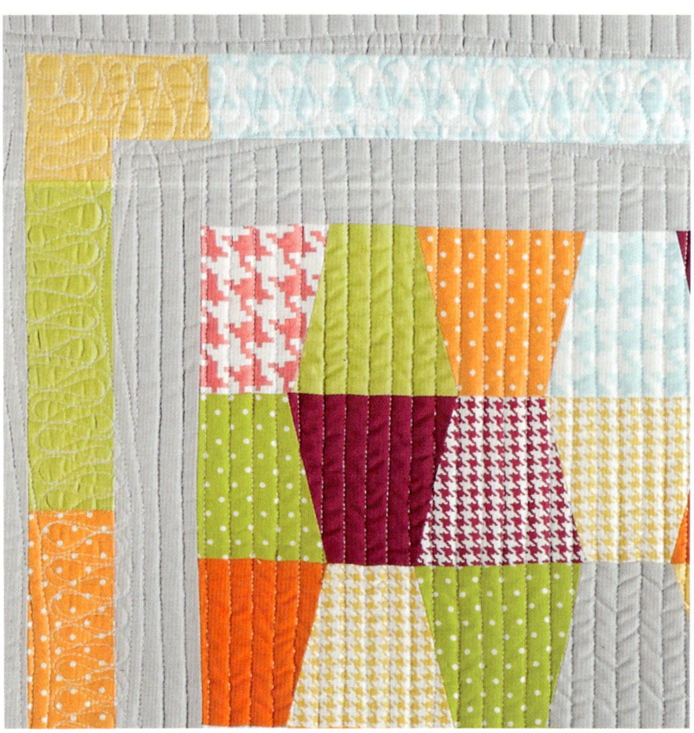

# Wo ist hier oben?

**TECHNIKEN:** Obertransportquilten (gerade Linien), Freihandquilten (Füllmotive)

Das ist ein größerer Quilt, der für gutes Gelingen einige Planung erforderte. Als Erstes war das Obertransportquilten an der Reihe: Zunächst habe ich alle Chevrons quer über den Quilt im Nahtschatten gequiltet, damit sie beim anschließenden Quilten der parallelen Längslinien nicht verrutschten. Die Nahtzugaben der vertikalen Nähte des Quilt-Tops waren auseinandergebügelt, daher habe ich diese Nähte beidseits echogequiltet. An den Chevrons musste jede dieser Quiltnähte sauber beendet und neu angesetzt werden. Anschließend füllte ich die Partien zwischen diesen Echoquiltnähten mit weiteren parallelen Linien; zur Orientierung diente mir dabei die Kante meines Obertransportfußes. Zum Schluss folgte das Muschelmuster in den cremefarbenen Chevrons (Freihandtechnik). Die farbigen Chevrons wurden nicht gequiltet und bilden so einen Kontrast. *Anleitung Seite 123*

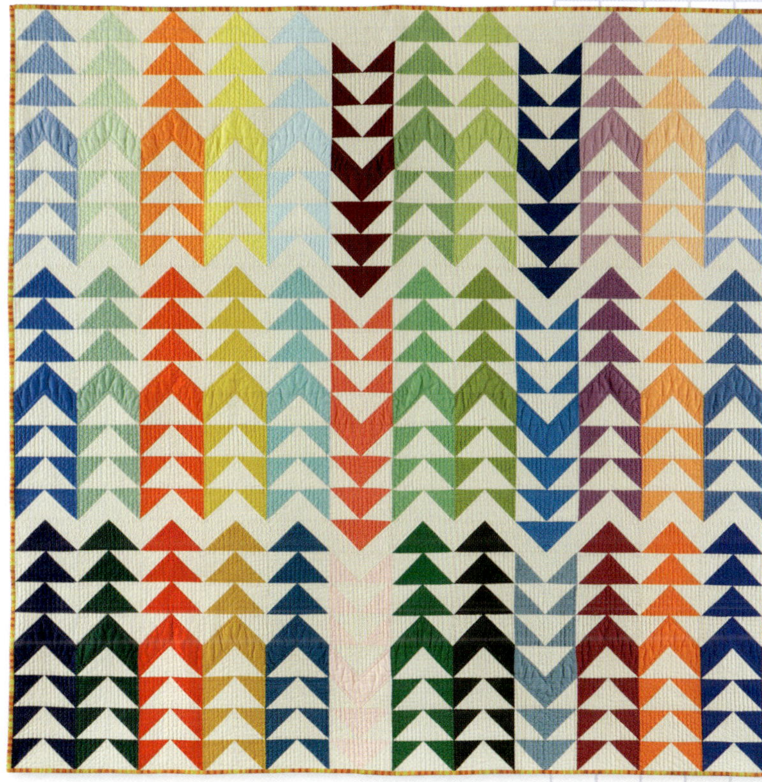

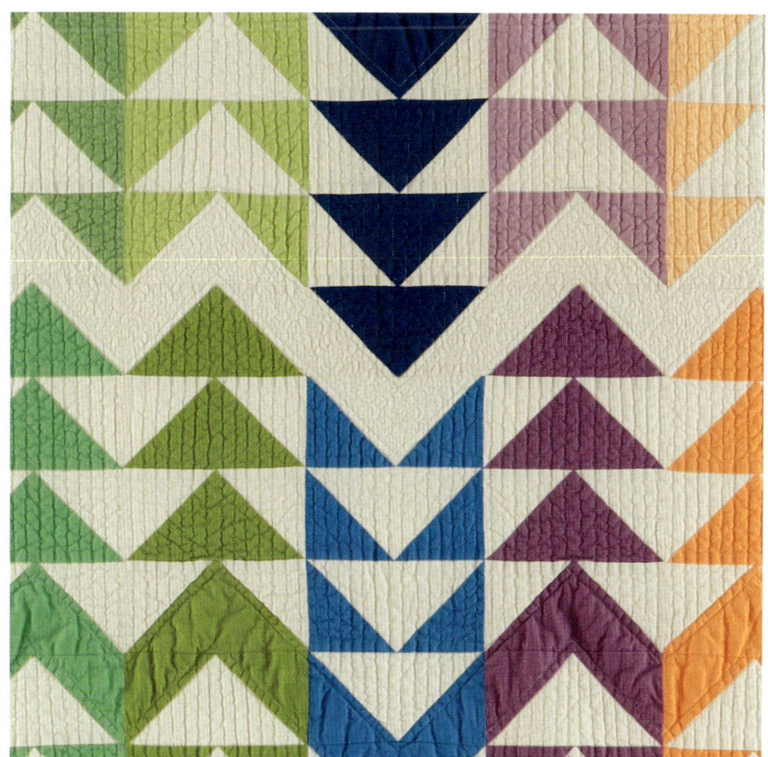

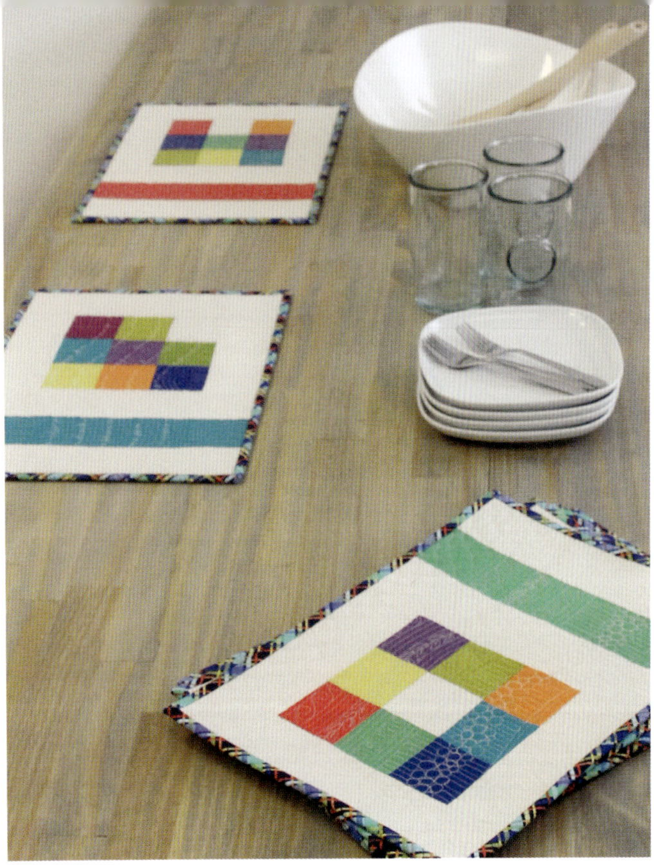

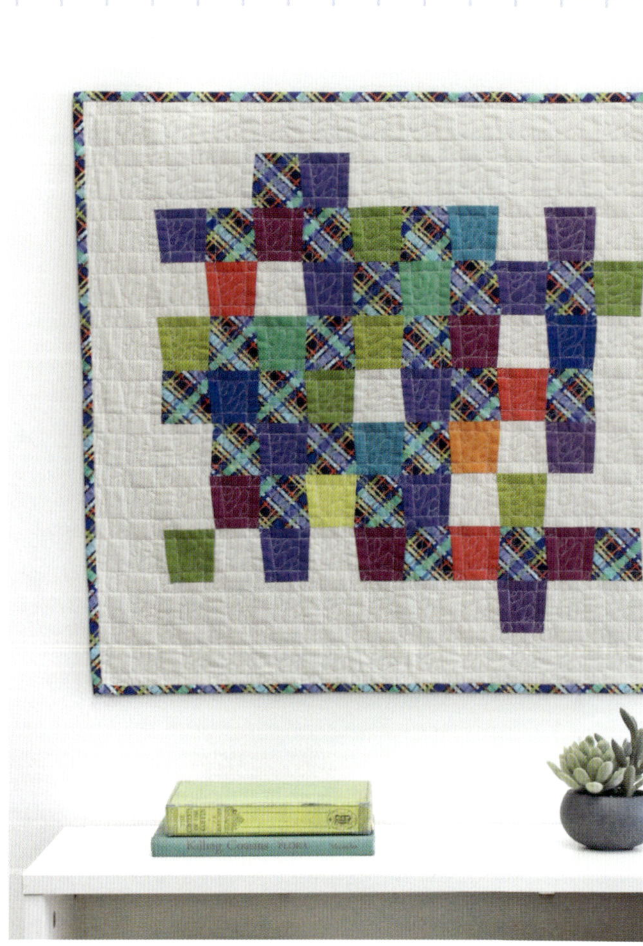

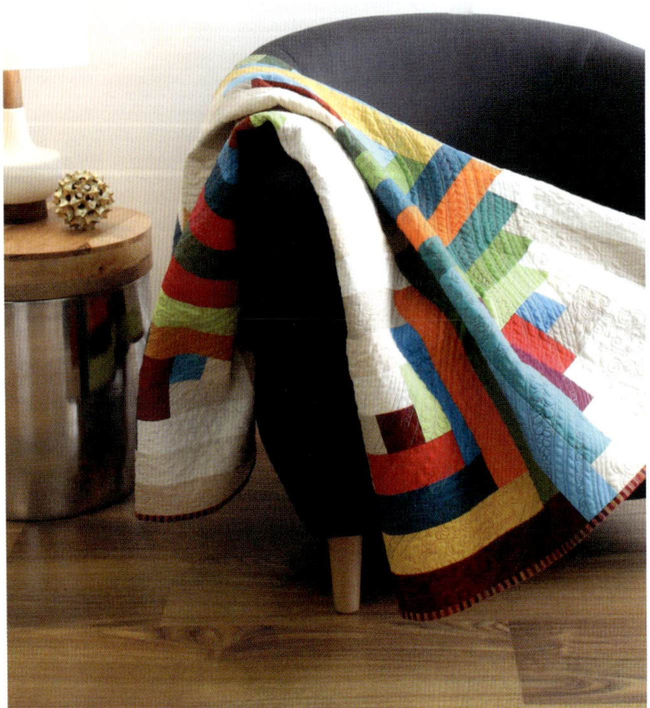

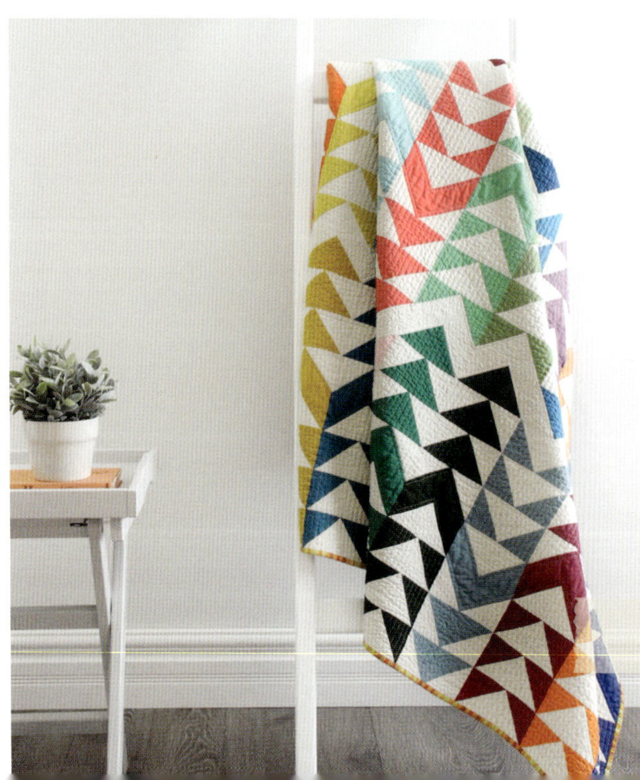

KAPITEL 5

# Anleitungen

An diesen einfachen und doch eleganten Modellen können Sie Ihre Fähigkeiten im modernen Maschinenquilten testen.

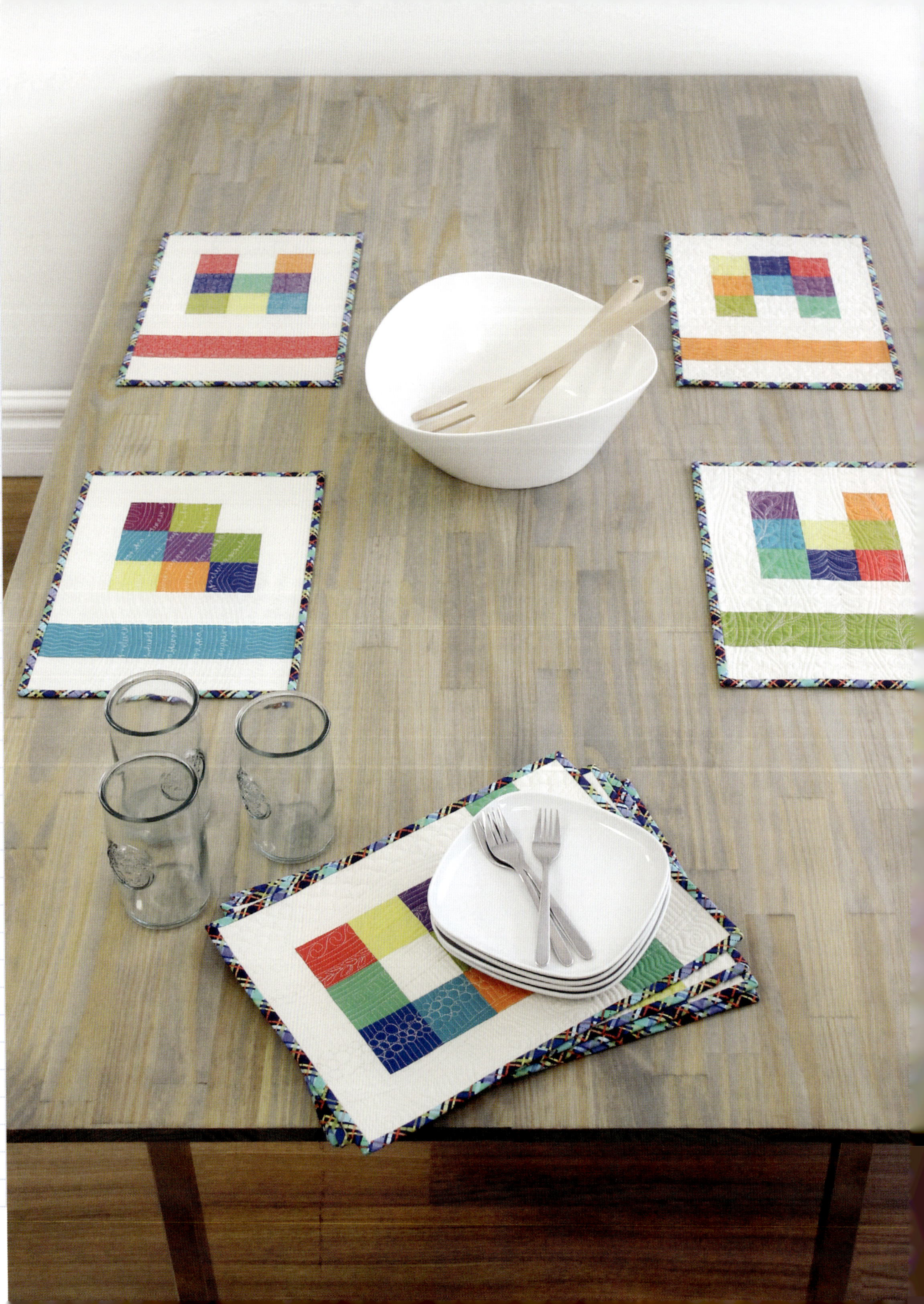

# Tischsets

Eine Garnitur Tischsets ist ideal, um das Quilten zu üben. Wenn Sie noch eine zweite Garnitur anfertigen, haben Sie ein tolles Geschenk für eine gute Freundin!

## MATERIAL

*Stoff für Quadrate und Streifen:* 8 fat eighths (11 × 18 Inch/28 × 45 cm)

*Hintergrundstoff:* ¾ Yard (0,7 m)

*Rückseitenstoff:* 1 Yard (0,9 m)

*Bindingstoff:* ½ Yard (0,5 m)

*Füllung:* dünnes Baumwollvlies („Low-Loft"-Stärke)

Fertige Größe: 10½ × 14½ Inch (26,5 × 37 cm)

## ZUSCHNEIDEN

### Je Tischset:

**Hintergrundstoff:**

→ 3 Rechtecke à 10½ × 2½ Inch (26,5 × 6,5 cm)
→ 2 Rechtecke à 2½ × 6½ Inch (6,5 × 16,5 cm)

**Bunte Stoffe (Streifen und Quadrate)**

→ 1 Rechteck à 2½ × 10½ Inch (6,5 × 26,5 cm) für den bunten Streifen
→ 9 verschiedenfarbige Quadrate à 2½ Inch (6,5 cm) Seitenlänge für die bunten Quadrate

**Rückseitenstoff:**

→ 6 Rechtecke à 13 × 17 Inch (33 × 43 cm)

### TIPP

Den Hintergrundstoff über die gesamte Breite in Streifen à 2½ Inch (6,5 cm) schneiden; daraus die benötigten Streifen zuschneiden. Für möglichst wenig Verschnitt die größten Teile zuerst zuschneiden.

## NÄHANLEITUNG

*Alle Nahtzugaben sind ¼ Inch (6 mm) breit.*

1. **Vorderseiten:** Die 9 bunten Quadrate (2½ Inch/6,5 cm) zu einem Patchworkquadrat zusammennähen. Dabei die Anordnung der Farben variieren; hier und da ein Quadrat aus dem Hintergrundstoff setzt einen interessanten Akzent. Oben und unten an das Quadrat Streifen aus dem Hintergrundstoff ansetzen, dann die senkrechten Streifen wie abgebildet anordnen und alles zusammennähen.

2. Nahtzugaben auseinanderbügeln, damit der Stoff schön flach liegt. Saubere Nahtkreuzungen arbeiten; dazu nach Bedarf feststecken.

3. Quilt-Sandwich aus Top, Füllung und Rückseite zusammenheften. Quilten und mit Binding einfassen: 2¼ Inch (5,5 cm) breit zuschneiden, längs falzen, ¼ Inch (6 mm) vom Rand an die Vorderseite nähen, umschlagen, auf der Rückseite festnähen.

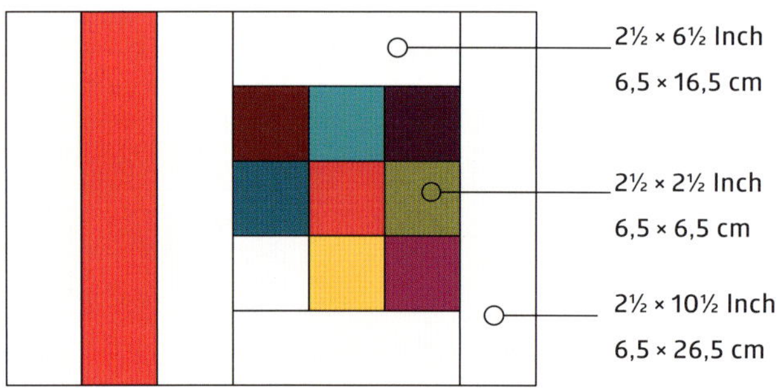


TISCHSET

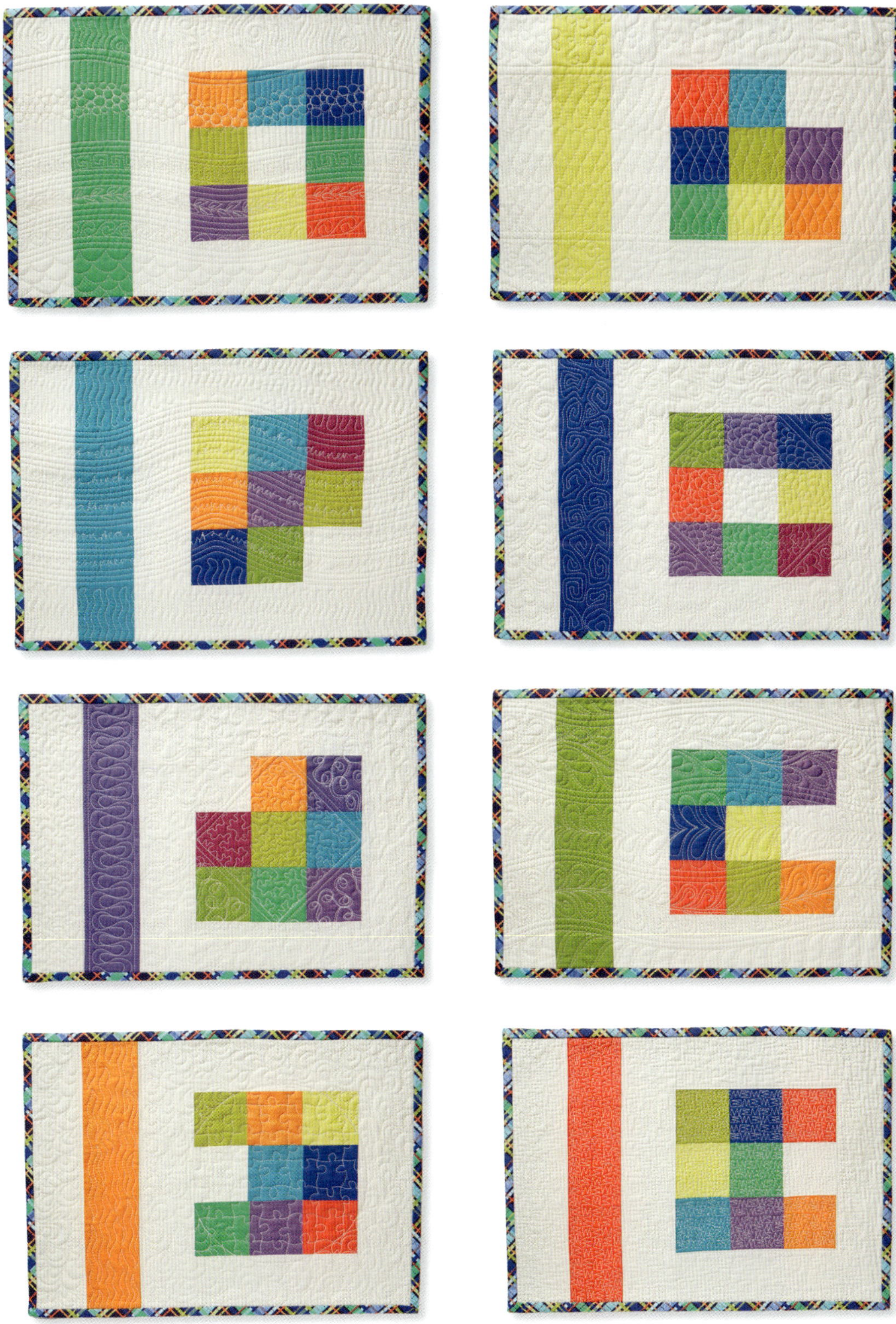

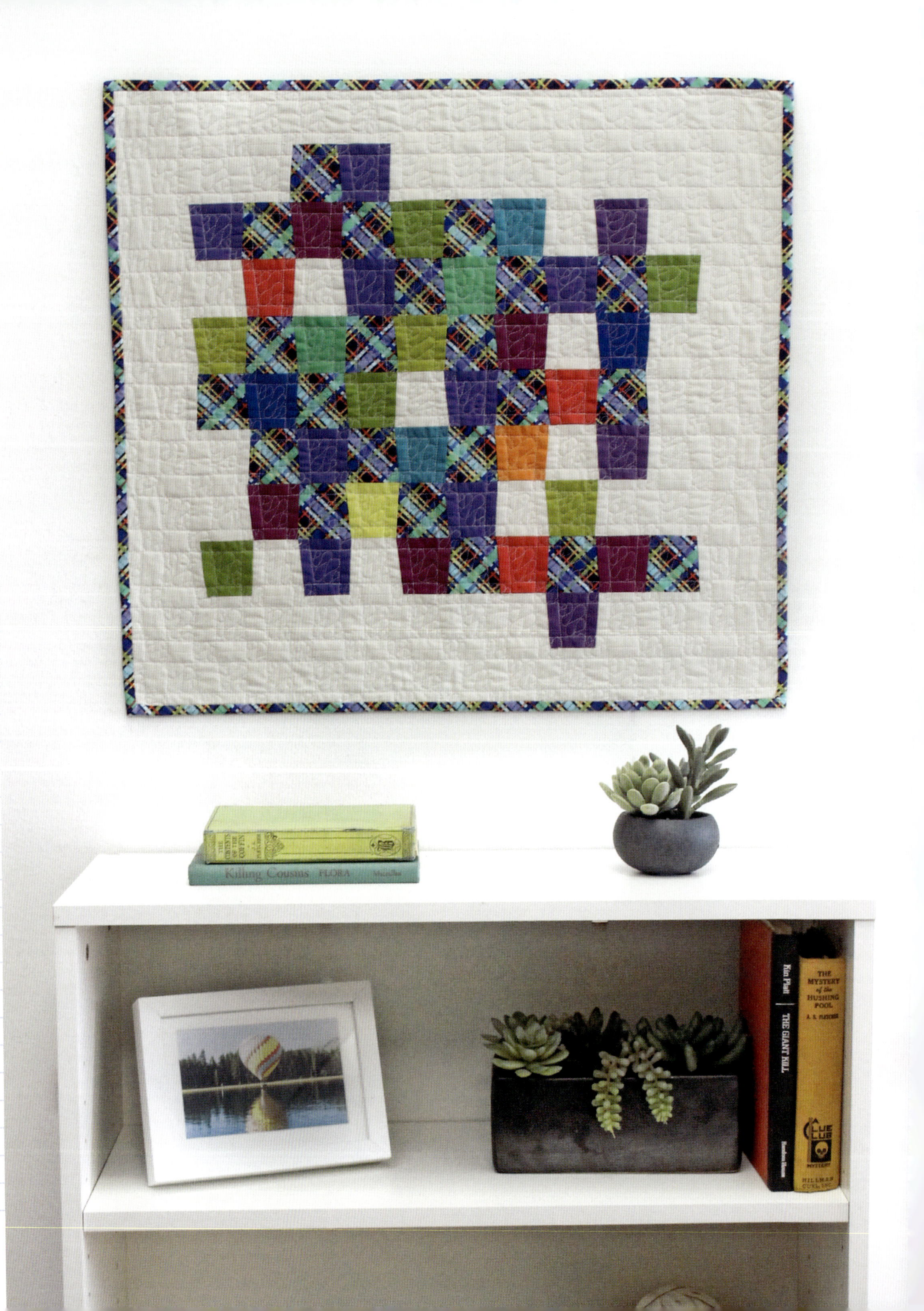
Killing Cousins FLORA
Kin Platt
THE GIANT KILL
THE MYSTERY of the HUSHING POOL

# Purzelnde Tumbler

Tumbler (Becher) aus leuchtenden Unifarben, dazu aus einem Druck und einer neutralen Farbe – dies sind die Zutaten für einen bunten, modernen Quilt, an dem Sie Ihre neu erworbenen Quilt-Fähigkeiten üben können.

Der abgebildete kleine Quilt hat die Größe eines Wandbehangs. Hätten Sie lieber einen größeren Quilt, verwenden Sie einfach mehr oder größere Tumbler.

## MATERIAL

*Tumbler-Stoffe:* Reste von mindestens 2½ × 2½ Inch (6,5 cm²) oder 2½ Inch (6,5 cm) breite Streifen in beliebigen Farben (mindestens 4 Streifen über die gesamte Stoffbreite)

*Hintergrundstoff:* ½ Yard (0,5 m)

*Rückseitenstoff:* ¾ Yard (0,7 m)

*Bindingstoff:* ¼ Yard (0,2 m)

*Füllung:* dünnes Baumwollvlies („Low-Loft"-Stärke)

*Schablonenfolie für Tumbler:* 2½ × 2½ Inch (6,5 cm²)

Fertige Größe: etwa 24 × 22 Inch (61 × 56 cm)

## ZUSCHNEIDEN

Aus dem Hintergrundstoff über die gesamte Stoffbreite 5 Streifen à 2½ Inch (6,5 cm) zuschneiden. Davon 4 Streifen à 24 Inch (61 cm) abschneiden und für die Umrandung beiseitelegen. Aus dem Rest 52 Tumbler zuschneiden.

## ANFERTIGEN DER TUMBLER

*Alle Nahtzugaben sind ¼ Inch (6 mm) breit.*

1. Die Form des Tumblers auf Schablonenfolie zeichnen, ausschneiden und mithilfe der Schablone insgesamt 56 bunte Tumbler zuschneiden.

2. Quilt-Top zusammensetzen: Die Tumbler an einer Designwand anordnen (siehe Schema).

Die Teile zu waagrechten Reihen zusammennähen. Die Reihen aneinandernähen.

Die seitlichen Außenkanten, die aufgrund der Tumbler-Form nicht gerade sind, wie abgebildet gerade schneiden; dabei unbedingt ¼ Inch (6 mm) Nahtzugabe stehen lassen (siehe Schema). Randstreifen abmessen, zuschneiden und an der Ober- und Unterkante feststecken. Mit den seitlichen Randstreifen wiederholen.

3. Top, Füllung und Rückseite zusammenheften. Quilten und mit Binding einfassen: 2¼ Inch (5,5 cm) breit zuschneiden, längs falzen, 6 mm vom Rand an die Vorderseite nähen, umschlagen, auf der Rückseite festnähen.

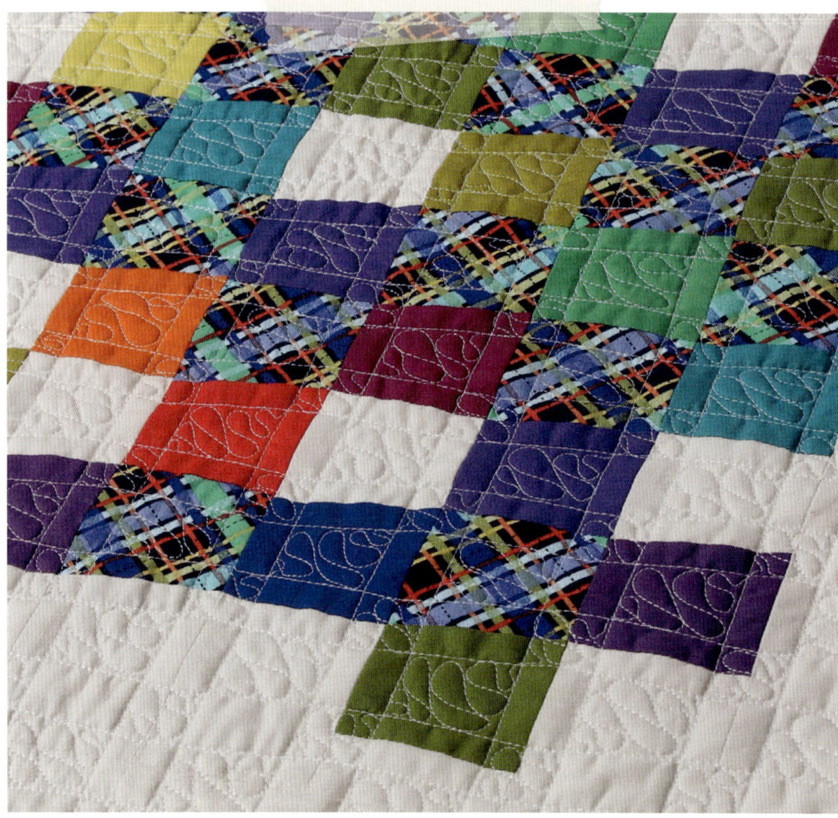

**Den Quilt durch Obertransportquilten stabilisieren, dann in Freihandtechnik mit einer fantasievollen Ribbon-Candy-Variante ausschmücken.**

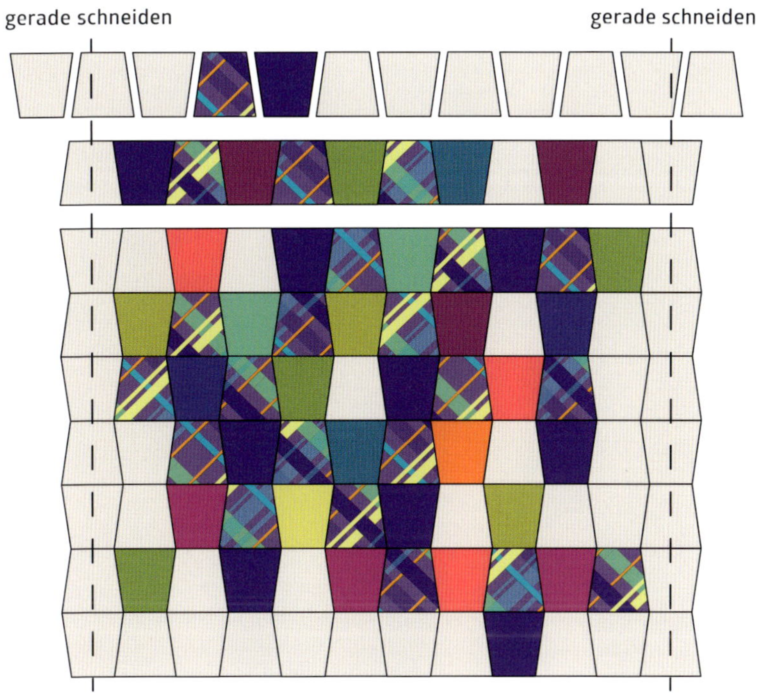


SCHEMA ZUR ANORDNUNG

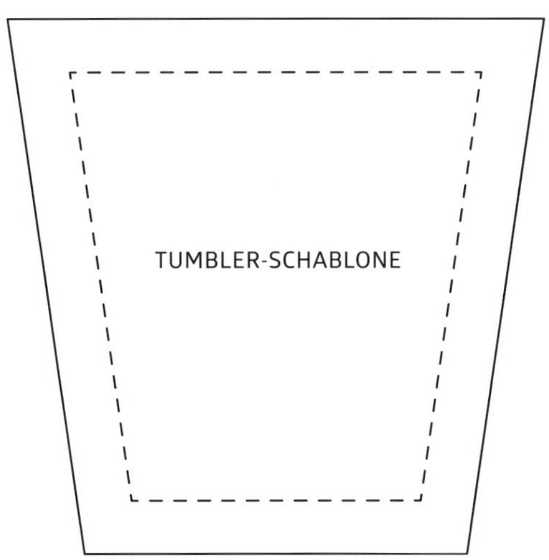

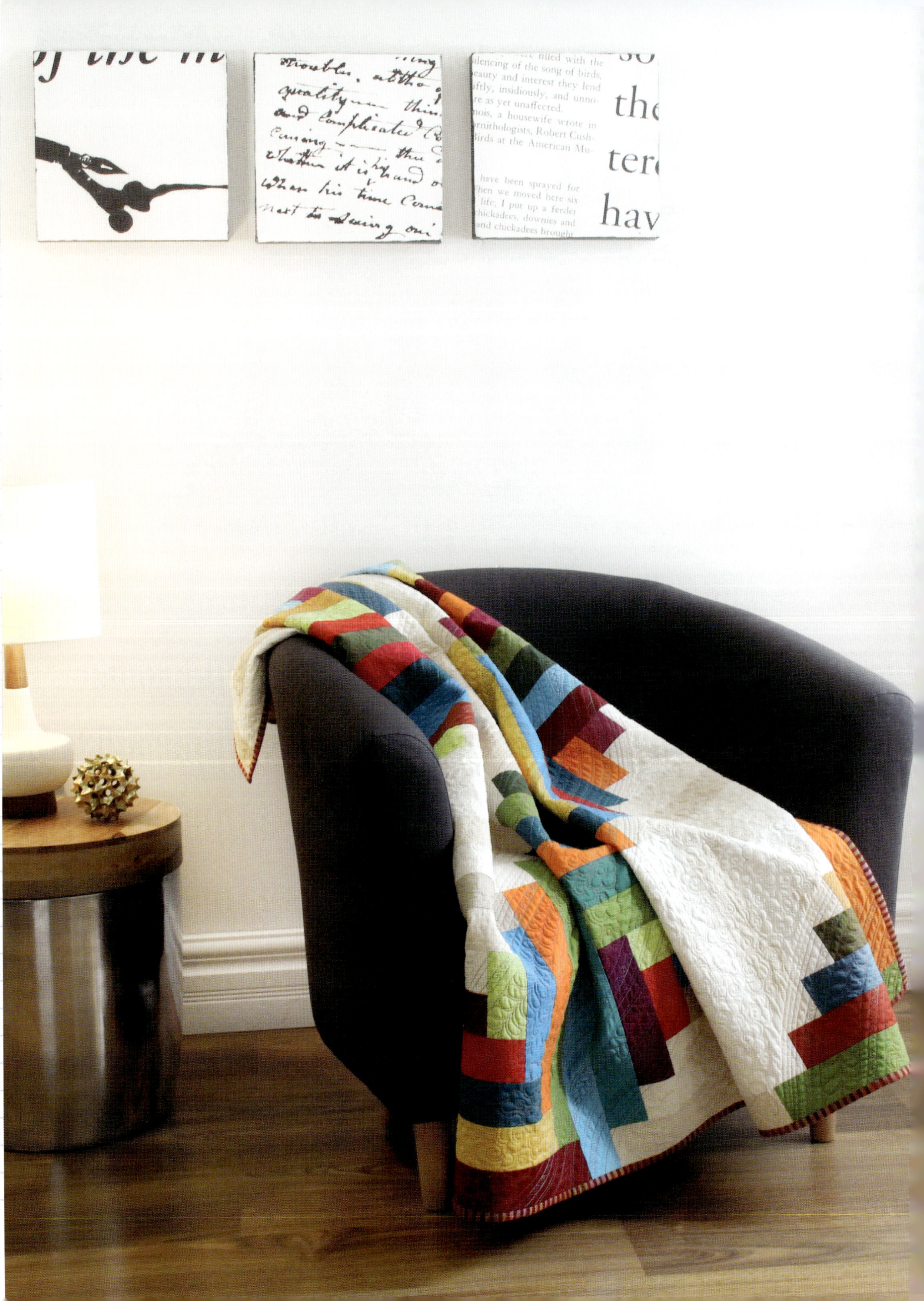
the
have been sprayed for
and chickadees downies and

# Querfeldein

Log-Cabin-Blöcke („Blockhaus") sind sehr vielseitig. Hier bestehen sie aus 2½ Inch (6,5 cm) breiten Stoffstreifen, daher können Sie statt Fat Quarters auch Jelly-Roll-Streifen verwenden. Durch mehr oder weniger Blöcke lässt sich die Quiltgröße leicht variieren. Für einen anderen Look können Sie auch schmalere Streifen verwenden.

Die fertigen Blöcke werden nach Wunsch angeordnet. Mein Quilt hat die traditionelle Fields-and-Furrows-Anordnung (Felder und Furchen).

## MATERIAL

*Mittlere und dunkle Stoffe:* 12 Fat Quarters

*Neutrale Stoffe:* 1 Jelly Roll (für alle hellen Teile werden 21–25 Streifen benötigt)

*Rückseitenstoff:* 3¼ Yards (3 m)

*Bindingstoff:* ½ Yard (0,5 m)

*Füllung:* dünnes Baumwollvlies („Low-Loft"-Stärke)

Fertige Größe: 54 × 54 Inch (137 × 137 cm)
Fertiger Block: 18 × 18 Inch (45,5 × 45,5 cm)

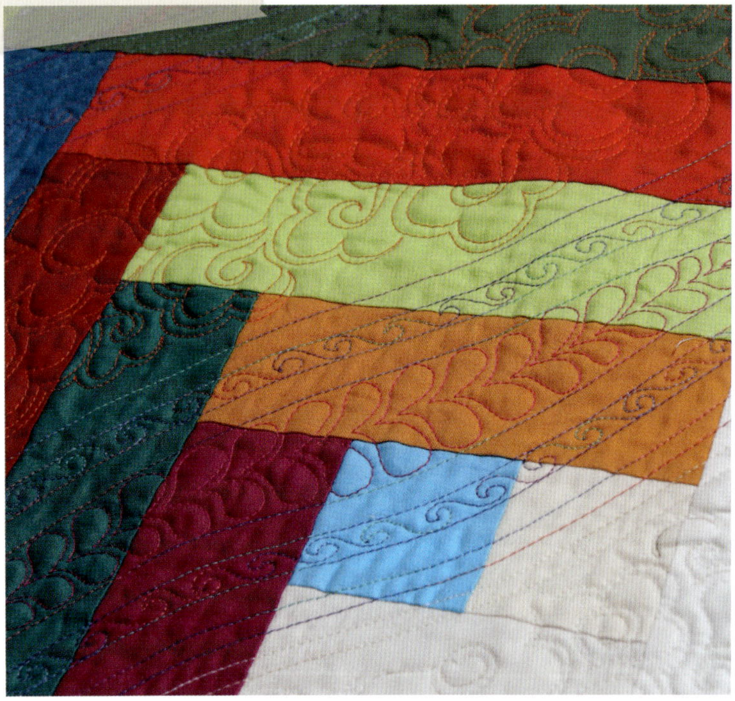

Zuerst mit dem Obertransport einige gerade Linien quilten, dann die Lücken mit Ihren Lieblingsmustern ausfüllen.

**INFO**

Für einen bunten Quilt habe ich die farbigen Streifen aus verschiedenen Fat Quarters zugeschnitten, die verschiedenen neutralen Streifen aus einer Jelly Roll. Letztere können Sie jedoch auch aus Meterware zuschneiden (2½ Inch/6,5 cm breite Streifen).

# ZUSCHNEIDEN

## Alle farbigen Stoffe:

→ Je 6 Streifen à 2½ × 22 Inch (6,5 × 56 cm) zuschneiden. Für größere Auswahl habe ich mehr zugeschnitten.

**Diese und die neutralen Jelly-Roll-Streifen wie folgt zuschneiden:**

| Farbige Stoffe | Neutrale Farben | |
|---|---|---|
| 9 | 9 | 2½-Inch-Quadrate (6,5 × 6,5 cm) |
| 9 | 9 | Rechtecke à 2½ × 4½ Inch (6,5 × 11,5 cm) |
| 9 | 9 | Rechtecke à 2½ × 6½ Inch (6,5 × 16,5 cm) |
| 9 | 9 | Rechtecke à 2½ × 8½ Inch (6,5 × 21,5 cm) |
| 9 | 9 | Rechtecke à 2½ × 10½ Inch (6,5 × 26,5 cm) |
| 9 | 9 | Rechtecke à 2½ × 12½ Inch (6,5 × 31,5 cm) |
| 9 | 9 | Rechtecke à 2½ × 14½ Inch (6,5 × 37 cm) |
| 9 | 9 | Rechtecke à 2½ × 16½ Inch (6,5 × 42 cm) |
| 9 | - | Rechtecke à 2½ × 18½ Inch (6,5 × 47 cm) |

# BLÖCKE ANFERTIGEN

Alle Nahtzugaben sind ¼ Inch (6 mm).

**1.** Das Quilt-Top zusammensetzen.

## 9 Blöcke anfertigen (siehe Schema)

**A.** Ein buntes an ein neutrales 2½-Inch-Quadrat (6,5 cm) steppen. Zum neutralen bügeln.

**B.** Ein neutrales Rechteck 2½ × 4½ Inch (6,5 × 11,5 cm) daran steppen. Zum Rechteck bügeln.

A

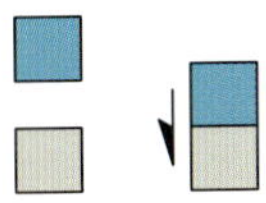

B

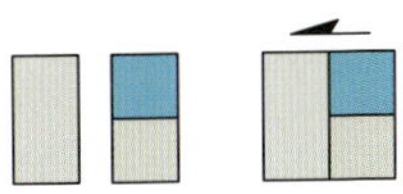

C

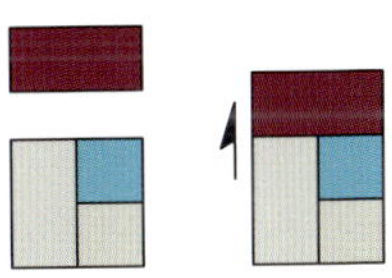

D

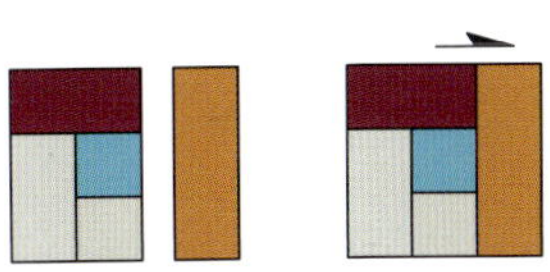

E

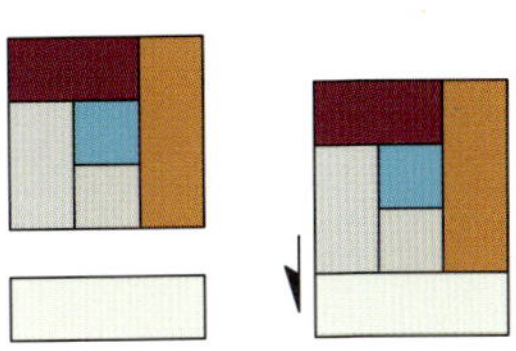

F

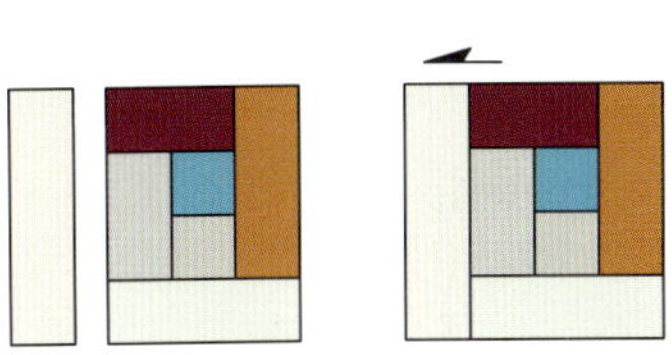

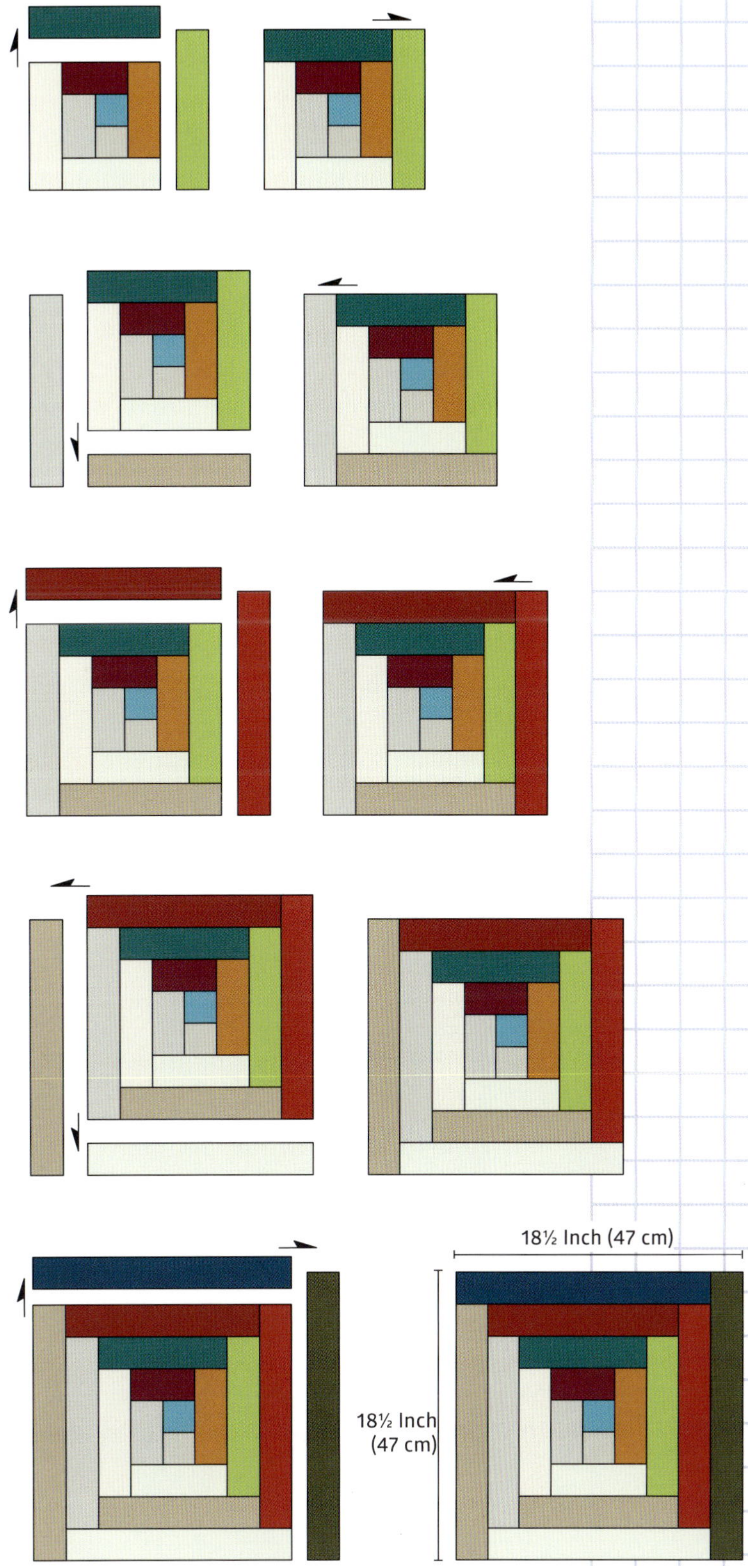

**C.** Ein buntes Rechteck 2½ × 4½ Inch (6,5 × 11,5 cm) daran steppen. Zum neuen Rechteck bügeln.

**D.** Ein buntes Rechteck (2½ × 6½ Inch/ 6,5 × 16,5 cm) daran steppen. Zum neuen Rechteck bügeln.

**E.** Ein neutrales Rechteck (2½ × 6½ Inch/ 6,5 × 16,5 cm) daran steppen. Zum neuen Rechteck bügeln.

**F.** Ein neutrales Rechteck (2½ × 8½ Inch/ 6,5 × 21,5 cm) daran steppen. Zum neuen Rechteck bügeln.

Weiter ringsum Streifen anfügen, bis der Block fertig ist (siehe Abbildung). Die Blöcke in der gewünschten Anordnung an eine Designwand heften (siehe Beispiel S. 121). Die waagrechten Reihen zusammennähen. Die Reihen aneinandernähen.

**2.** Quilt-Sandwich aus Top, Füllung und Rückseite zusammenheften. Quilten und mit Binding einfassen: 2¼ Inch (5,5 cm) breit zuschneiden, längs falzen, ¼ Inch (6 mm) vom Rand an die Vorderseite nähen, umschlagen, auf der Rückseite festnähen.

*Besonderer Dank an Kathleen Herbach für das Piecing des Log-Cabin-Quilt-Tops.*

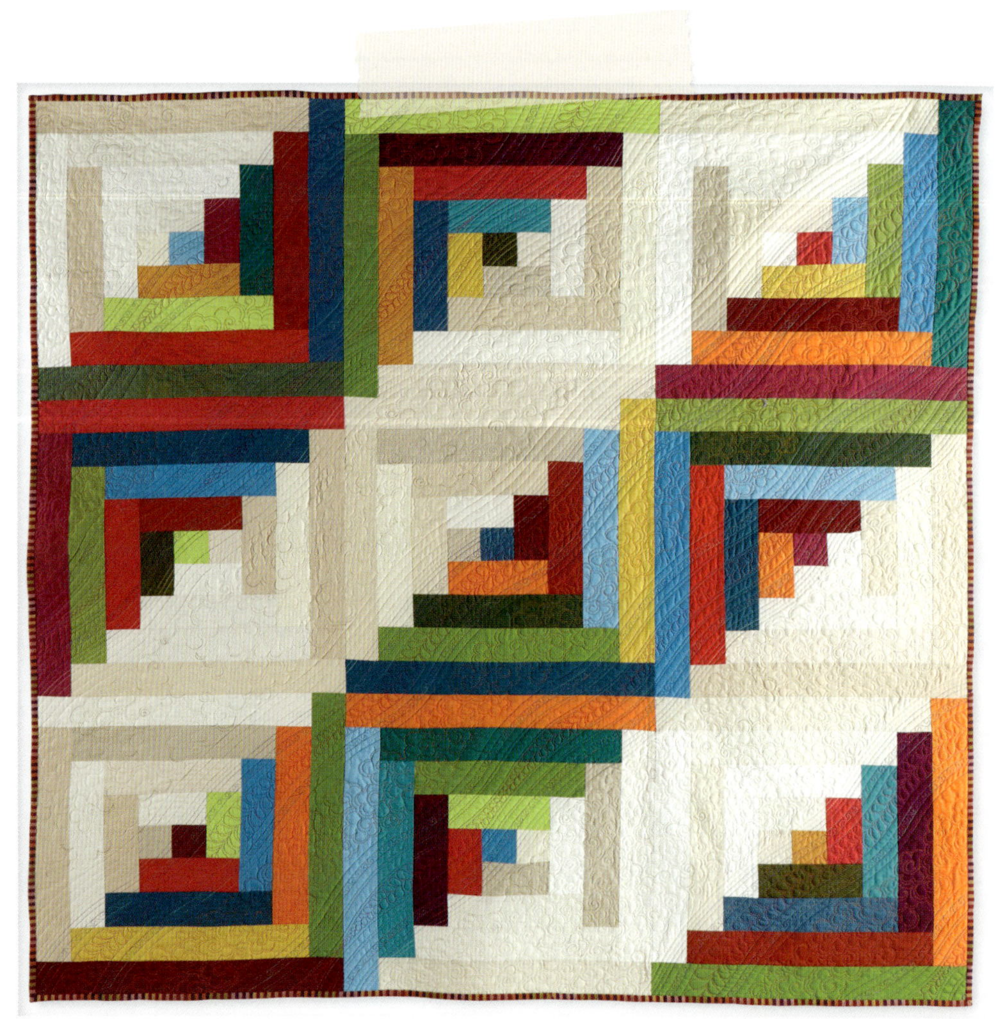

Ein einfacher Log-Cabin-Quilt ist ein wunderschöner Hintergrund für fantasievolle Quiltmuster.

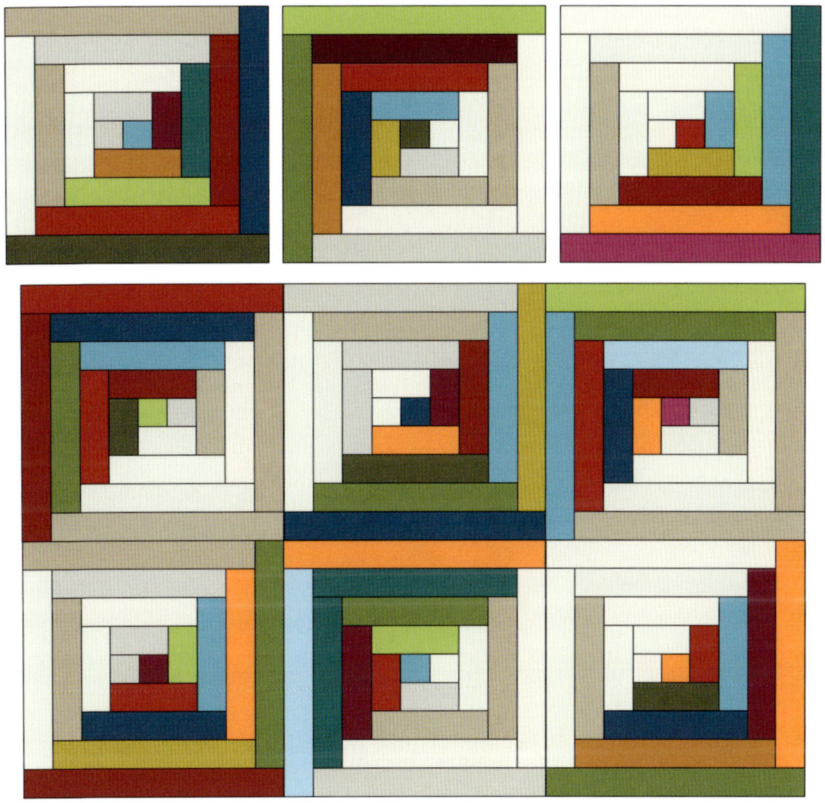

ANORDNUNG DER BLÖCKE

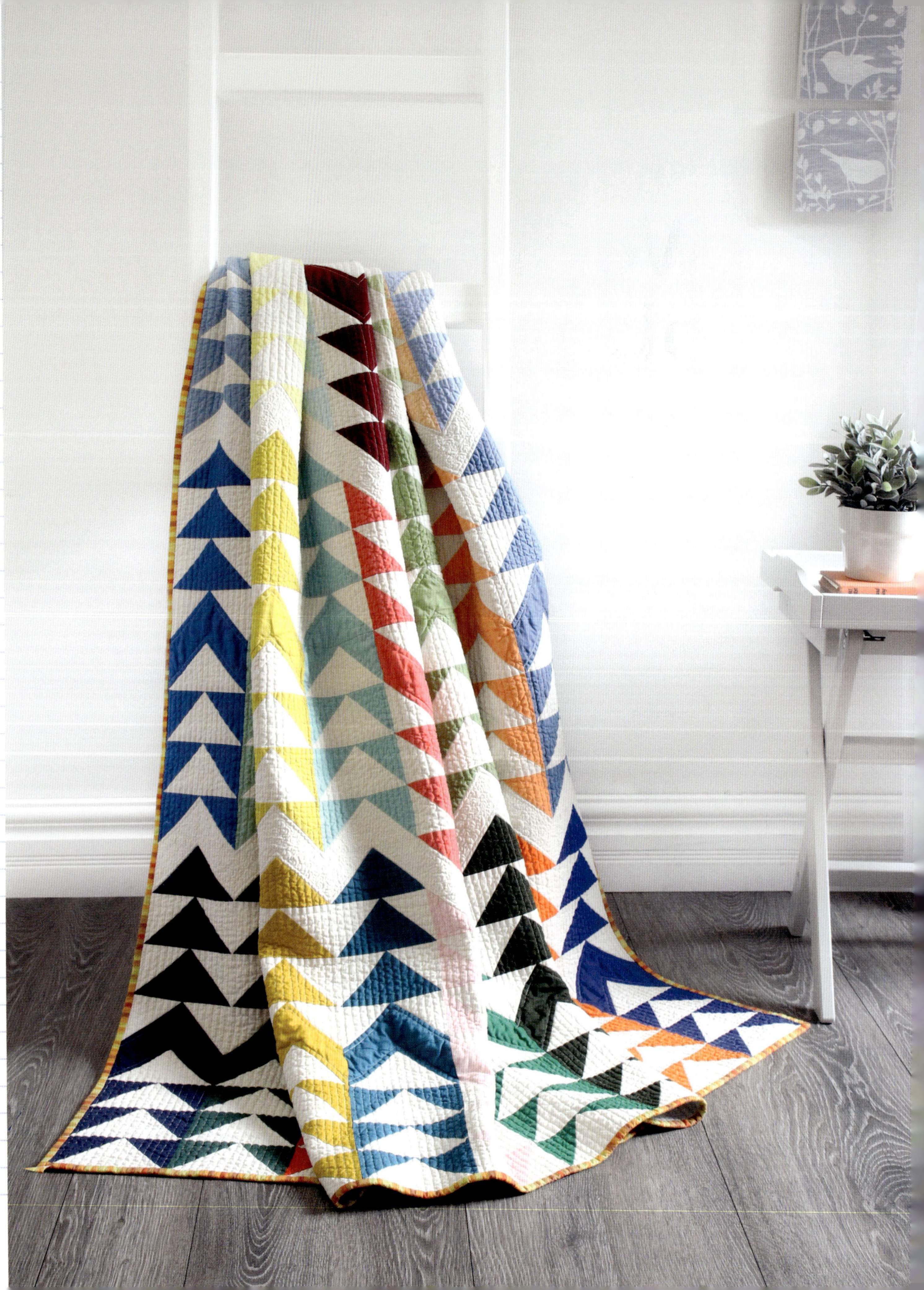

# Wo ist hier oben?

Flying-Geese-Blöcke („Fliegende Gänse“) machen mir immer Spaß. Es gibt sie in vielen Varianten. Hier habe ich jeden Farbton einmal als Positiv, einmal als Negativ verwendet, kombiniert mit einer einheitlichen neutralen Farbe. Die Einheiten sind nach Farbgruppen so angeordnet, dass quer über den Quilt ein interessantes zweites Muster (Chevrons) erscheint.

## MATERIAL

*36 farbige Stoffe:* jeweils 1 Quarter Yard (9 × 44 Inch/23 × 110 cm) oder 1 Fat Quarter (18 × 22 Inch/46 × 55 cm)

*Neutrale/weiße Stoffe:* 5½ Yards (5 m)

*Rückseitenstoff:* 4½ Yards (4,1 m)

*Bindingstoff:* ¾ Yard (0,7 m)

*Füllung:* dünnes Baumwollvlies („Low-Loft“-Stärke)

Fertige Größe: 72 × 72 Inch (183 × 183 cm)

Fertiger Block: 3 × 6 Inch (7,5 × 15 cm)

## ZUSCHNEIDEN

### Neutraler Stoff:

→ 14 Streifen à 6½ Inch (16,5 cm) über die gesamte Stoffbreite zuschneiden.
→ Aus diesen Streifen 146 Rechtecke à 3½ × 6½ Inch (9 × 16,5 cm) zuschneiden.
→ 26 Streifen à 3½ Inch (9 cm) über die gesamte Stoffbreite zuschneiden.
→ Aus diesen Streifen 288 Quadrate à 3½ Inch (9 cm²) zuschneiden.

### Bunter Stoff, je Farbe:

→ 4 Rechtecke à 3½ × 6½ Inch (9 × 16,5 cm) zuschneiden.
→ 8 Quadrate à 3½ Inch (9 cm) zuschneiden.

## ANFERTIGEN DES QUILTS

*Alle Nahtzugaben sind ¼ Inch (6 mm) breit.*

**1.** Das Quilt-Top zusammensetzen.

286 Flying-Geese-Einheiten anfertigen. Beachten Sie, dass in der Anordnung zwei Rechtecke uni hell bleiben. Für eine Einheit ein Rechteck à 3½ × 6½ Inch (9 × 16,5 cm) und zwei Quadrate à 3½" × 3½ Inch (9 cm²) verwenden. 2 neutrale Quadrate mit einem farbigen Rechteck oder 2 farbige Quadrate mit einem neutralen Rechteck kombinieren.

**2.** Auf die Rückseite der Quadrate eine Diagonale zeichnen. Ein Quadrat rechts auf rechts

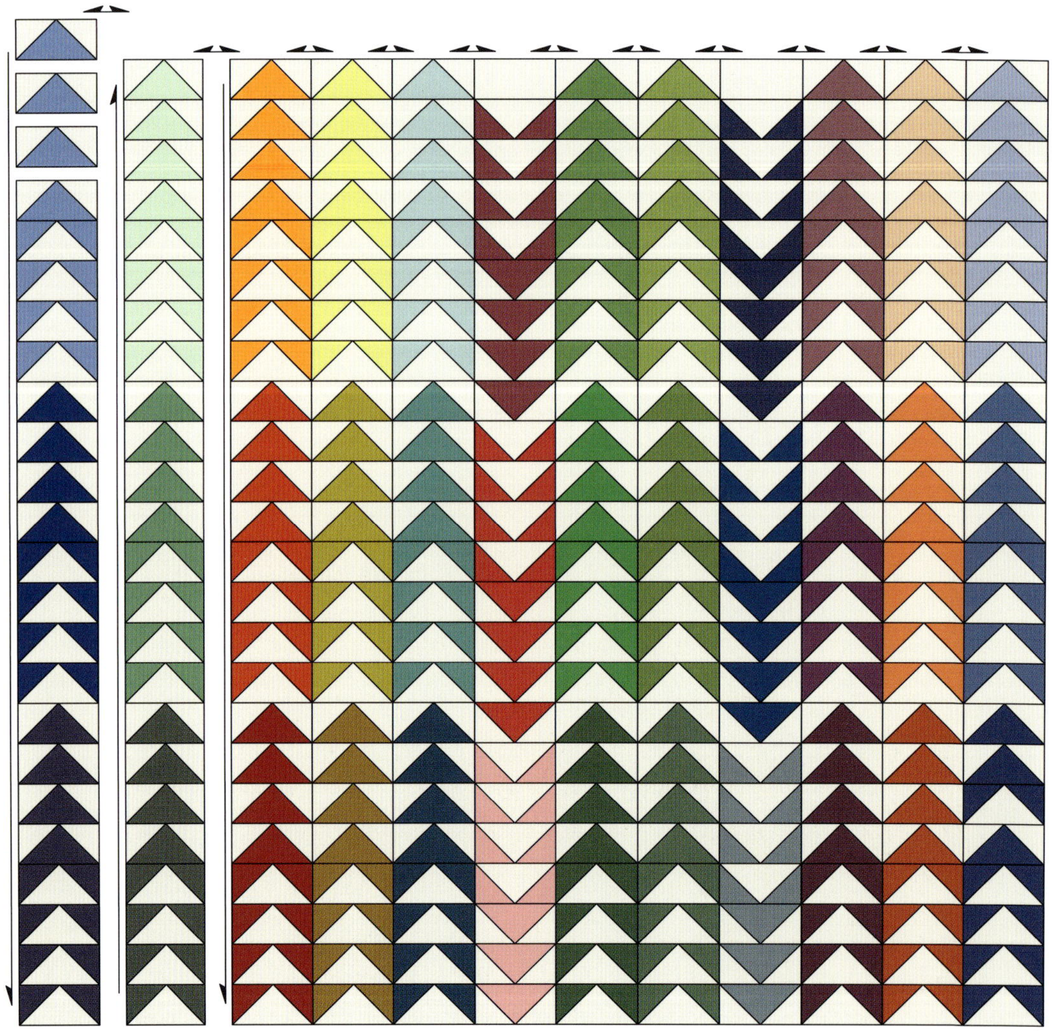

ANORDNUNG DER BLÖCKE

auf die linke Hälfte eines Rechtecks legen und auf der Diagonalen feststeppen. ¼ Inch (6 mm) außerhalb der Nahtlinie abschneiden und die Naht zur Ecke bügeln.

Ein weiteres Quadrat an die andere Seite des Rechtecks nähen. ¼ Inch (6 mm) außerhalb der Nahtlinie abschneiden, die Naht zur Ecke bügeln. Den Block auf 3½ × 6 ½ inch (9 × 16,5 cm) zurechtschneiden.

Die Einheiten an einer Designwand anordnen (meine Anordnung siehe Schema S. 124). Die senkrechten Reihen nähen. Nahtzugaben der Reihen abwechselnd in entgegengesetzte Richtungen bügeln. Reihen aneinandernähen, dabei auf exakte Nahtkreuzungen achten. Nahtzugaben zwischen den senkrechten Reihen auseinanderbügeln.

3. Quilt-Sandwich aus Top, Füllung und Rückseite zusammenheften. Quilten und mit Binding einfassen: 2¼ Inch (5,5 cm) breit zuschneiden, längs falzen, ¼ Inch (6 mm) vom Rand an die Vorderseite nähen, umschlagen, auf der Rückseite festnähen.

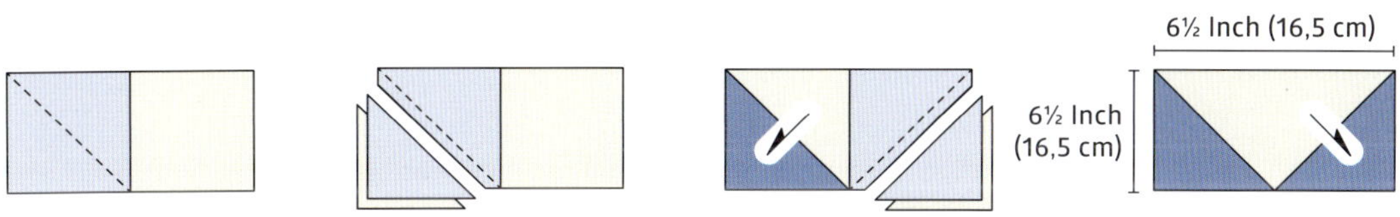


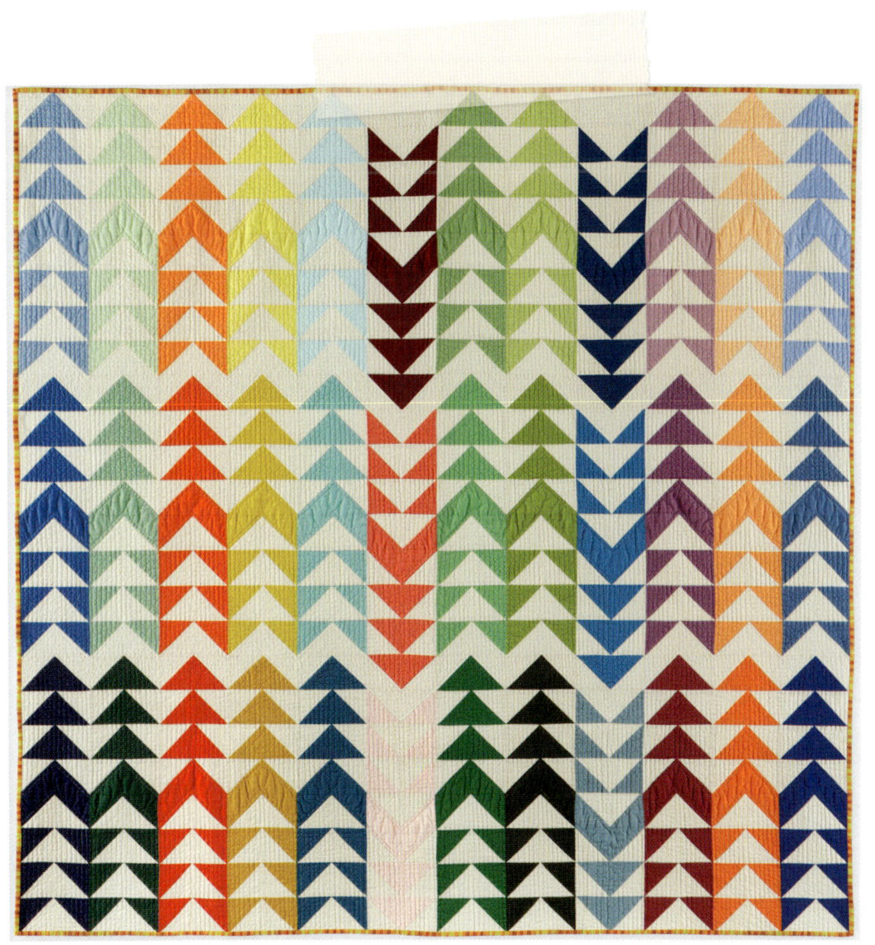

Gekonnt angeordnet ergeben einfache Formen ein klares grafisches Muster.

# Register


Achterschleifen (Quiltmuster) siehe Sprungfedern (Quiltmuster) 64
Ausgangspunkt der Quiltnähte 32

Baumwollstoff 8
Beleuchtung 27
Blumen (Quiltmuster) 70/71
Bordüren 74–76
Bügelband (Batting Tape) 12
Bügeln 18/19

Design 9

E & W (Quiltmuster) 73

Fadenspannung 31/32
Federn und Farne (Quiltmuster) 78–83
Flammen und Wellen (Quiltmuster) 68
Freihand-Nähfuß 56
Freihandquilten, Angst vor 57
Füllmuster 48
Füllung (Batting) 10–12

Gerade Linien (Quiltmuster) 36–41
Geradstichplatte 30, 56/57
Geschwungene Linien (Quiltmuster) 42–45
Gitter und Karos (Quiltmuster) 40/41

Hände, Position beim Quilten 39
Heften mit Sicherheitsnadeln (Quilt-Sandwich) 22–25

Kieselsteine (Quiltmuster) 72, 77

Lücken, quilten über 35

Mäander (Quiltmuster) 60/61, 65
Markierwerkzeug 21
Matchstick-Quilting 40
Muscheln (Quiltmuster) 67, 77

Nadeln 15
Nadelstärken 16
Nähfläche 26/27
Nähgarn 13/14
  Fadenenden vernähen 53
  Garnstärke 70/71
  langstapelige Baumwolle 13
  Naht beenden und neu ansetzen 33
  Spezialnähgarn 14
  Unterfaden heraufholen 34
Nähmaschine, Grundausstattung 30
Nähmaschinen 16/17
Nähtisch 26

Obertransportfuß 30

Parallele Linien (Quiltmuster) 38/39
Patchworknähte, Quilten über 35
Puzzleteile (Quiltmuster) 73

Quilt-Rückseite 20–25
Quilt-Sandwich 18–21
Quilt-Top 18/19
Quilten im Nahtschatten 36
Quilthandschuhe 57
Quiltmuster
  Achterschleifen siehe Sprungfedern
  Blumen 70/71
  E & W 73
  Federn und Farne 78–83
  Flammen und Wellen 68
  Gerade Linien 36–41
  Kieselsteine 72, 77
  Mäander 60/61, 65
  Muscheln 67, 77
  Parallele Linien 38/39
  Puzzleteile 73
  Ribbon-Candy-Muster 76
  Schlaufen und Schnörkel 62/63
  Schneckenspuren 69
  Schreiben 60
  Serpentinen 44/45
  Spiralen 48–53
  Sprungfedern 64
  Stippling 60/61
  Wellenlinien 58/59
Quiltrahmen 57

Ribbon Candy (Quiltmuster) 76
Rückseite, Quilt 20–25

Sandwich, Quilt- 18–21
Schattenquilten 37
Schlaufen und Schnörkel (Quiltmuster) 62/63
Schneckenspuren (Quiltmuster) 69
Schreiben (Quiltmuster) 60
Serpentinenstich 44/45
Spiralen (Quiltmuster) 48–53
Sprungfedern (Quiltmuster) 64
Stauraum 27
Stichkombinationen 46/47
Stichlänge 33
Stichplatte, Geradstich 30, 56/57
Stippling 60/61
Stoffe
  Auswahl 8
  Kauf auf Vorrat 9
  Vorbehandlung 8/9

Tipps
  Abgewandelte Stiche 44
  Bügeln 19
  Doodeln 58
  Fadenspannung 35
  Fingerschützer 19
  Freihand-Quiltmuster 72
  Heften 22
  Maschine näht Fältchen oder bleibt hängen 40
  Nadeln 15/16
  Nähgarn 13
  Obertransportquilten 48
  Pflege der Nähmaschine 16
  Quilten, allgemein 33
  Quilten, große Quilts 38
  Sicherheitsnadeln 25
  Zickzack-Stiche 44

Umrechnungstabelle Maßeinheiten 127
Unterfaden 14

Vlies: Fasern 10/11
Vliesklebeband zum Heften 12
Vorwaschen (Stoff) 9/10

Wellenlinien (Quiltmuster) 58/59

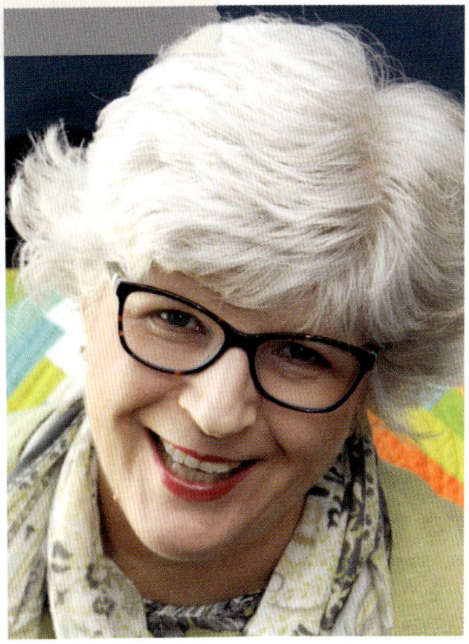

## ÜBER DIE AUTORIN

Catherine Redford ist im Nordwesten Englands geboren und aufgewachsen und lernte schon als Kind Stricken und Nähen. 1995 zog sie mit ihrer Familie in die USA (Naperville, Illinois); drei Jahre später entdeckte sie das Quilten, als sie in einem ortsansässigen Quiltshop einen Kurs belegte. Der Rest ist Geschichte. Heute ist sie eine gefragte Quiltlehrerin und Rednerin. Ihre Quilts wurden bei nationalen Wettbewerben ausgezeichnet, u. a. mit einem 1. Platz bei der ersten QuiltCon-Show in Austin, Texas. Sie ist aktives Mitglied von PAQA (Professional Art Quilt Alliance) und Mitbegründerin der Naperville Modern Quilts Guild. Zu ihrem Repertoire gehören auch Auftritte im Sender *Quilting Arts TV*, regelmäßige Beiträge im Magazin Modern Patchwork und zwei QATV-Workshop-DVDs mit dem Titel *Modern Machine Quilting*.

Catherine und ihr Mann leben immer noch am Stadtrand von Naperville. Ihre vier Kinder sind alle verheiratet und sorgen für reichlich Enkelkinder. Verfolgen Sie ihre Quilt-Abenteuer auf der Webseite catherineredford.com.

### UMRECHNUNGSTABELLE

| von | in | Faktor |
|---|---|---|
| Inch | Zentimeter | 2,54 |
| Zentimeter | Inch | 0,4 |
| Fuß | Zentimeter | 30,5 |
| Zentimeter | Fuß | 0,03 |
| Yard | Meter | 0,9 |
| Meter | Yard | 1,1 |


### DANKSAGUNG

Danke an alle, die dieses Buch möglich gemacht haben. Ihr wisst, wen ich meine. Ich weiß jeden Einzelnen von euch zu schätzen.


### WIDMUNG

Sheila, das ist alles deine Schuld!

# EBENFALLS LESENSWERT

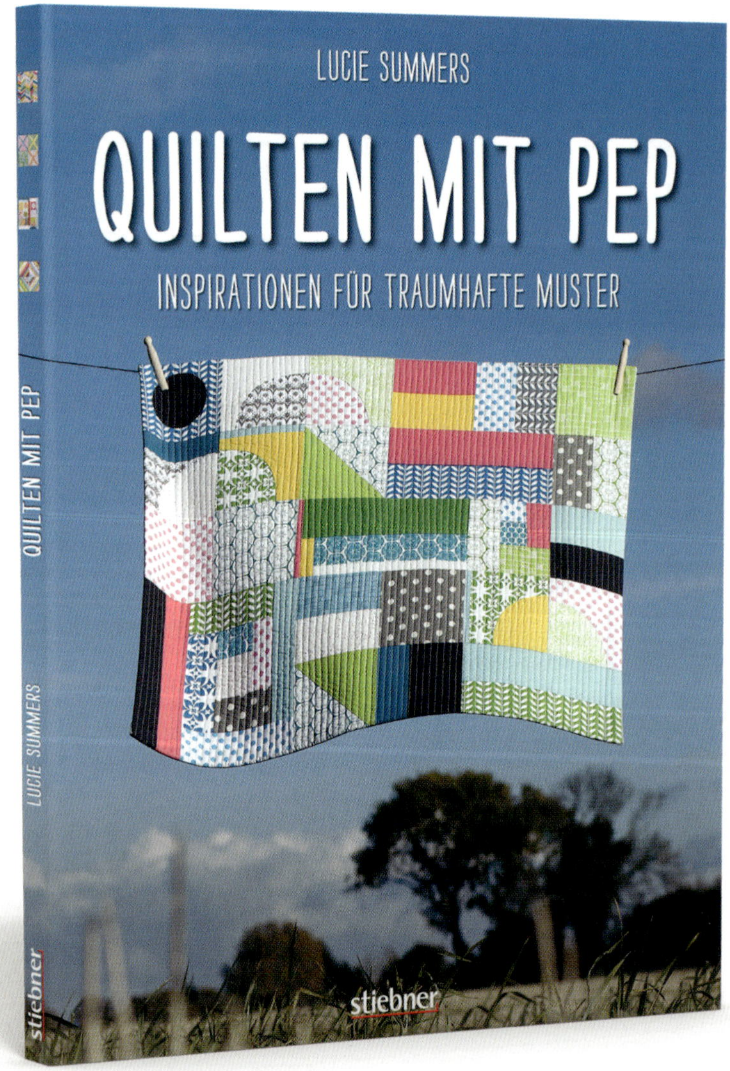